U0744569

本书受广东省省级重点学科专项资金——暨南大学应用经济学学科建设专项经费（52702030）和2014年广东省教育厅青年创新人才类项目“政府投资对民间投资的效应决定机制研究——基于政府素养的角度”（2014WQNCX014）资助

我国政府投资和民间投资的关系研究

唐飞鹏◎著

中国·广州

图书在版编目（CIP）数据

我国政府投资和民间投资的关系研究/唐飞鹏著．—广州：暨南大学出版社，2015.1

ISBN 978-7-5668-1160-8

Ⅰ.①我… Ⅱ.①唐… Ⅲ.①政府投资—关系—民间投资—研究—中国 Ⅳ.①F832.48

中国版本图书馆 CIP 数据核字（2014）第 219404 号

出版发行：暨南大学出版社

地　址：中国广州暨南大学
电　话：总编室（8620）85221601
营销部（8620）85225284　85228291　85228292（邮购）
传　真：（8620）85221583（办公室）　85223774（营销部）
邮　编：510630
网　址：http：//www.jnupress.com　http：//press.jnu.edu.cn

排　版：广州市天河星辰文化发展部照排中心
印　刷：佛山市浩文彩色印刷有限公司

开　本：787mm×1092mm　1/16
印　张：12.5
字　数：238 千
版　次：2015 年 1 月第 1 版
印　次：2015 年 1 月第 1 次

定　价：35.00 元

序

随着我国市场经济的发展，政府投资和民间投资在国民经济中的地位已悄然发生变化，经济增长正面临着动力切换的关键时期。本书研究政府投资和民间投资的关联机制，具有重要的理论意义和现实意义。阅毕全书，细细揣摩，我认为此书的特点有四：

1. 选题新颖，贴合实际

文贵出新。本书选题迎合时事焦点和学术潮流，具有鲜明的时代感。书中结合经济学和财政学的相关理论，紧贴国情进行分析，开拓了新思路，提出了新观点，传达了新理念。

2. 内容充实，既广且深

书中既有历史情况的呈现，也有未来趋势的前瞻；既有表象特征的全面阐述，也有本质规律的深入探讨；既有一般性的理论推导，也有特殊性的实证检验。其中，重点论证了我国政府投资和民间投资的理论关系与数据关系。

3. 数据翔实，方法得当

事实胜于雄辩，而数据是展现事实的最佳形式。书中每个论点的提出，都以相应的经济数据为支撑，说服力较强。理论模型和计量回归是本书的最大特色。虽然未必无懈可击，但足以提供一个有益的经验认识。

4. 观点明确，有操作性

对实践进行总结，是为了指导实践。书中通过环环相扣的演绎，揭示了我国政府投资和民间投资的内在联系，并据此提出了一些可行的政策建议。这是本书应用性价值的集中表现。

综上，本书不失为一本专业、严谨、务实的经济学专著。学术研究无止境，衷心祝愿唐飞鹏同志能够沿着既定方向，潜心钻研，穷理尽微，不断迈向新的理论高度。

沈肇章

2014 年 7 月于暨南园

目录 CONTENTS

绪 论

2009—2010 年，我国采取了一系列行之有效的政府投资政策，率先走出了金融危机的阴霾。然而政府投资的经济效应具有短期化特征，民间投资才是经济增长的内生动力，影响着经济的长期持续增长。政府投资后继乏力，民间投资踟蹰不前，使我国经济再次面临严峻的下行风险。2012 年和 2013 年的全国 GDP 增速只有 7.8% 和 7.7%，2014 年第一季度的 GDP 同比增速更是降到了 7.4%。要走出目前的困境，必须合理进行政府投资，最大限度发挥其对民间投资的杠杆效应，这就赋予了本研究以重大的现实意义。本书的核心内容可归纳为以下七点：

（1）经济体制转轨的一个重要表现是社会投资不断市场化，政府投资逐步向民间投资让渡。计划经济时期政府投资一家独大的格局已经不复存在，取而代之的是以民间投资为主体，政府投资处于次要地位，外商投资作为辅助和补充的投资主体多元化格局。

（2）从理论视角探讨政府投资和民间投资的关系问题，我们发现不管是“挤进”还是“挤出”，结论都是十分脆弱的。政府投资对民间投资的作用，取决于其所构建的理论模型对媒介变量的假定和选择。媒介不同，传导路径自然也不同，最终表现出来的净效应的方向和程度也就不同。

（3）政府投资对民间投资的效应具有滞后性、长期性和显著性等特征。实证分析得出，我国政府投资对民间投资存在显著的“挤进效应”，扩大政府投资会带来民间投资的增加。而且，该效应存在区域差异性，东部地区政府投资对民间投资的激活力最强，中、西部次之。

（4）投资是经济增长的重要动力。政府投资的经济效应只在短期内发生，长期中它主要依靠挤进民间投资来促进经济发展，而民间投资在长、短期中均对经济有显著贡献。也正因如此，只有启动民间投资，才能使经济转入内生增长轨道，实现我国经济长期的可持续发展。

（5）结构分析表明，提高民间投资的实际比重，有利于促进经济增长；政府投资应向中、西部适当倾斜；不同领域中的政府投资会对民间投资产生不同影响。其中在农业、研发、教育领域中表现为“挤进效应”，在制造业、房地产业、公共基础设施领域中表现为“挤出效应”。

（6）关于政府投资的建议：要划清政府和市场的边界，政府应避免“踩过界”而过多地干预市场。政府投资要有选择、有节制，要以改善公共服务、增进国民福利、短期刺激经济和吸引民资跟进为目的，不可盲目，更不可过分依赖。同时，政府要规范管理和强化监督，降低投资过程中的寻租成本，解决配置低效和资金浪费等问题。

（7）关于民间投资的建议：政策上要放宽限制、降低门槛，尽可能拓宽民间资本的生存空间，增强民间投资者的信心。政府应从审批、信息、融资、税费、保障等各个方面，为民间投资提供力所能及的便利或服务，帮助他们解决实际中可能遇到的各种难题。促资政策的制定要谨慎而行，并建立效果评估机制。

第1章

文献综述与研究框架

1.1 选题背景及意义

1.1.1 选题背景

自改革开放以来，我国创造了世界瞩目的“经济增长奇迹”。从1978年到2007年，我国国内生产总值由3 645亿元增长到24.95万亿元，年均实际增长9.8%，是同期世界经济年均增长率的3倍多[①]。如此长期而快速的增长，是其他国家难以企及的。然而，2008年国际金融危机的爆发给我国经济带来了巨大冲击，经济增长从超高水平（10%以上）陡然降低到中高水平（7%~9%）。如图1-1所示，2008年成为我国经济继1998年之后的又一拐点，2012年和2013年的经济增速分别只有7.8%和7.7%，因此，国民经济潜藏着巨大的下行风险。另据统计局公布的数据，2014年一季度的GDP同比增速降到了7.4%。

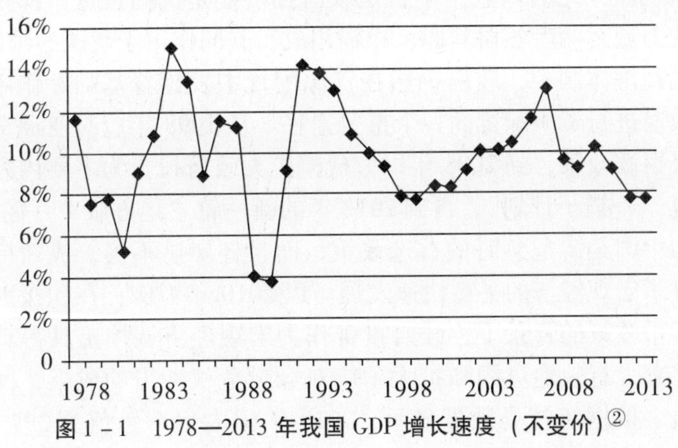

图1-1 1978—2013年我国GDP增长速度（不变价）[②]

---

① 来自胡锦涛同志在纪念党的十一届三中全会召开30周年大会上的讲话。

② 具体数据见附表1。

与此同时，经济中的一些问题也不断显现，比如产能过剩、经济结构不合理、经济增长方式粗放、经济增长质量不高、经济与资源人口环境矛盾突出、虚拟经济泡沫严重等，以至于有不少专家认为，未来10年的中国经济将面临巨大考验，增长奇迹或将成为历史，中国经济或将深陷“中等收入陷阱”而无法自拔。因此，寻求新的增长动力，延续高速增长的态势，是我国目前最为紧要的一道难题。

古典经济增长模型认为，经济增长率最终取决于经济体的技术进步速度和人口增长率（Solow，1957；Denison，1967）；而在内生经济理论的框架内，资本投入不仅影响国内资本积累，同时还影响技术水平以及技术进步速度，两者构成了影响一个地区经济增长的短期性和长期性因素（刘渝琳、郭嘉志，2008）。多年的发展实践表明，我国经济高速增长的主要贡献因素是物质资本的投入，国内生产总值的增加始终伴随着资本的快速扩张。据统计，与1979年相比，我国2013年的GDP增加了140倍，全社会固定资产投资总额增加了512倍。2009年，我国GDP同比增长8.7%，其中投资对经济增长的贡献率为92.3%，拉动GDP增长8%（武如宪，2010）。换句话说，2009年我国经济中所生产出的92.3%的最终产品和劳务价值是由投资创造或完成的，这一比例是相当高的，足见资本投资对于我国经济发展的重要性。当然，这在很大程度上与国际金融危机有关，受其影响，当年我国的出口竞争力大幅下降且消费需求增长低迷，固定资产投资成为刺激经济的唯一选择。2013年，随着积极财政政策不断减弱，投资的经济贡献率有所下降，但仍然高达50.4%，比2012年提高3.3%，仍是经济增长的主力军①。因此，投资常被认为是拉动经济“三驾马车”之首。其中不管是政府投资还是民间投资，都是经济增长不可或缺的力量，两者各司其职，相辅相成，共同作用于我国的国民经济②。

在我国经济体制中，政府仍然在资源配置中发挥着基础性作用，政府投资是我国政府进行资源配置的一个重要途径。从1998年应对亚洲金融危机的一系列积极财政政策，到2008年以大规模扩大政府投资为主要内容的应对国际金融危机“一揽子计划”，再到2012年的新一轮“地方版4万亿”，政府投资屡次成为中国经济危急时的首选政策，而且还屡试不爽，成功抵御了外界冲击，促进了宏观经济的平稳快速发展。以2010年为例，在积极财政政策和适度宽松货币政策的背景下，政府投资作为宏观经济调控工具得到了进一步的丰富和完善，有效地巩固和扩大了应对金融危机冲击的成果，国民经济顺利回到正轨。根据统计局数据显示，2010年国内生产总值为397 983亿元，

---

① 来自国家发改委的最新统计数据。中国经济网，2014-01-30.

② 按照主体的不同，投资分为政府投资、民间投资和外商直接投资（FDI），其中政府投资和民间投资是本书的研究重点。

按可比价格计算，比2009年增长10.3%，增速比上年加快1.1个百分点。其中，第一季度同比增长11.9%，第二季度增长10.3%，第三季度增长9.6%，第四季度增长9.8%[①]。2011年，“4万亿”经济刺激计划收尾，“十二五”规划开局，固定资产投资被动续建和主动扩张的动力并存。为做好应对国际金融危机冲击的“一揽子计划”与“十二五”前期投资项目衔接工作，政府投资近年仍然保持着较大的规模，并呈现增长态势。

另一方面，随着政府投资后继乏力以及民间投资经济效应日益凸显，社会对“国资让位于民资”的呼声越来越高。长远来看，民间投资势必将成为中国建设投资的主体力量，这是社会主义市场经济的客观要求[②]。为此，国务院于2010年5月13日发布《关于鼓励和引导民间投资健康发展的若干意见》（即“新36条”），鼓励和引导民间资本进入法律法规未明确禁止准入的行业和领域。同年6月30日，国务院总理温家宝主持召开国务院常务会议[③]，再次提及将“切实向民营资本开放法律法规未禁止进入的行业和领域，加快垄断行业改革，鼓励民营资本通过兼并重组等方式进入垄断行业的竞争性业务领域”。为了贯彻落实“新36条”，同年7月26日，国务院又发布了《鼓励和引导民间投资健康发展重点工作分工的通知》，进一步明确中央和地方政府部门在鼓励和引导民间投资健康发展方面的分工和任务。2012年5月25日，国资委印发了《关于国有企业改制重组中积极引入民间投资的指导意见》，提出“中央企业和地方国资委积极引入民间投资参与国有企业改制重组，发展混合所有制经济，建立现代产权制度，进一步推动国有企业转换经营机制、转变发展方式”。在2013年11月9日的十八届三中全会上，国资委又提出“在加强监管的前提下，允许具备条件的民间资本依法发起设立中小型银行等金融机构”。由此可见，国家推动民间投资的急切之情非同一般。

1.1.2 研究问题与研究意义

综上所述，我国对政府投资与民间投资是二策并举、并重，两者间是优势互补还是相互冲突？因此，厘清政府投资和民间投资之间的关系就显得十分必要。本书将立足我国经济实际，力求解决以下问题：

（1）政府投资和民间投资的范围界定、指标选取及其测度方法。这是全书研究的基石。

---

① 数据来源：国家统计局。经济日报，2011－01－21.

② 中国民营经济研究会会长保育钧表示，“2014年我国经济的稳增长主要靠民间投资，而民间投资在未来也将长期成为中国建设投资的主体，放松管制是其中的先决条件”。海南特区报，2014－04－10.

③ 新华社．国务院：鼓励民资进入垄断行业的竞争性业务领域．网易财经，2010－07－02.

（2）在我国经济中，政府投资和民间投资从前到后经历了怎样的发展历程，两者在国民经济中的地位有何改变。

（3）市场经济条件下，政府投资和民间投资的关系如何，这一关系在我国现实经济中如何表现。我国的政府投资到底是“挤进”还是“挤出”了民间投资，这一作用机制在我国不同区域、不同行业、不同政府级别间是否存在差异。这是本书的核心问题。

（4）政府投资和民间投资的经济效应如何，该经济效应在短期内和长期中有何不同。对我国政府而言，每逢经济危机便大规模扩大政府投资的做法是否合适，民间投资在促进经济增长方面是否更具长期性。这一结论给政策制定者带来了什么启示。

（5）我国政府投资和民间投资保持怎样的比例才是最优的，以这一最优比例为标准，我国当前东、中、西不同地区的投资结构是否合理，是否存在政府投资越位、民间投资缺位的现象。

上述问题至今未形成统一认识，学者们观点各异，也由此引起了社会各界对政府投资政策的激烈争议和矛盾心理，导致了民间资本踟蹰不前。因此本书的研究具有双重意义：

（1）理论意义。本书以凯恩斯有效需求理论、生命周期理论、内生增长理论、最优控制理论等为基础，深入分析政府投资和民间投资之间的作用机理，进一步填补长期以来国内学术界对政府投资和民间投资两者关系的理论空白，丰富了该领域的研究范畴，拓展了资本投资领域的研究视野，并引入了计量回归检验的一些前沿研究技术，对后续研究起到了抛砖引玉的作用。

（2）现实意义。一方面，全书紧贴国情进行分析，得出了一些关于我国政府投资和民间投资的有益结论，不仅有助于形成对先前投资决策的客观评价，而且为今后制定适宜的经济发展政策提供有益的理论与经验依据；另一方面，目前国内经济中逐渐暴露出的经济动力不足、地方政府投融资平台债务风险、民间资本闲置及无处容身等问题，都赋予本研究以较高的现实意义。

1.2 文献综述与评论

关于政府投资和民间投资的关系问题，学术界仍然存在许多争议，概括起来主要有四种观点：一是政府投资会刺激民间投资，即产生“挤进效应”；二是政府投资会抑制民间投资，即产生“挤出效应”；三是政府投资对民间投资的作用机制不确定，挤进或挤出因不同条件而变化；四是政府投资和民间投资的关系不显著，或直接表现为相互独立。

1.2.1 政府投资对民间投资产生"挤进效应"

在国外，较早的研究来自 Aschauer（1987），他基于 Arrow & Kurz（1970）构建的生产性公共投资均衡模型进行分析，结果证实了政府投资特别是公共基础设施投资能够提高私人资本的生产率，从而引导民间投资的增加，即政府投资对民间投资有"挤进效应"；Aschauer（1989）又利用美国1949—1985年的数据证明上述结论成立：美国政府投资在总体上挤进了民间投资；Berndt & Hansson（1992）利用瑞典的年度数据发现，公共资本对私人资本有一定的替代作用，增加公共资本会降低私人部门的成本，并在此基础上论述了公共资本的最优供给问题；Erenburg（1993）利用相关数据进行实证检验，发现政府投资和民间投资之间虽然不存在直接因果关系，但存在正反馈效应；Vijverberg等（1997）指出政府投资的先期扩张，往往带来私人投资的繁荣，从而为经济增长带来积累效应；Fisher & Turnovsky（1998）从理论上描述了私人部门的投资扩张对政府投资有路径依赖。此外，Easterly & Rebelo（1993）以及 Agenor 等（2005）也分别利用不同国家（地区）的数据和相应的实证方法得到了政府投资和私人投资正相关的结论。Eden & Maya（2014）以39个低收入国家为样本，考察了政府投资对民间投资的影响机制，结果发现，在这些国家里，政府投资每增加1美元，会挤进大约2美元的民间投资，并最终带来1.5美元的额外产出。

在国内，郭庆旺和赵志耘（1999）就中国的政府投资是否产生"挤进效应"进行了分析，通过财政支出的生产性、投资函数形式、资产的替代性和经济衰退等几个角度进行分析，他们认为在利率受到管制的条件下，政府投资不会挤出私人投资，反而有利于启动内需，拉动民间部门的投资支出，产生"挤进效应"。刘溶沧和马拴友（2001）以1984—2000年为数据样本期，利用似乎不相关回归法（SUR），对政府投资的系数进行了估计，结果发现，虽然政府投资的系数为负，但在统计上不显著，说明政府投资没有挤出私人部门投资，反而私人部门的收益率，即代表积极财政政策的政府投资支出扩张给民间投资带来了"挤进效应"，得出的结果是政府投资对民间投资具有正的外部性。吴超林（2001）在对积极财政政策增长效应进行严格细分和界定的基础上，进一步分析了中国的积极财政政策没有产生"挤出效应"的制度原因，以及形成"挤进效应"的制度条件，从理论角度证明了中国实施的积极财政政策并未对民间资本产生"挤出效应"。庄子银和邹薇（2003）的研究结果表明政府支出和民间投资具有互补效应。郭庆旺和贾俊雪（2005）以我国1978—2003年的年度数据为基础，利用向量自回归和脉冲响应函数分析了我国财政总投资、财政基本建设投资和财政更新改造投资对总产出、全要素生产率、民间总投资、民间基本建设投资和民间更新改造投资的动态影响，结果表明我国财政投资对经济增长具有显著的促进作用，对民间投资的拉动效应很强。吴洪鹏和刘璐（2007）运用VAR模型对中国存在的“挤出效应”机制进行了检验，结果表明可能会导致民间投资减少的“挤出效应”机制均不存在，政府投资的扩大产生了对民间投资的“挤进效应”。魏友（2011）以浙江省为例，利用2008—2010年的月度经济统计数据，对金融危机后扩张的政府投资如何影响民间投资进行了实证研究，研究发现政府投资并没有对民间投资产生“挤出效应”；相反，政府投资在一定程度上带动了民间投资的增长。

1.2.2 政府投资对民间投资产生“挤出效应”

古典经济学理论认为，政府支出的扩张会使国内利率水平上升，对国内居民消费和私人投资产生“挤出效应”，从而制约了扩张性财政政策产生作用。凯恩斯理论认为，在短期内，政府投资会给私人投资带来部分“挤出效应”，这是由政府支出的需求效应决定的。Pradhan 等（1990）利用可计算一般均衡法对印度数据进行研究，发现政府投资挤出了民间投资。Bairam & Ward（1993）对25个经合组织（OECD）国家进行了研究，发现其中有24个国家的政府支出对民间投资有负面的影响。Evan 等（1994）利用美国48个州1970—1986年间的数据进行评价，发现除教育投资对效率提高有显著的积极意义外，其他项目的政府投资并没有明显的效果，甚至表现出负面的影响。Odedokun（1997）的统计结果则表明，政府投资对私人投资造成部分“挤出效应”，大约是1美元的政府投资挤出了0.12美元的私人投资。Nader & Migue（1997）利用1940—1991年间墨西哥的投资数据研究了政府投资、民间投资和经济增长的关系，发现民间投资和政府投资对经济增长都有正向的促进作用，但政府投资对民间投资有“挤出效应”。Ghali（1998）利用误差修正模型对部分发展中国家的数据进行研究，发现政府投资无论在短期内还是在长期中均对私人投资有负向影响。Voss（2002）基于新古典投资模型，利用美国、加拿大的数据分别构建了VAR模型，发现两个国家政府投资变动不但没有挤进私人投资，而且还对私人投资有“挤出效应”。Selim Basar（2011）利用 Johansen - Juselius 协整检验，研究发现从1987年第一季度至2007年第三季度这一期间内，土耳其的政府支出对本国私人投资具有明显的“挤出效应”。

在国内，庄龙涛（1999）认为，政府对资源的占有和控制对企业和个人产生了“挤出效应”。田杰棠（2002）从利率变动和资金挤占两方面对1998—2000年的数据作了实证分析，得出挤出效应存在但不严重的结论。贾松明（2002）认为，我国公共部门对民间投资的“挤出效应”不明显，当前民间投资不活跃的主要原因是另一种“挤出效应”，即对民间投资的歧视和限制，而改变这种情况的主要方法是改革。曹建海（2005）用向量误差修正模型来对政府投资、私人投资和经济增长之间的关系进行实证研究，结果表明经济增长对私人投资有很强的促进作用，公共投资对私人投资有明显的“挤出效应”。廖楚晖和刘鹏（2005）通过建立总量的动态最优化模型，证明了公共资本对私人资本的替代作用的存在性，进而研究在我国经济发展和财政政策执行过程中公共资本和私人资本的替代程度，通过计量模型对上述替代程度进行了具体度量。研究表明，我国公共资本对私人资本存在的替代作用已经显现出来，尽管替代率还不高。贾明琪和李贺男（2009）根据近些年我国的实际经济运行情况，探讨了我国政府投资对民间投资是否存在“挤出效应”这一重要问题，通过建立模型进行实证分析，得出1999—2008年，我国政府投资对民间投资的“挤出效应”大幅增强。因此他们认为，政府应当在继续实行“4万亿”投资计划的过程中并行不悖地配合使用其他各项措施，以调动民间投资的积极性，最大限度地降低“挤出效应”。

1.2.3 政府投资对民间投资的双向性作用

Glomm & Ravikumar（1997）根据美国的年度数据估计出一个产出、私人资本、公共资本和劳动之间可以反馈的VARMA模型，该模型表明公共资本存量在短期内对产出和私人资本没有作用，但长期中会对私人资本存在较大的影响，这是来自公共资本的反馈效应。Sutherland（1997）从理论上阐述了当政府发行规模适度的财政债务，政府投资将产生乘数效应，而当政府进行过度的债务融资，政府投资将产生“挤出效应”，这一结论得到了Elder（1999）的支持。Elder（1999）在对德国等四国的比较分析中发现，当德国过度地发行债务而使其变得难以持续时，政府投资挤出了私人投资。Ahved & Stephen（2000）结合融资方式研究了政府的不同支出项目占GDP的比重对投资占GDP比重的影响，他们的研究发现，如果将政府支出项目分解为国防支出、教育支出、社会保障福利支出、经济事务支出、交通通信支出、出口与进口等项目，在债务与税收两种融资方式下，只有交通通信支出与进出口项目能够引进投资，而社会保险和福利等方面的支出，无论在发达国家还是在发展中国家都会造成“挤出效应”。Apergis（2000）对希腊1948—1996年的数据进行协整分析，发现1948—1980年间政府的公共投资支出对私人投资的影响为正向，而在1981—1996年间此关系却变为负向。Ahmed & Miller（2000）比较债务融资和税收融资这两种不同融资方式下政府投资的效应，发现税收融资下的政府投资对私人投资有更强的“挤出效应”。Rossiter（2002）利用结构化的协整检验法对政府投资假设进行检验，结果显示政府投资在设备方面的支出挤出了民间投资，而投资在建筑物方面的支出却存在微弱的“挤进效应”。Xiaoming Xu & Yanyang Yan（2014）研究了中国政府投资是否挤进或挤出民间投资的问题。他们将政府投资分成两类（一类是用于提供公共品和基础设施的投资，另一类是对盈利性的国有企事业投资）进行结构向量自回归得出，用于提供公共品和基础设施的政府投资显著地挤进了民间投资，而盈利性政府投资则显著地挤出了民间投资。

杨晓华（2006）利用协整检验法分析了我国政府投资和私人投资间的关系，证实了政府投资在短期内对私人投资有“挤进效应”，而在长期中却有“挤出效应”，但这两种效应都比较弱。董秀良等（2006）在重新界定政府支出对民间投资效应的基础上，利用季度数据，采取向量自回归模型、协整检验法、误差修正模型等动态计量经济学方法分析了我国财政支出对民间投资的长、短期效应。结果表明，短期内财政支出对民间投资具有一定的“挤出效应”，而长期均衡关系上则表现为“挤进效应”。陈浪南和杨子晖（2007）利用 1980—2003 的经济数据，以 Aschauer 等人的模型为基础，分析了中国政府支出和政府融资与私人投资的关系，结果表明政府公共投资挤进了私人投资，社会文教费的支出挤出了私人投资。尹贻林和卢晶（2008）从理论上将公共投资对私人投资的各种效应进行重新梳理，并在此基础上运用向量自回归模型（VAR）和向量误差修正模型（VECM）对有关我国公共投资对私人投资的影响进行了经验分析。结果表明，在长期中，我国公共投资和私人投资之间存在着唯一的长期稳定的均衡关系，并且公共投资对私人投资的综合效应表现为“挤进效应”；在短期内，公共投资对私人投资则具有“挤出效应”。陈工和苑德宇（2009）通过理论推导构建了反映私人投资和公共投资之间关系的动态面板模型，并利用我国29 个省 1994—2007 年的相关面板数据进行经验检验。结果显示，我国公共投资在总体上显著挤进了地方私人投资，其中生产性公共投资为挤进私人投资的主要成分，而社会性公共投资对私人投资的“挤进效应”与“挤出效应”则不显著。陈时兴（2012）运用 IS－LM 模型研究政府投资对民间投资产生“挤出效应”与“挤进效应”的影响因素，并采用中国 1980—2010 年的政府投资、民间投资、收入、税收等数据，建立 VAR 模型分析政府投资对民间投资的影响。研究表明，中国政府投资规模扩大对民间投资存在部分“挤进效应”，也存在部分“挤出效应”，但从总体上看，累积“挤出效应”并不存在。

1.2.4 政府投资与民间投资表现为相互独立

Barth & Cordes（1980）、Munnell（1990）、Ramirez（1994）的研究得出了政府投资和民间投资存在相互独立关系的结论。Levine & Renelt（1992）用跨地区回归方法研究政府消费支出对民间投资的影响，发现两者之间并不存在显著的关系。

马拴友（2001）利用IS－LM模型测算了积极财政政策的效应，其研究结果表明政府投资没有挤出私人投资，增加政府支出不会挤出私人消费。戴国晨（2003）利用我国1978—1999年的经济数据，对我国私人资本和预算内公共资本存量进行回归分析，结果显示公共资本能够提高私人资本的收益率，但是公共资本对私人资本的“挤出效应”并不显著。李生祥和丛树海（2004）也是通过建立宏观经济模型分别测算了我国的理论财政政策乘数和实际财政政策乘数，得出财政政策的“挤出效应”不明显的结论。孙旭和罗季（2004）从经济学理论出发，分析了我国政府投资对民间投资的影响，并探讨了政府投资与民间投资的关联性，发现政府投资与民间投资不存在长期的均衡联系和反馈作用，目前我国政府投资对民间投资的调控能力十分有限，即未表现出“挤进效应”，也未产生“挤出效应”。

1.2.5 文献评论

学术界对政府投资和民间投资关系问题的研究已经取得了一定的成果。其中国外研究具有开创性，尤其是Aschauer（1987）的研究成果，奠定了后续研究的基石；而国内的相关研究起步较晚，文献也较少，且大部分是基于国外研究成果的假设验证或扩展研究。

通过对比发现，上述文献对政府投资和民间投资的关系问题没有取得一致结论，主要原因有四个：

1. 研究对象不同

有学者研究中国政府投资和民间投资的关系问题，也有学者研究美国、德国、印度、埃及等其他国家的情况，虽然是对同一问题的研究，但由于各国国情不一，因此会得出不同的结论。此外，就算是对同一国家的研究，时间维度选取不同也会得出截然相反的结论。

2. 研究角度差异

政府投资和民间投资研究角度既有社会投资总量规模上的考虑，也有社会投资结构上的推导；既有全面性的总览概括，也有区域性的针对分析；既有公共资本的生产性考量，也有公共资本积累性的测度；既有短期效应的评估，也有长效机制的探讨；既有宏观层面的分析，也有微观层面的考察。

3. 研究方法多样

不同学者的研究方法可谓千差万别：有规范性的定性分析，也有实证性的定量分析；有文字的理论性阐述，也有模型的逻辑性推导；有国内外或地区间的比较分析，也有不同时期间的历史分析；有VAR时间序列模型分析，也有GMM面板模型分析；在利用多元回归分析进行估计时，对误差项的处理方法不同也会产生不同的结果等。

4. 基础数据口径不一，即用以衡量变量的数据不同

这又分为三种情况：①一些学者从资本存量角度研究政府投资和民间投资的关系，一些学者从资本流量的角度研究两者的关系，还有少量学者综合考虑了资本的存量和流量。②缺乏公认的政府投资范围界定。不同学者对政府投资的定义各异，导致相同样本指标在不同文献中缺乏可比性。③各项研究的原始数据来源不同，而不同数据库对同一经济指标的统计口径又或多或少地存在差异，从而导致最终结果的不一致。

此外，上述文献对政府投资和民间投资关系的研究并非完善，仍然存在着一些不容忽视的问题，如：

1. 研究角度单一

在已有的相关文献中，更多的是从总量规模上对政府投资和民间投资的关系作定量分析，很少从区域结构或行业结构进行分析；大多从公共资本的生产性角度对政府投资和民间投资的关系进行剖析，而其他研究角度相对较少；大多关注政府投资对民间投资的短期静态影响，较少考虑政府投资和民间投资的长期动态均衡关系；大多是宏观层面的分析，缺乏对政府投资和民间投资的微观机制研究。

2. 脱离国情

不少学者热衷于所谓的“国内外比较研究”，这样的确能找出我们的不足，但脱离了我国处于相对落后的经济发展阶段这个国情，结果得出一些“不切实际”或“急功近利”的结论或建议，缺乏对我国经济现状的可行性分析；还有些学者喜欢借鉴国外的研究模型，殊不知这些模型的一些前提假设都是基于西方国情之上的，忽略了我国政府投资和民间投资关系的特殊性，导致这样的研究略显粗糙，当然结果也是不尽如人意[①]。

3. 计量分析不规范

在进行计量模型的回归分析时，一些细节上的失误会导致结果的失真。如选用的数量样本太少，会降低参数估计的精确度；时间序列分析时没有考虑数据的平稳性，容易造成“伪回归”，相应的Granger因果关系检验也会得出虚假的因果关系；控制变量的缺乏，会影响模型整体的拟合优度；直接将

---

① 例如，很多人基于西方经济学中的IS－LM模型，从利率传导的角度证明我国政府投资对民间投资有“挤出效应”。其实这是不合理的。事实上，IS－LM模型在我国经济中并不适用，因为我国利率水平几乎不取决于*IS*或*LM*曲线的位置，而是由政府随机拟定的。再者，我国政府投资对民间投资的影响除了利率还有其他途径，只有综合考虑所有因素，才能得出挤出或挤进的确切结论。

当年的流量数据引入模型，而没有利用相应的价格指数剔除价格变化的影响，会导致不同的数据之间缺乏可比性；忽略变量的滞后影响，直接采用当年的数据，往往会得出扭曲的结论。

4. 缺乏数据支撑

对政府投资和民间投资关系的研究，相当一部分学者侧重于纯理论的定性分析，缺乏翔实的数据作支撑，只是依靠一己的主观判断和分析能力，推断政府投资和民间投资的关系，得出的结论缺乏说服力；也有部分学者进行少许的定量分析，却也只是对存在效应的判断，仅仅证明了政府投资对民间投资存在“挤出效应”或者是“挤进效应”，而没有探寻更深层次的原理，对“挤出效应”或“挤进效应”的传导机制和作用力度缺乏深入的研究。

1.3 研究思路与方法

1.3.1 研究思路

本书严格遵循“提出问题”→“分析问题”→“解决问题”→“验证问题”的总体思路，从多角度、多层次考察我国政府投资和民间投资的关系，使得研究成果既有理论深度又不乏现实价值。在写作过程中，笔者力求本书前后呼应，中心突出，逻辑严谨。图1-2为本研究的技术路线。

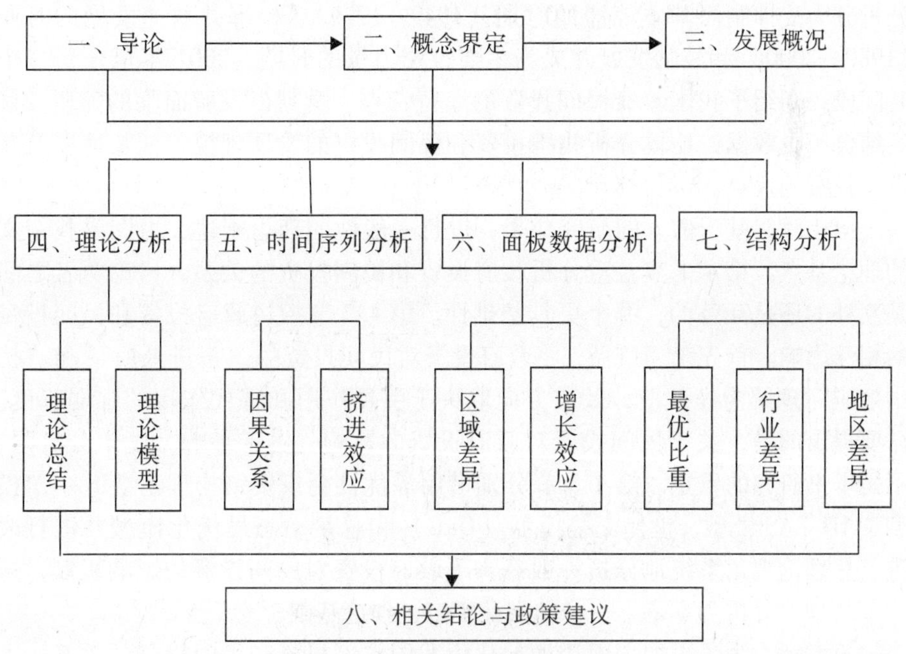

图1-2 本研究的技术路线

根据以上研究思路，本书的结构安排如下：

第1章，基于对现有理论进行学习、批判、借鉴和充实的目的，对国内外有关政府投资和民间投资关系的研究文献按照得出结论的不同进行归类和综述，仔细甄别其应用于我国经济研究的价值，同时找出不足并予以指正，为本文的写作提供借鉴。除此之外，还简述了本研究的意义、思路、方法和创新之处。

第2章，以全面性和精确性为准则，分别对投资、政府投资和民间投资进行概念界定，同时简要阐述政府投资和民间投资的对象、分类、方式、资金来源、统计方法等。其中重点阐述了政府投资的职能、特征、影响因素和理论基础（市场失灵理论、凯恩斯主义的国家干预理论、经济发展阶段理论、瓦格纳法则、政府投资利润最大化原则），以及民间投资的职能、理论基础（资产需求理论）。最后，还将论述政府投资和民间投资在构成要素和增长效应两方面的区别，以便我们对两者进行区分。

第3章，立足历史实践，通过纵向比较，对新中国成立以来我国政府投资和民间投资的发展历程进行反思，并得出一些经验教训。对政府投资的分析分为计划经济时期（1953—1978）、计划经济向市场经济的转轨时期（1979—1997）和市场经济的完善时期（1998年至今）三个时间段，分别总结出各时期政府投资的发展概况、特点、存在的问题和贡献。对民间投资的分析分为受抑制而基本停滞的时期（1949—1979）、松绑并快速发展的时期（1980—2000）和鼓励发展并成为主要投资力量的时期（2001年至今）三个时间段，介绍了我国政府民间投资的运行特点、贡献以及所面临的障碍。最后结合历史数据，比较分析我国投资和民间投资的发展规模、增长速度及其占总投资的比重。

第4章，基于前人的研究成果，进行一般性的理论阐述，力图寻找全文的理论基点。第4.1节着重分析政府投资和民间投资的关系，讨论两者之间是互补的还是互替的，哪个更具基础性。第4.2节探讨政府投资和民间投资的相互影响。首先统一口径，将政府投资对民间投资的“挤进效应”和“挤出效应”理解为净效应，效应方向取决于引致作用和替代作用的强弱程度。需要提出的是，关于民间投资对政府投资的影响，由于影响力度十分有限，不是本书研究的重点。第4.3节分别借用最优社会投资结构理论、IS－LM模型、AD－AS模型、世代交叠模型（OLG）和总量动态最优化模型并进行改进，从理论视角系统地分析一般意义下政府投资对民间投资的影响机制，这一节的理论分析为本章下一步的实证奠定了理论基础。

第5章，为了更加全面透彻地认识我国政府投资和民间投资的关系，本章利用时间序列数据进行实证分析。首先，通过构建一个包括政府投资、民间投资和外商投资的向量自回归模型（VAR），检验我国政府投资和民间投资之间的同期和异期因果关系，并进行预测方差分解。其次，以第4章的OLG理论模型为框架，建立样本区间为1979—2010年的时间序列模型，对我国政府投资和民间投资的关系进行经验分析，探讨是“挤进效应”还是“挤出效应”，是否显著，政府投资每增加1单位会“挤进”或“挤出”多少单位的民间投资。

第6章，第6.1节利用国内29个省、自治区和直辖市1980—2009年的面板数据进行SYS－GMM回归，进一步分析了我国政府投资和民间投资的关系，并将分析结果与第5章的时间序列分析结论进行比较，以增加实证研究的准确性和稳定性。在此基础上，探寻“挤进效应”或“挤出效应”的发生原因。除此之外，还将利用面板数据的优势，考查政府投资对民间投资的“挤进效应”或“挤出效应”是否具有区域差异性，效应强度从东部地区到中部、西部地区如何变化，并结合不同地区的实际情况分析原因。第6.2节利用面板数据的单位根检验法、协整检验法、误差修正模型和脉冲响应等计量方法，验证我国政府投资和民间投资的经济增长效应是否存在差异。

第7章，第7.1节通过动态最优化推导得出，政府投资和民间投资的最优比重与它们各自的产出弹性相一致。根据这一结论，我们建立了一个经济增长面板模型，并利用国内30个省市1995—2012年的经济数据进行回归，得到各项投资的产出弹性，进而求出全国及不同地区社会投资的最优结构。最后，结合各地区当前的投资结构状况进行比较分析，发现差距，找出原因，提出对策。第7.2节构建一个总投资模型，并利用6个不同行业1993—2009年的时间序列数据对其进行拟合回归，以考察不同领域（行业）中政府投资对民间投资的“挤进效应”与“挤出效应”，并对结论进行原因分析。第7.3节以广东为研究对象，利用1998—2013年的时间序列数据，回归得出广东政府投资对当地民间投资有一定的“挤出效应”，但是该效应并不十分显著。

第8章，对本书理论考察和实证分析的主要结论进行归纳和总结，并利用所得结论，分别对我国当前的政府投资和民间投资提出切实可行的政策建议。对政府投资的政策建议大体上分为四点：①划清政府与市场边界，转换政府投资的职能定位；②健全政府投资决策与约束机制，加强对政府投资的管理；③适当加大政府投资力度，充分发挥政府投资对民间投资的“挤进效应”；④厘清政府投资点，优化政府投资结构。本章对民间投资的政策建议有：①进一步放宽民间投资进入领域，取消行业准入的制度限制；②建立、健全民间投资服务体系，加强服务和指导，为民间投资营造良好的服务环境；③解决融资瓶颈，为民间投资提供资金保障；④解决民间投资地位不平等的问题，确保其享有同等的国民待遇；⑤继续加大对中、小民营企业的扶持力度；⑥鼓励分散资本集中化；⑦延长政策周期，建立政策效果评估机制。

1.3.2 研究方法

在上节研究思路的指引下，为了突出论文的学术性、科学性、针对性和时效性，笔者采用了以下研究方法：

1. 规范分析与实证分析相结合

规范分析方法是指对客观事物进行主观评价的分析方法，它是以人们的主观价值判断为前提的。实证分析方法是指对客观事物的现象及发展、运动规律进行观察、提出假设、进行验证并上升为理论的分析方法（施丽丽，2010）。政府投资和民间投资的关系，既是理论问题，也是现实问题。对它的研究，需要配合使用规范分析法与实证分析法，两者相互补充①，不可偏废。而且，在实证分析时，注意事实的可测性，在规范研究时，注意观点的可检验性，从而力求使研究具有可操作性，得出的结论具有实际应用价值（左道喜，2003）。在本书中，规范分析集中体现在相关的概念界定、理论阐述以及政策建议部分；而实证分析则贯穿全书始终，主要表现为实证模型的推导、设定、回归、检验、分析以及其他相关数据的统计等，力图从数量关系分析中得出具有普遍意义的结论，以增强对相关问题的说服力。这些基本是利用STATA 和 Eviews 软件才得以实现的。

2. 定性分析与定量分析相结合

定性分析是以本质或属性为分析对象，定量分析是以数量为分析对象。定性分析是定量分析的基础，是认识的起点，离开了定性分析，定量分析就失去了归宿和目的，也只是符号游戏。定量分析是定性分析的深化，是认识的精确化，离开了定量分析，定性分析只会是模糊的（施丽丽，2010）。所以，我们不能把定性分析与定量分析截然分开，而是要把两者有机地结合起来。因此，本书坚持“定性先行，提出理论；定量为主，进行佐证”的原则，灵活使用两种分析方法。如在概念上区分政府投资与民间投资、利用 IS－LM 模型判定政府投资和民间投资的关系等都属于定性分析。定量分析以数据挖掘和计量分析为主，如包含我国政府投资和民间投资历史数据的图表展示、相关时间序列模型或面板模型的回归等，目的是使研究结果更精确、操作性更强。

3. 普遍性分析和特殊性分析相结合

普遍性分析，是针对研究对象内在一般规律的分析，从中寻找共性的东西；特殊性分析，是具体情况具体分析，即将研究对象置于某一特殊环境、地域或条件下进行分析，从中寻找出个性的东西。普遍性分析是特殊性分析

① 规范分析可为实证分析提供理论根据，实证分析的结果反过来又会丰富和发展规范分析。

的基础，特殊性分析是普遍性分析的具体表现，两种分析相辅相成，不可或缺。普遍性和特殊性相结合，从普遍性到特殊性，这是认识事物的一般规律。本书正是遵循了这一思路。首先分析了一般市场经济条件下政府投资和民间投资的关系，得出一个普遍性结论，是“挤进”还是“挤出”，继而分析这一关系应用于中国实际的具体表现，得出一个符合我国国情特殊性的结论，由此便达到了我们的研究目的。

4. 对比分析

对比分析是对客观事物进行联系比较，找出它们之间的优劣点和异同点，以认识事物的本质和规律。根据对比标准的不同，它又可分为两种方法：一种是空间上的横向比较法（也称为横向的静态对比分析法），对不同的国家、地区或单位在相同时段内的对象进行比较，并加以必要的量化或评述，以便在实践中能够有所借鉴；另一种是时间上的纵向比较法（也称为纵向的历史动态分析），对同一个国家、地区或单位在不同历史时段内的对象进行比较，找出该对象发展变化的趋势及特点。在本书中，对比分析法得到了广泛应用。如在第2章中，将西方国家的政府投资和我国政府投资进行比较和区分，系统地阐述了我国政府投资与民间投资的演变过程，通过纵向对比，归纳出它们特定的发展规律。

5. 文献研究法

如前所述，关于政府投资和民间投资的关系问题，在国内外学界已有大量研究成果，而本书的研究是在这些成果基础上的一种改进和拓展，文中不可避免地参考了其他学者们的独特观点和先进方法，并在此基础上形成了前文的文献综述，理清了本领域的研究脉络，这是本书后续分析的基石。因此可以说，本书能够顺利完成，离不开其他学者们前期成果的学术贡献。在撰写本书之前，笔者花了大量时间搜集、阅读国内外相关论文，并按照所得结论的不同进行整理分类，从中学习、借鉴，形成自己的观点体系。譬如在第4章的理论分析中，为了更全面地体现政府投资和民间投资的关系，笔者引用了陈浪南、杨子晖（2007）的两期OLG模型，并对其作了改进，使模型更能反映中国的真实情况，这是在对该篇文献进行深入研究的基础上完成的。

1.4 创新与不足

通过借鉴和分析国内外的相关文献，本书在以下几个方面作了一些改进：

1. 选题的创新

已有文献大多是研究公共投资和私人投资的关系，财政支出和私人投资的关系，极少涉及政府投资和民间投资的关系。而这三种关系是截然不同的。

笔者选择研究政府投资和民间投资的关系，是因为政府投资和民间投资作为一组区分投资主体的概念范畴，与当前社会广泛关注的“公有制经济（国有经济）与非公有制经济（民营经济等）”、“政府与市场”、“计划经济与市场经济”有共通之处，因此赋予本研究以更大的现实意义和更高的研究价值。

2. 概念界定的创新

一直以来，学者们对政府投资和民间投资的概念界定无法取得一致，有人将政府投资与公共投资或财政投资混淆使用，也有人将民间投资理解为社会总固定资产投资或企业投资。基于已有观点，本书以全面性和精确性为准则，综合考量，权衡轻重，在公共财政框架下给出了政府投资和民间投资的规范定义。

3. 理论模型的创新

理论模型是分析经济问题的一个重要工具，是实证分析的前提和基础。因此本书也花了较大篇幅对政府投资与民间投资的相关理论模型进行深入研究。在总结和改进前人研究的基础上，第4章探讨了最优社会投资结构理论、改进的IS－LM模型、扩展的AD－AS模型、世代交叠模型（OLG模型）和总量动态最优化模型五个模型，这有助于形成对政府投资和民间投资关系的经验性认识，为后面章节的实证分析作了铺垫。

4. 计量方法的创新

为了使实证结果更加精确、更具说服力，笔者尽可能选择一些较前沿的方法，如第5章用DAG方法验证了政府投资和民间投资间同期因果关系的存在性，第6章利用SYS－GMM统计量对面板模型进行回归。当然，计量方法终归只是经济学研究的一项工具而已，它虽有助于解释或说明问题，但是并不具有普遍性意义。

5. 研究角度的创新

和其他研究相比，本书不仅分析了政府投资和民间投资的总量关系，也分析了政府投资和民间投资的结构关系；不仅分析了政府投资、民间投资、经济增长三者之间的短期静态影响，也分析了它们之间的长期动态均衡关系。这是国内同类研究中所没有的。

然而，由于一些暂时无法克服的困难，本研究也存在许多不足，如：

（1）我国政府投资是在计划经济体制下产生的，随着市场化进程的不断深入，民间投资从中逐渐分化并发展起来，在这一过程中，我国统计观测指标体系并未及时给出政府投资和民间投资的调整数据。基本数据的不足导致我们无法进行更深入的研究，如分析不同行业政府投资和民间投资的最优比重、不同地区不同行业政府投资和民间投资的关系。在已有文献中，一般是用不同经济成分的固定资产投资来衡量政府投资和民间投资，很显然，这一方法并不十分精确，因为政府和民间的投资并不全部是固定资产投资。这个问题在短期内仍难以克服，我们只能用尽可能接近的数据去衡量，以求得近似准确的结果。

（2）一般认为，政府投资流量和政府投资存量都会影响民间投资行为，仅从某一角度进行研究会导致结论的片面性。譬如政府对基础设施的投资，新增投资会改变民间投资者的心理预期，从而促使他们做出投资或不投资的决定；而已有的投资，如修好的道路、机场等，同样会对民间投资产生影响。但是技术的有限性使我们很难通过实证分析同时准确捕捉上述两种效应，一是因为投资流量和投资存量的数据均难以获取，需要进行烦琐的计算和估计，工作量巨大；二是因为无法构建一个同时包括流量和存量两个因素的基础模型，这也是笔者后续研究的难点和突破点。

（3）政府投资和民间投资是以主体不同来划分的两种投资，其中政府投资包括财政投资、政府部门投资和国有企事业单位国有资产投资。关键问题在于如何辨别国有企事业单位的国有资产投资。在经过改制重组后，国有企业不再是国家独有，而是按照国有股权和私有股权的比例被国家和私人所共有，这样的话，国有企业的某一项投资是应当计入政府投资还是民间投资？合理的做法是，按照股权比例分别计入政府投资和民间投资。但这是一项十分精细的工作，难度极大。考虑到目前的国有控股企业中，国家均凭借最大资本比例或相关协议对企业享有实际控制权，企业投资决策大多体现着国家意志。因此，可以将国有控股企业的投资全部计入政府投资。

第2章

概念界定与理论基础

2.1 投 资

随着现代市场经济的日臻完善，投资对人们来说不再显得陌生，它所涉及的范围和领域已经相当广泛，影响着经济社会的方方面面。然而，何为投资，目前国内学术界尚无统一定义。由于经济体制差异、发展阶段不同等种种原因，各个国家和时期的学者对投资有着不同的界定。

2.1.1 国外对投资的定义

明确界定“投资”的定义，是研究政府投资和民间投资的基础。投资是西方经济学中的一个重要概念。凯恩斯（1936）在《就业、利息和货币通论》一书中指出：“投资，包括一切资本设备之增益，不论所增者是固定资本、运用资本或流动资本。”保罗·萨缪尔森（1948）在《经济学》中对投资作了定义：“对经济学者来说，投资总是意味着实际资本形成。对大多数人们而言，投资总意味着是用货币购买几张通用汽车公司的股票，购块地皮或开立一个储蓄存款户头。”约翰·伊特韦尔（1996）在《新帕尔格雷夫经济大辞典》中认为：“投资就是资本形成—获得或创造用于生产的资源。资本主义经济中非常注重在有形资本—建筑、设备和存货方面的企业投资。但是政府、非营利性公共团体、家庭也进行投资，它不但包括有形资本还包括人力资本和无形资本的获得。原则上，投资还应该包括土地改良或自然资源的开发，而相应地，生产度量除包括生产出来用于出售的商品和劳务外，还应包括非市场性产出。因此，政府或家庭购置汽车、建造道路、桥梁和机场，同企业的这些行为一样，都是投资。在研究与发展上的支出，不论由企业、政府还是非营利性的大学承担，都是投资，更为重要的是，无论在何处，教育和培训都是人力资本投资的主要形式。”

总的来说，在西方国家的经济理论和活动中，大体上是从两个角度对投资（Investment）进行定义：第一，从宏观角度定义，有狭义和广义之分。狭义投资特指金融投资，是资金拥有者在金融市场上购买资产的行为，常见的金融投资品有存款、股票、债券、黄金、期货等；广义投资范围更广，除了金融投资，还包括非金融投资，投资对象除了上述金融产品之外，还有房地产、艺术品等各种有价值资产。第二，从微观角度定义。投资被认为是资金拥有者所进行的以形成（有形或无形）资本为目的的经济行为。譬如国家出资修建铁路（形成铁路）、投入教育（形成人力资本），企业建造厂房（形成厂房）、技术改造（形成技术资本）、购进机器设备（形成固定资产），个人购买房子（形成房屋产权），这些都属于投资行为，它们都形成了对生产或增值有利的实际资本（张颖，2005；陈节励，2003）。随着市场经济的日益完善，市场已经渗入人们生活的方方面面，“资本”的概念逐渐深入人心，各种金融产品衍生工具也是层出不穷，所以当前理论界一般将“投资”理解为金融投资。

2.1.2 国内对投资的定义

国内对“投资”的认识是一个与时俱进的过程：随着我国经济体制的转变，先是从政治经济学的角度去理解，然后逐渐与西方经济学相接轨。在计划经济时期，我国理论界对“投资”的定义主要是以马克思的《资本论》为依据，将其区分为社会主义和资本主义两种制度属性①。自改革开放以来，随着社会主义市场经济体制的建立和金融市场的发展，人们对投资范畴的认识发生了本质变化，“金融投资”开始进入人们的视野。

1979 年出版的《辞海》对投资的定义是“在资本主义制度下，为获取利润而投放资本于国内和国外企业的行为，主要是通过购买企业所发行的股票和公司债券来实现。在社会主义制度下，一般指基本建设投资”。1983 年出版的《经济大辞典·工业经济卷》认为投资是“指经营盈利性事业时预先垫付的一定量的资本或其他实物，而且是基本建设投资的简称”。1987 年 5 月出版的《经济大辞典·金融卷》认为投资是“经济主体（企业和个人）以获得丰厚利益为目的，预先垫支一定量的货币和实物，以经营某项事业的行为”。1987 年 8 月出版的《经济大辞典·财政卷》认为投资是“在资本主义社会指货币转化为资本的过程，在社会主义社会指货币转化为生产经营资金的过程……这种垫支货币的过程，就是投资”。

厉以宁（1993）主编的《市场经济大辞典》认为，投资是经济主体以获得未来收益为目的，预先垫付一定量的货币或实物，以经营某项事业的行为。

---

① 马克思在《资本论》第三卷中曾经指出，“投资，即货币转化为生产资本”。也就是说，投资是用货币购买生产资料和劳动力，以形成固定资本和流动资本的一种经济活动。长期以来，我国在实际工作和理论研究中一直将其视为重要的经典依据，并据此对投资进行定义。

狭义上的投资是指购进公债、公司债及股票；广义上的投资是指经营某项事业，增加新货币，购进新资产、原料、新劳力从而产生新生事物。陈岱孙（1998）在《市场经济百科全书》中认为，投资是指为获取预期收益而投入资金或资源的经济活动，预期收益主要是经济收益但也包括社会收益，投入的资金（资本）一般是货币资金但也可以是实物资金或者其他资源。任淮秀（2001）认为，投资是经济主体为获取经济效益而垫付货币或其他资源到某项事业的经济活动，经济效益是投资活动的出发点和归结点，但是投资效益不仅体现在经济效益还体现在社会效益和环境效益等诸多方面。刘树成（2004）主编的《现代经济辞典》认为，投资是指将现有资金投入某项事物，以期获得未来收益的活动，投资可分为实物投资、金融投资和人力资本投资。张中华（2006）认为，投资是指一定经济主体为了获取预期不确定的效益而将现期的一定收入转化为资本或资产。资本是一种生产要素，主要包括建筑、设备和存货，而资产是能给所有者带来货币收益的物品，不仅包括生产使用的建筑、设备和存货，还包括出租获利的住房、银行存款、股票和债券。

2.1.3 本书对投资的定义

在我国，固定资产投资在总投资中占了绝大部分，而且我国政府始终没有把企业的存货投资作为投资调控的对象。所以，本书将投资直接界定为固定资产投资（不包括证券市场投资），即以货币形态表现的建造和购置固定资产的工作量[①]，具体包括基本建设、技术改造、车船购置、房地产开发等。而且按照国内学术界的统一口径将投资分成三类：政府投资、民间投资和外商投资。也就是说，在对政府投资和民间投资进行理论和实证分析时，所用的投资概念是我们通常所说的“固定资产投资”，这样足以反映我国政府投资和民间投资关系的基本情况。

综上所述，投资其实是经济主体为形成特定资产而进行的一系列经济行为的总和。一项投资行为的发生，必然牵涉到许多经济主体的经济利益，体现着资源要素之间的经济联系。“投资”作为市场经济中的一个基础概念，一般包括主体、客体、资源、周期、目标五个因素。其中，主体可以是个人、家庭、企业或政府等；客体是指投资的对象或领域；资源是指投资过程中投入的有形或无形要素，如现金、股票、技术等；周期是指投资从开始到结束、从投入到取得报酬所需的时间；目标是指投资为了获得什么资产，它可以是经济利益，也可以是社会利益。

---

① 我国现在在实际的投资管理和统计工作中所说的“投资”，大多是指这一定义上的固定资产投资。

2.2 政府投资

按照投资主体的不同，政府投资和民间投资共同构成了一国的总投资，两者在国民经济的运行中相互影响、相互制约。

2.2.1 政府投资的定义

目前国内学术界对政府投资还没有公认的界定。吴敬琏（2001）认为政府投资是与企业投资相对应的，而刘国光（2004）认为政府投资是相对于民间投资而言的。考虑到我国政府对国有企业和国有控股企业仍有相当大的影响，本书对政府投资的界定与刘国光（2004）的较为相似，将国有企业和国有控股企业的投资归入政府投资。本书参考李斌和张帆（2009）的研究成果做出如下定义：政府投资是指政府（包括中央政府和地方各级政府部门）为了实现其职能，满足社会公共需要，实现经济和社会发展战略，投入资金等各种资源用以转化为特定（实物或无形）资产的行为和过程。顾名思义，政府投资是政府利用国有资金进行的投资行为。主体是政府，产权或责任属于国家。政府投资最终形成的资产具有明显的公有制特征，是一国公有制经济（或国有经济）的主体部分（孟耀，2004）。政府投资与民间投资、外商投资共同构成一国的社会总投资。政府投资的对象主要集中在公益性、基础性、关系国计民生或事关国民经济发展的重大项目上（王敬军，2003）。常见的分类有两种：一种是按投资对象分成基础设施投资、医疗卫生投资、生态环保投资、科技教育投资等，另一种是按政府层级分成中央政府投资和地方政府投资。政府投资的资金主要来源于财政预算收入，包括税收收入、非税收收入等。一般来说，这部分资金具有无偿性和相对固定性的特点。另外，发行国债、银行贷款、增发货币等也是政府投资资金的重要补充。

财政投资是指国家各级政府在其允许的财力及一定的财政风险内，用财政预算资金安排的基本建设支出和其他生产建设支出，是政府财政支出的一部分，也称为投资性财政支出或生产性财政支出（孙茂颖、胡蓉，2007）。西方发达国家奉行私有制，政府大多扮演着“守夜人”的角色，政府投资资金几乎全部来自财政收入，所以政府投资近似等价于财政投资（如图 2 - 1）。而在我国，政府是个“积极的干预者”，国有经济在国民经济中仍然占有相当大的比重，政府投资资金除了财政收入还有其他来源，所以说财政投资是政府投资的一部分。政府投资除了包括财政投资，还包括政府部门投资和国有企事业单位国有资产投资。于是，我们应当采用“国有经济中固定资产投资额”指标来衡量我国的政府投资额，而不应当采用“某些财政支出项目的加总”指标，否则会造成对政府投资的“低估”。我国政府投资、财政投资和财政支出三者的关系如图 2－2 所示。

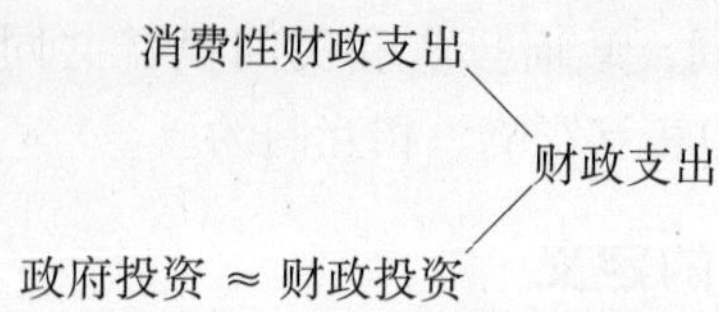

图 2－1　西方国家政府投资、财政投资和财政支出的关系

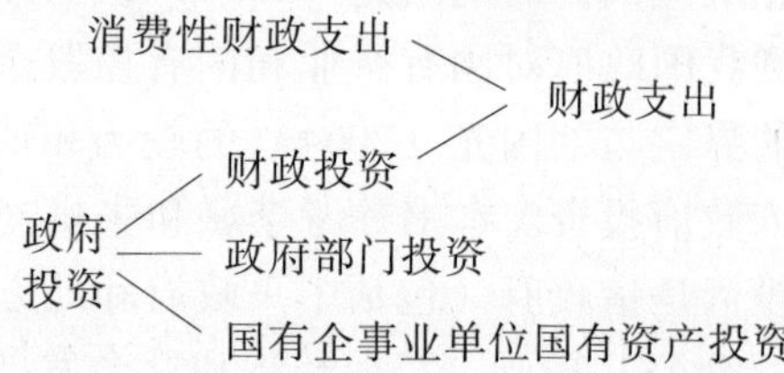

图 2－2　我国政府投资、财政投资和财政支出的关系

政府投资不同于公共投资。顾名思义，公共投资是以公共领域为对象进行的投资活动，是从投资对象角度进行定义的，它与经营性领域投资共同构成总投资；而政府投资是从投资主体角度进行定义的，是与私人投资（民间投资）相对应的概念范畴①。所以说，政府投资不一定是公共投资，公共投资不一定是政府投资。图 2－3 直观地表达了它们之间的关系。

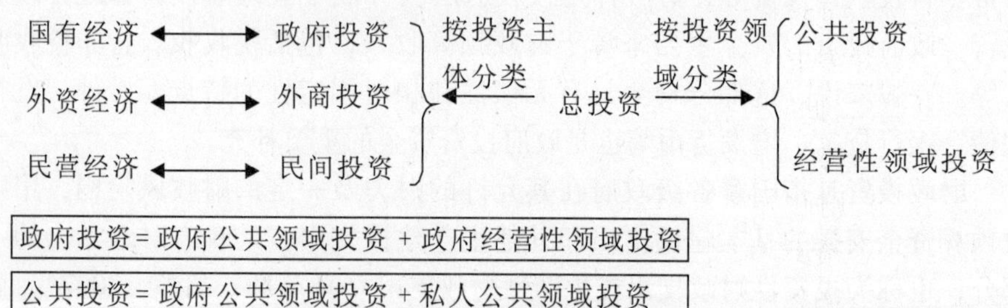

图 2－3　政府投资与公共投资

目前学界对政府投资的统计和测度，大多采用两种指标：一是政府投资

① 政府投资与民间投资是一组对应的概念范畴，公共投资与经营性领域投资是一组对应的概念范畴。

的绝对规模，度量政府投资在某一时期内（通常是一年）的名义或实际货币总额。这一指标是从总量的角度进行分析的。二是政府投资的相对规模，侧重从结构的角度进行分析，度量政府投资绝对规模占本国 GDP 或 GNP 的比重，也度量政府投资绝对规模占社会总投资的比重。本书对政府投资的定量分析将主要采用上述两个指标。

2.2.2 政府投资的职能

政府投资的职能是指政府投资从其产生、发展到终结过程中，对社会经济的有利作用。现代国家政府投资的职能十分广泛，一般包括四个方面：

1. 提供公共产品和服务，为民间投资营造良好的投资环境

优越的投资环境，是民间投资的一个重要诱因，它往往体现为公共设施、基础设施及软环境的完善。这些因素往往是通过政府投资来实现的，其理论依据是西方财政学的市场失灵理论（廖家勤等，2012）。由于公共产品具有非排他性和非竞争性，容易发生“搭便车”行为，因而在市场自由运行时，没有厂商愿意生产公共产品，从而导致公共产品的无效供给，资源配置出现低效率。因此，提供公共产品和服务是政府投资的一个重要使命或职能。政府投资的主要方向应当是市场失灵的领域，如教育、文化、国防、环境保护等。

2. 均衡社会投资，调控宏观经济

政府投资是调控经济运行的一个重要政策工具，它具有相对灵活性，在一定范围内可依据经济社会的需要作适时调整：当社会投资低迷、经济紧缩时，政府通过实施扩张性财政政策，增加政府投资量，扩大社会的有效需求，从而拉动经济增长。其理论依据是凯恩斯的有效需求理论：边际消费倾向递减引起消费不足，资本边际效率递减与心理上的流动偏好引起投资不足，共同造成了有效需求不足。有效需求不足可能导致宏观经济总量失衡（如经济危机、失业），此时扩大政府投资，往往能够缓和经济波动；相反地，当社会投资量呈扩张势头、经济“过热”时，政府投资适度减少，可避免由财政过度支出引起的财政风险以及资本市场的供给过剩。

3. 调节投资结构，引导投资方向

在市场经济条件下，市场引导投资，投资往往“唯利是图”，向利润靠拢，因此民间投资往往显得十分盲目，经常出现“资本扎堆”的现象。同时国民经济中有些行业，是民间资本极少进入或不愿意进入的。一种是弱势产业，如农业、制造业，由于处于产业链的低端，且竞争十分激烈，其利润已经被摊得很薄，对资本难有吸引力；另一种是基础性产业，如铁路、公路、机场、港口、通信、能源等，这些行业的社会效益大而经济效益不显著，投资规模大、周期长、风险大，甚至有些投资难以回收成本；还有一种是高科技产业，如航天工业，技术门槛很高，一般资本很难具备投资条件。因此，

上述行业就迫切需要政府投资的介入，这样才能弥补现代市场的低效率。政府投资不仅可以填补民间投资的盲点，平衡社会投资结构，还可以通过先行先试，带动民间资本也进入该领域。

4. 弥补民间投资的不足，调节国民经济运行

索洛模型告诉我们，发展中国家要实现经济的跨越式发展，充足的投资是前提和保障。然而，资金不足往往是发展中国家经济发展的瓶颈所在。民间资本相对匮乏，而且比较分散，无法形成强有力的规模效应，对经济的贡献十分有限。在这种情况下，如果单单依靠民间投资来推动本国经济，显然是不现实的。最好的选择是增加社会资源中由国家支配的比例，政府负责统筹规划，高度有效地集中人力、物力和财力进行重点建设，集中有限的资金发展重点产业。其优势在于，政府投资实行集权体制，保证投资相关指令性计划容易贯彻执行，可以提高社会投资效率，降低社会投资成本，有利于推动经济增长。

导读资料：中国的“4 万亿投资”

2008 年的全球性金融危机给世界经济造成重创，美国、欧洲和日本等发达经济体以及以金砖国家为代表的新兴经济体和发展中国家都受到严重的冲击。随着金融风险通过各类渠道扩散到全球，各国实体经济发展受到严重影响，出现不同程度的放缓或衰退。在全球金融危机的影响下，我国经济下行压力也逐渐加大。

针对国内外经济形势的变化，我国政府迅速、及时做出反应，于2008 年11 月推出“4 万亿投资”计划以及一系列扩大内需的刺激措施，为中国经济率先复苏和世界经济增长做出了重要贡献。

从2008 年4 季度到2010 年底，新增了中央政府投资 11 800 亿元，带动地方政府投资 8 300 亿元、银行贷款 14 100 亿元、企业自有资金等其他投资 5 800亿元，共同完成了 4 万亿元的投资工作量，着力加强了 7 大重点领域投入，包括保障性安居工程，农村民生工程和农村基础设施，铁路、公路和机场等重大基础设施，医疗卫生、教育、文化等社会事业，节能减排和生态建设，自主创新和产业结构调整，以及汶川地震灾后恢复重建等。

4 万亿投资计划按照“调结构、转方式、促民生”的基本方针安排投资，对扩大内需和加强经济社会薄弱环节发挥了重要作用。国家和地方分别建成了一批大型项目，民生工程不断向深度和广度推进，自主创新和节能减排投资显著加强，汶川地震灾后重建工作取得重大成就。

资料来源：国家发改委投资研究所 .4 万亿投资计划回顾与评价 . 和讯新闻网，http://news. hexun. com/2012 - 12 - 04/148686158. html，2012 - 12 - 04.

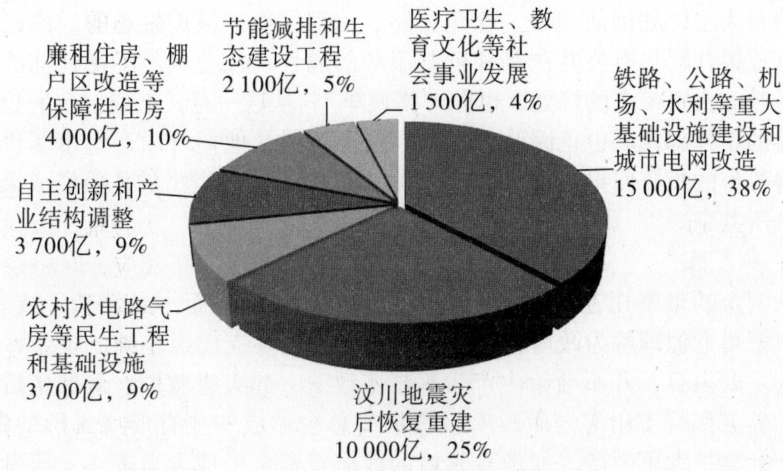

图2－4　4万亿投资的去向

数据来源：国家发改委投资研究所.4万亿投资构成及中央投资项目新进展. 中国新闻网，2009－05－21.

2.2.3　政府投资的特征

根据上述政府投资的定义和职能，可以总结出政府投资的主要特征。学术界普遍认为，政府投资具有公共性、外部性、基础性、战略性和非营利性五个显著特征。

1. 公共性

公共性是政府投资最本质的特征，是政府投资的根本属性。公共管理学认为，所谓公共性（Publicness），是指“大家的”、“公有的”、“非私人的”、“超越私有且由全体所共有的”、“代表集体而不限于某个人的”。政府投资的主体不是某个人（如政治家、领导），也不是某私人机构（如企业、社会团体），而是代表公众利益的公共机构（政府）。政府投资的产生，从一开始就是为了满足社会公共需要，实现公共目标和公共利益。一项政府投资能否存在并得到贯彻实施，必然是以国家和公众的意志为首要原则。但在现实中，由于各种原因，常有个人凌驾于公权之上，致使政府投资沦为某个人或某一群体谋利的工具，这是十分不合理的现象。

2. 外部性

西方财政学认为，外部性（Externality）是指一个主体的经济行为使其他主体因此受益或受损的情况，也即溢出效应（廖家勤等，2012）。发生正外部性时，经济行为的收益不全归行为主体所有；发生负外部性时，经济行为的成本不全由行为主体承担。在现实经济中，政府投资大多以社会基础项目和公益项目为主，如国防建设、修建公路、治理污染、保护生态等，由此产生的投资成果往往具有公共产品和公共服务的属性，社会成员不用任何成本便可享受政府投资带来的好处，也即“搭便车”，从这一意义上说，政府投资具有明显的正外部性。也正因此，与私人投资不同（他们可以通过市场价格机制获得等价的投资回报），政府投资的收益一般是完全溢出的，投资成果为社会公众所共享。

3. 积累性

从资金的最终用途来看，政府投资是一种投资，而不是消费。或者说，政府投资可近似理解为政府的投资性支出。消费性支出以单纯的资金一次性消耗为主要内容，并不会给生产带来根本改变，如灾害救助、最低生活保障支出、养老保险支出等。而政府投资最终总会形成一些有形或无形的资本，有助于社会扩大再生产。如教育领域的政府投资会形成人力资本，研发领域的政府投资会形成技术资本，基础设施领域的政府投资会形成铁路、机场等资本，这些资本会长期存在并随着政府投资增加而不断积累，最终作用于经济产出。因此我们说，政府投资具有积累性的特征。

4. 战略性

如前所述，政府投资具有宏观调控的职能，是政府调节社会经济运行的常用政策工具之一。在经济发出危险信号时，加大政府投资会扩大社会总需求，为宏观经济带来乘数效应；在通货膨胀不断加剧时，压缩政府投资有助于平衡社会供求，稳定总体物价水平。因此，一项政府投资的出台，必然是基于对当前社会经济形势的把握和考虑，带有明确方向的战略目标：它要么用于抵御外来经济冲击，熨平宏观经济的周期性波动；要么用于提高国民素质，提高社会的劳动生产率；要么用于优化社会投资结构，实现产业结构转型升级；要么用于提高国民的基本公共服务水平，增进国民福祉等。因此，政府投资具有战略性的特征。

5. 非营利性

政府是非营利的，所以政府投资应当也是非营利的，或者是低营利的。私人投资的目的是实现收益最大化，尽可能用最小的成本获得最高的回报，这是由资本天生的逐利性决定的，但是政府投资有所不同。政府投资是国家将部分社会资源用于公共领域以满足社会公共需要，它更多追求的是社会效益最大化，而不是投资收益最大化。从成本—效益的角度来看，有时候政府投资甚至是零（经济）利润的。因此，西方学者大多认为，政府投资具有非营利性。公共性是非营利性的根本原因，外部性是非营利性的直接原因。但在现实中，政府并不总是“大公无私”的，政府投资在许多国家不仅是营利的，还是盈利的，非营利性名存实亡。当然这可能与一国的经济体制、经济发展水平、财政状况等因素有关。

导读资料：中国财政非营利化水平连降六年

中国社会科学院于2013年7月3日发布《中国公共财政建设报告2013》（全国版）。该报告显示，自2007年以来，中国公共财政建设综合指数呈升高态势，财政的公共化程度明显提高。不过，其中的一项重要指标——财政非营利化的水平却连续6年下降：2013年财政非营利化指标得分为63.28分，相较2007年累计下降13.46分，累计降幅达17.54%。

报告称，由于中国当前的公共财政建设在计划经济向市场经济转轨的背景下进行，政府与市场的分工逐渐明晰。在市场经济条件下，政府不能以追逐营利为目的，而只能以社会公共利益为目的和最终归宿。财政资金从竞争性领域退出，实现非营利化是经济体制转轨对公共财政建设的具体要求。

资料来源：庞无忌．中国财政非营利化水平连降六年．中国新闻网，http://finance.chinanews.com/cj/2013-07-03/4999482.shtml，2013-07-03.

2.2.4 政府投资的影响因素

公共选择理论告诉我们，在民主体制下，选民会在一定程度上影响政府官员的意志和行动。选民也即纳税人，他们作为政府投资的“真正出资人”，基于自身认为的“需要”，对政府投资与否以及投资的数量、投资部门、投资地区、投资行业进行投票，从而决定着最终政府投资的规模和结构。因此我们说，政府投资受到了公共选择的影响。

另一方面，公共选择理论也告诉我们，出于一己私利，又或是政治派系斗争，政客们可能做出与公众民意不相符甚至相违背的政治决策。政府投资也会如此，它可能是某个政治家的主观意志的产物，也可能是不同政治力量相互较量的产物。这是由政府投资的主体特殊性决定的。

但是，不管是由选民来作主，还是由政府官员来作主，在政府投资政策出台之前，决策者必然会经过一番理性思考，根据当前的社会经济形势论证政府投资的可行性和必要性，预测和估计可能产生的政策效果，然后依此确定政府投资的规模和结构。一般情况下，决策者会考虑以下几种因素：

1. 资金来源

政府投资是政府对社会资源的再分配，而在一般市场经济条件下，这部分资源大多来自财政收入，其中主要是税收收入。充裕的资金来源，是政府投资能够实施的首要前提。没有财政收入作保障，政府投资便是无源之水、无米之炊。因此在投资之前，政府决策者必须考虑本国当年的财政收入状况，“有多少钱办多大事”，若有必要还需考察通过发行国债、增发货币等其他非正常途径创收的潜力有多大。近年来，大部分国家尤其是以美国和欧盟为代表的西方发达国家，由于受到欧洲债务危机和美国债务危机的影响，财政状况十分严峻（如附表2所示），入不敷出的财政预算早已无法满足日益增长的政府投资需求，因此从某种程度上说，一国的财力大小，直接决定了本国政府投资的规模。

2. 经济运行情况和国际经济环境

政府投资作为社会有效需求的一部分，必然会直接或间接地对本国经济产生“乘数”影响。因此在制定投资政策之前，政府必须全面了解当前国内及至全球经济的运行情况，从数据上发现当前经济发展存在的问题，并预测将来可能遭遇的各种风险或冲击，从而决定是否有必要利用政府投资对经济进行宏观调控。当经济增长疲软时，增加政府投资可以拉动经济，创造就业；当经济增长过热时，减少政府投资可以抑制通货膨胀，控制泡沫。当产业结构不合理时，有针对性的政府投资可以扶持弱势产业的发展。譬如20世纪30年代，为了克服自然条件变化和经济危机对农业发展的不利影响，美国政府采取了一系列针对农业的投资政策，包括大力兴建水库、堤坝等农业基础设施，支持与农业相关的教育科研工作等。总而言之，政府投资作为政府的宏观调控工具，具有很强的灵活性。通过调节政府投资的规模和结构，可以为宏观经济保驾护航。

3. 国民福利和国民需求

政府投资，是为了发展经济；而发展经济，是为百姓谋福利。因此，决策者必须确保每一项政府投资都能有利于提高国民福利，有利于满足全体或部分国民的特定需求，这是制定政府投资政策的基本出发点。马斯洛需求层次理论（Maslow' s hierarchy of needs）[①] 将人的需求分成五个层次，由低到高分别为生理需求（Physiological needs）、安全需求（Safety needs）、社交需求（Love and belonging）、尊重需求（Esteem）和自我实现需求（Self - actualization）。在现代经济社会，随着生活水平的提高，人们的福利需求正不断丰富且向更高层次发展，这要求政府投资的作用不仅要全面兼顾，还要更加有效。部分政府投资用于贫困地区和灾区建设以保障基本生活，部分政府投资用于国有支柱产业以增加收入和创造就业，部分政府投资用于基础设施建设以提高基本公共服务水平，部分政府投资用于医疗、卫生、住房以改善民生，部分政府投资用于教育以提高国民素质，部分政府投资用于生态环保以提高宜居水平。

---

① ［美］亚伯拉罕·马斯洛．动机与人格（第3版）．许金声译．北京：中国人民大学出版社，2007.

4. 社会和谐

社会和谐，是一种理想的社会状态。根据我国的定义，社会和谐的含义包括个人自身的和谐，人与人之间的和谐，社会各系统、各阶层之间的和谐，个人、社会与自然之间的和谐，整个国家与外部世界的和谐（荣长海，2005）。政府投资作为一项公共政策，必须有助于基本公共服务均等化，有助于实现公平正义，有助于社会和谐。当贫富差距较大时，可以向富人征更多税并用于扩大政府投资，投资收益为全民共享，在一定程度上缓和不同收入阶层的矛盾；当行业间收入差距较大时，政府投资应当更多地惠及低收入行业，为职工提供更高水平的医疗、住房、教育等福利；当区域发展不协调时，政府投资可适当调整方向，加大对落后地区的投资力度，扭转“马太效应”所导致的地区差异不断拉大的趋势，缓和地区矛盾。在我国，地区发展差异主要体现在“东富西贫”和城乡二元结构两个方面。出于社会和谐的考虑，我国的政府投资有必要向中、西部落后地区和农村地区倾斜，以缓和东西矛盾和城乡矛盾。

导读资料：基本公共服务均等化

基本公共服务均等化是指政府要为社会成员提供基本的、与经济社会发展水平相适应的、能够体现公平正义原则的大致均等的公共产品和服务，是人们生存和发展最基本的条件的均等。从我国的现实情况出发，基本公共服务均等化的内容主要包括：一是基本民生性服务，如就业服务、社会救助、养老保障等；二是公共事业性服务，如公共教育、公共卫生、公共文化、科学技术、人口控制等；三是公益基础性服务，如公共设施、生态维护、环境保护等；四是公共安全性服务，如社会治安、生产安全、消费安全、国防安全等。这些基本公共服务做好了，才能使全体社会成员共同享受改革开放和社会发展的成果。

资料来源：张翠英．城镇化促进经济发展的作用机制研究．现代商贸工业，2010(2).

2.2.5 政府投资的理论基础

政府投资是一项以政府为主导的社会投资，是政府干预经济的重要手段。在现代经济学的发展史上，有许多传统经济理论对政府投资进行了充分的论证，譬如有市场失灵理论、凯恩斯主义的国家干预理论、经济发展阶段理论、瓦格纳法则、政府投资利润最大化原则等。下面将逐一进行阐述。

1. 市场失灵理论

在相当长的时间里，自由市场经济理论都是西方经济学的主流思想，代表人物有亚当·斯密、李嘉图、马歇尔、哈耶克等（廖家勤，2012；平狄克，2012）。自由市场经济理论认为，市场是经济资源配置的有效手段。市场中存在一个自我调节机制，使市场价格总是朝着均衡的方向变动，社会生产自动达到出清，并实现充分就业。简而言之，市场的趋势总是出清的。当市场价格高于均衡水平时，供大于求，存在过剩现象，由于产品滞销厂商不得不降价（至均衡水平为止）并减产；当市场价格低于均衡水平时，供不应求，存在短缺现象，由于产品脱销厂商会乘机提价（至均衡水平为止）并增产。这一市场机制就是所谓的“无形的手”。因此，自由市场经济理论一直主张自由放任思想，强调市场自发运行可以自然而然地达到帕累托最优状态，而不需要任何形式和内容的政府干预①。

然而，1929 年爆发的世界经济危机促使学者们开始反思，市场自发运行是否总是有效？单靠市场是否足以调控经济？在此基础上，市场失灵理论逐步形成。其主要内容是市场的资源配置功能不是万能的，市场机制有着自身固有且无法克服的缺陷，需要依靠政府干预才能解决②。一般来说，市场失灵主要表现为以下六个方面：

（1）公共产品。

生活中常见的公共产品有灯塔、国防、公安、司法、公园、道路、环保等，这些产品兼具非排他性和非竞争性（萨缪尔森），容易产生“搭便车”行为，他人不付费便可享受到该产品带来的好处。所以在自由市场中，没有任何厂商愿意生产公共产品，他们只愿意生产私人产品（以追求自己的利益）。由此导致公共产品的零供给，这一结果是对经济的发展没有效率的。这时需要政府介入，由政府向潜在“搭便车者”征税，再将税收用以生产和提供公共产品。

（2）外部性。

外部性容易导致成本或收益的外溢。当存在正外部性时，经济行为者的收益小于正常收益；当存在负外部性时，经济行为者的成本小于正常成本。英国经济学家庇古曾举过一个经典例子“火车与庄稼”：一片农田种着麦苗，有条铁路刚好穿越这片农田，每当火车经过时，蒸汽机车喷出的火星溅到庄稼上，给农民造成了损失。但是铁路公司并不用向农民赔偿，因为法律规定

---

① 哈耶克曾说“政府干预有可能导致‘奴役之路’”。

② 典型的代表有格林（Thomas HillGreen）、霍布森（John Hobson）、霍布豪斯（Leonard Hobhouse）、凯恩斯（John Maynard Keynes）等，他们主张放弃对经济的放任主义立场，强调国家对经济的积极干预。

铁路公司可以使用蒸汽机。但是它的负外部性使农民承受了不合理的成本费用，可能会使农民不愿意继续种田。这一问题是市场自身无法解决的，需要政府干预——政府可以向铁路公司征税并将税收用于补贴农民的损失。

（3）规模报酬递增。

微观经济学（平狄克，2012）认为，规模报酬递增意味着厂商规模越大，其在生产上越经济，因此也越容易产生自然垄断。在现实中，供水、供电、通讯、能源等行业常常如此，存在着一个或少数几个规模庞大的垄断厂商，他们大多会通过提价和限产以实现利润最大化，但同时也带来了无谓损失(使经济损失效率)。市场对此无能为力，因而也需要政府干预，即实行价格控制（最高限价）。如图2－5所示，由于存在规模经济，自然垄断厂商的平均成本 AC 随着产出的增加而不断下降；根据边际平均关系，MC 曲线必然位于 AC 曲线下方且同是单调递减的。在自由市场中（政府不加管制时），垄断厂商定一个高价 P_m，生产一个低产量 Q_m，带来了较大的无谓损失。政府干预的最佳方案是将价格控制在 P_r，使产量尽可能大到正好不至于将厂商赶出市场，垄断利润为0，无谓损失有所下降；而若价格控制在竞争价格 P_c，厂商将赔本并退出生产。

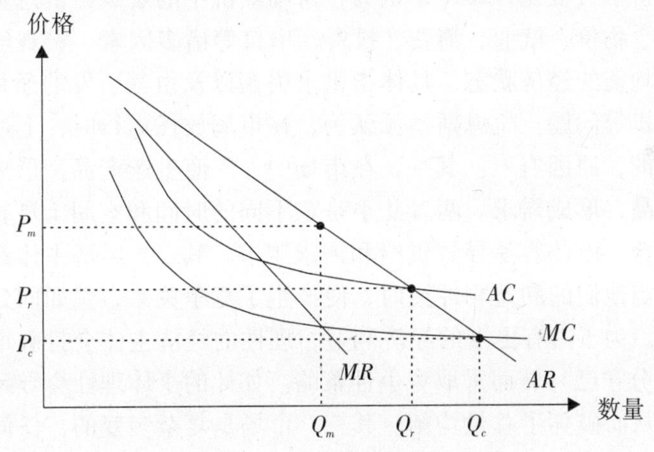

图2－5 政府对自然垄断的价格控制

（4）风险和不确定性。

在自由市场中，风险无处不在、无时不有，任何经济活动都带有风险和不确定性。对于厂商而言，它在做出生产决策之前，必然会对产品价格形成一个心理预期（估计），再据此推算出利润最大化产量。然而由于市场中的不确定性因素，产品最终的实际价格与预期价格会有所偏差，给厂商造成了利润损失。如此由价格信号失真导致的资源配置失效，也是市场失灵的表现之一。此外，现实中厂商的风险承受能力都是有限的，因此对于那些风险较大的行业，如航天工业、核工业、超大型基础设施建设，厂商们大多望而却步（不参与生产），由此导致相关行业产品的供给不足，这时就需要政府来予以弥补。

（5）社会分配不公。

在收入分配层次中，初次分配是按照各种要素主体对产出的直接贡献大小来进行利益分配（给予货币补偿），这些贡献一般指由产品形成相关的生产要素提供，如劳动力、资本、原材料、土地等。从公平和效率的角度来看，初次分配强调效率原则，一味注重经济公平，有违社会公平。原因在于，不同社会成员间的资源禀赋本就多寡不一，在经过初次分配之后，这个差距又进一步被拉大了，由此导致了富者越富、穷者越穷的“马太效应”，进一步的贫富分化又会引发贫困、社会冲突等社会不安定因素。这是自由市场低效率的又一表现。要想克服这一问题，缩小贫富差距，需要政府利用公共权力强制实施再分配，可行的政策工具有财政税收、价格调控、社会保障等。

（6）宏观经济总量失衡。

宏观经济学（曼昆，2010）认为，市场经济中的宏观经济总量包括总供给、总需求、物价、就业、消费、投资、出口等诸多因素。宏观经济总量失衡是一种非均衡的经济状态，具体指供求失衡以及由其引发的通货膨胀、失业、经济危机等问题。凯恩斯学派认为，在市场放任运行时，上述问题几乎是无法避免的，原因有三：其一，在市场中，厂商生产产品，形成供给；消费者消费商品，形成需求。两者几乎是在不同的时间和空间上进行，没有产生足够的契合，由此容易导致供给和需求脱节。其二，经济主体都有各自的利益诉求，当他们的利益相冲突时，便产生了竞争关系，譬如同处一个行业的垄断厂商。为了占有更多的经济利益，理性的经济主体会打破市场均衡时的默契（安分守己）转而采取竞争性策略。如此的个体理性会导致市场整体的非理性，从而破坏了总量均衡。其三，市场是复杂多变的，任何经济主体都很难对市场有完全的认识或精确的估计。由于所拥有信息的不完备性，经济主体的行为决策无法真实反映市场均衡的要求。因此，要克服宏观经济总量失衡，需要发挥政府的经济调控职能。

2. 凯恩斯主义的国家干预理论

凯恩斯主义源于1936年凯恩斯（Keynes）的著作《就业、利息和货币通论》[①]，并自此取代了经济自由主义而在西方经济学中占据主导地位。与新古典主义经济学派不同，凯恩斯主义认为“看不见的手”并不存在，社会生产不会自动趋于出清，经济资源不会自动实现有效配置，社会就业也不会自动实现充分就业。原因正是市场不是万能的——存在“市场失灵”，市场自由放任运行，会导致公共产品的“免费搭车行为”、外部性、规模报酬递增下的自然垄断、风险与不确定性、贫富差距、宏观经济总量失衡等市场自身无法克服的问题（廖家勤，2012）。

因此，凯恩斯认为政府不应仅仅充当“守夜人”的角色，而要采取各种手段，加强对经济的干预。凯恩斯主义的主要观点有以下三点（胡代光，2004；廖家勤等，2012）：

（1）有效需求决定经济增长：生产和就业的水平取决于总需求水平。有效需求不足是经济衰退的主要原因。政府扩大公共支出，包括公共消费和公共投资，实行扩张性的财政政策，可以改善有效需求不足的状况，从而促进经济的稳定增长，实现充分就业。

（2）赤字财政政策不是“万恶”的：扩张性财政政策产生的财政赤字不仅无害，而且有助于把经济运行中的“漏出”或“呆滞”的财富，重新用于生产和消费，从而实现供求关系的平衡，促进经济稳定和增长。

（3）政府支出具有“乘数效应”：政府支出具有一种放大原始支出数额的连锁效应。增加政府支出会改变社会总需求从而使国民收入以更大比例增加；减少政府支出会使国民收入以更大比例减少。凯恩斯将这一现象称为政府支出的“乘数效应”。

3. 马斯格雷夫（A. Musgrave）与罗斯托（W. Rostow）的经济发展阶段理论

马斯格雷夫和罗斯托基于世界各国的经济发展史（廖家勤等，2012），提出了著名的经济发展阶段理论。该理论将一般国家的经济发展分为不同阶段，并着重关注各个阶段中财政支出的主体——政府所发挥的作用。换言之，经济发展阶段理论研究的是经济发展阶段与政府支出之间的关系，最后得出在不同发展阶段下，政府支出的力度和方向有所区别，也即政府支出的规模和结构不同。

马斯格雷夫把经济发展划分为三个阶段：初级阶段、中级阶段和成熟阶段，把支出划分为公共积累支出、公共消费支出和转移支出，并探讨了各类支出在不同阶段的变化情况。由于本书所关注的政府投资属于公共积累支出，因此这里重点考察公共积累支出在不同经济发展阶段的情况。

---

① 《就业、利息和货币通论》与马克思的《资本论》和斯密的《国富论》并称为欧洲三大经典经济学著作。

在经济发展的初级阶段，交通、通讯、电力、矿产、能源等基础设施较为薄弱，而这些资源在国民经济中具有极其重要的地位，是一国经济实现发展的基本条件。但是，由于外部性的存在，私人投资大多不愿进入（投资收益容易外溢），因此需要政府作为投资主体为经济发展和私人投资提供基础资源保障。所以在初级阶段，公共积累支出需要保持较大规模并占社会投资的主体地位，方能实现经济快速发展。

在经济发展的中级阶段，经济发展达到一个较高水平，国民财富也随之大幅增加；经过长时间的建设和积累，基础设施不断趋于完善和饱和，投资环境变得更加优越。基于上述条件，私人投资迅速发展，开始在国民经济中扮演着越来越重要的角色。从数据上看，私人投资占社会总投资的比重会逐步上升，并逐步超越政府投资成为社会投资的主体。因此在这一阶段，公共积累支出仍将保持较大规模，但是增长速度会慢于私人投资，占社会总积累支出的比重随之下降。另外，公共积累支出的方向也会有所调整，开始注重生态环境的保护和治理，以避免继续“用污染换发展”。

在经济发展的成熟阶段，国民收入水平达到了前所未有的高度，人们变得不再那么看重 GDP 增长了多少，转而关注个人生活质量提高了多少。因此，医疗、卫生、住房等民生领域的公共积累支出会大幅增加，以增进国民的经济福利。此外，经济发展了，需要的基础设施也就更多，再加上原有的旧基础设施需要翻新，因此基础设施领域的公共积累支出会明显增加。再者，国民经济的持续稳定增长，有赖于人力资本和技术资本的积累，因此教育、科研等领域的公共积累支出也是十分重要的。总之，在经济发展的成熟阶段，公共积累支出的增长率会有所提高。

美国经济学家罗斯托在他的著作《经济成长的阶段》（1960）和《政治和成长阶段》（1971）中，将一个国家的经济发展过程从前到后分成六个阶段：传统社会阶段、准备起飞阶段、起飞阶段、走向成熟阶段、大众消费阶段和超越大众消费阶段[①]。如图 2 - 6 所示，一国的经济产出与公共投资密切相关。在经济发展的每一个阶段，都需要一定水平的公共投资存量，经济发展水平越高，需要的公共投资存量就越多，两者成正相关关系。或者说，随着经济不断发展，既定的公共投资存量总会成为经济继续发展的约束或限制；要使经济向更高层次发展，就必须增加公共投资的存量，否则经济会有下滑的可能。

---

① 经济成长阶段论又称作“罗斯托模型”、“罗斯托起飞模型”。在罗斯托的经济成长阶段中，第三阶段即起飞阶段与生产方式的急剧变革联系在一起，意味着工业化和经济发展的开始，是经济摆脱不发达状态的分水岭。张隽．我国农村居民消费质量分析．河北大学硕士学位论文，2013.

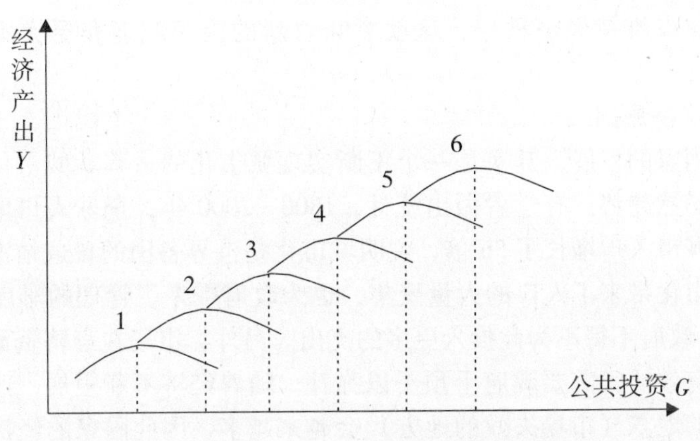

图2－6　公共投资与经济产出的关系图（刘洋，2009）

4. 瓦格纳法则

瓦格纳法则是一个以20世纪80年代德国经济学家瓦格纳命名的财政支出增长理论。瓦格纳在对当时西方主要发达资本主义国家的发展数据进行研究后发现，“当国民收入增长时，财政支出会以更大比例增长；随着人均国民收入水平的提高，政府支出的相对规模将会提高”①。这是瓦格纳法则的主要结论。

瓦格纳将政府支出的增长归因于国家职能扩大。正常情况下，国家职能包括对内职能和对外职能。其中对内职能有政治统治职能、社会管理职能；对外职能有保卫职能、交往职能、维和促发职能。不管是哪项职能，都离不开一定的财力支持（廖家勤等，2012）。瓦格纳认为，随着社会经济的进步，国家职能会不断扩大；换言之，就是国家（或政府）要做的事越来越多了，在社会经济中的角色越来越重要。瓦格纳将这一规律称为“政府活动扩张法则”。政府活动越扩张，需要的经费也即政府支出自然就越多。

进一步地，瓦格纳又认为国家职能的不断扩大，源于两个方面的原因。

（1）政治原因。

随着现代经济的发展和市场化进程的不断深入，国民参与经济活动日益频繁，不同个人或组织之间的经济联系越发紧密，整个市场像是一个以经济利益为纽带的复杂关系网。在这种情况下，不同经济主体之间更容易发生各种经济纠纷或争议，由此需要政府扮演“裁判”的角色，通过制定“市场规则”来规范经济主体的市场行为；当出现“违规”的情况时对相关主体实施惩罚。基于这一点，瓦纳纳认为政府需要不断加大对司法（法律和契约）、治

① 邓子基．财政学（第二版）．北京：高等教育出版社，2006.

安的投入，以维持经济秩序，这就意味着新的国家职能和更大规模的政府支出。

（2）经济原因。

现代国家的发展，其实是一个不断实现城市化的过程。城市化是社会经济发展的必然趋势。有学者做出统计，1800—2000 年，全球人口增长了 5 倍多，其中城市人口增长了 56 倍，说明城市化是世界各国的普遍情况。瓦格纳认为，城市化带来了人口的大量聚集，也为政府带来了管理的难度（拥挤和外部性），政府不得不为此投入更多的支出。另外，市场在经济资源配置方面并不总是有效的，需要政府干预予以弥补。随着经济不断发展，经济中需要政府干预的地方（市场失效的地方）会越来越多，因此国家的经济调控职能必须不断加强。再者，国民对教育、娱乐、文化、保健、福利等方面的需求收入弹性是大于 1 的，也就是说，当人们的收入增加 1% 时，他们在上述方面的需求增加将超过 1%。因此瓦格纳也认为，当国民收入增加一定比例时，政府将不得不以更大的比例增加支出，用以满足国民在上述方面的诉求。这就是政府支出增长快于 GNP 增长的原因所在。

5. 政府投资的利润最大化原则

政府投资的最优规模（刘洋，2009）如何，一直都是学者较为关注的问题。著名财政学家道尔顿（1922）在《财政学原理》一书中提出了社会收益最大化原则，用于分析如何确定公共投资的最优规模。在此，笔者将借用该理论的研究框架，探讨政府投资的最优规模问题。

我们将政府视为微观经济学中的一个企业。与企业投资相同，政府投资会产生相关收益，同时也有成本负担。为了便于下一步分析，作如下定义：政府投资产生的总收益（*TR*）是政府投资为整个经济社会带来的好处，国民因其而享受到的福利改善总和；政府投资产生的总成本（*TC*）是政府投资为整个经济社会造成的负担，国民因其而付出的代价总和。根据微观经济学的一般原理（平狄克，2012），可以画出图 2－7。横轴表示政府投资的规模，纵轴表示政府投资的总收益。由于政府投资的边际报酬变化（先递增后递减），总收益曲线 *TR* 向上倾斜且是凸的。其经济含义是政府投资总会带来正的收益，但是随着规模不断增加，政府投资的边际收益终会下降。总成本曲线是一条从原点出发的 45 度射线，这是由政府投资数量和成本之间的同比关系决定的。政府投资本质上是国家无偿占有一部分社会经济资源并进行重新配置。政府投资所用的资金，不管是来自税收收入、非税收入，还是来自借贷、增发货币，其实从根本上讲都是来自对社会公众现有或将来财富的索取，这也即所谓的“羊毛出在羊身上”[①]。因此，1 元的政府投资，必然意味着 1 元的社会成本，两者间 1∶1 的关系使总成本曲线 TC 与横轴的夹角为 45 度。

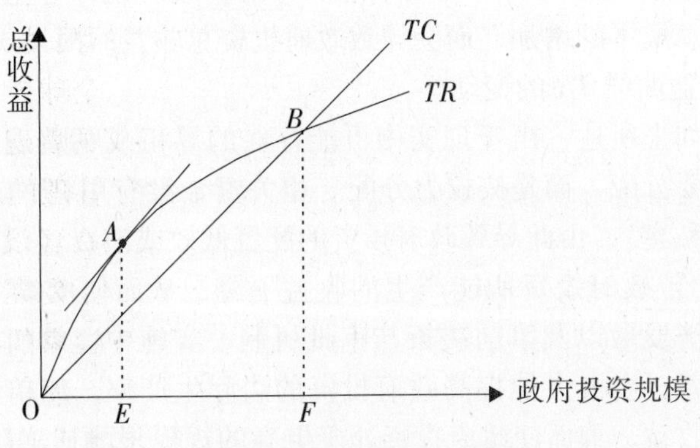

图 2－7　政府投资的最优规模（刘洋，2009）

与企业相同，理性政府追求的是投资利润最大化。利润 $\pi = TR - TC$，为总收益曲线与总成本曲线的垂直距离。在图 2－7 中，当政府投资规模大于 F 时，利润 $\pi < 0$，说明政府投资在经济上是无效率的；当政府投资规模小于 F 时，利润 $\pi > 0$。画出一条与 TC 相平行、与 TR 相切的切线，对应切点为 A。那么在 A 点左边（$[0, E]$），利润 π 递增；在 A 点右边（$[E, F]$），利润 π 递减。因此，在 A 点处，政府投资实现了利润最大化，政府投资的最优规模为 E[②]。至此可知，政府投资不是越多越好，也不是越少越好，而是存在一个最优“度”，而且这个“度”在不同国家的不同社会经济情况下有所区别。因此，我们不可片面地追求政府投资[③]，但也不能过分排斥政府投资，而应将政府投资控制在一个合理的范围内，最大限度地发挥它在社会经济中的积极作用。

（1）总成本曲线 TC 的变动。

刘洋（2009）认为，现实中 TC 与横轴的夹角应当为 45 度，原因在于可能存在的寻租或腐败现象会使 1 单位政府投资引起超过 1 单位的成本。但在

① 因为政府自身并不具备任何生产能力，政府所使用的任何资源基本来自对社会的占有。

② 也有学者持不同观点，他们认为政府投资不应是追求利润最大化，而应追求总收益最大化。由此他们认为政府投资的最优规模应当是 F 而不是 E。B 点被认为是政府投资的“饱和度”，此时政府投资发挥了最大限度的正面作用。

③ 在过去几年，我国政府投资都保持了较大的规模，虽然有效地拉动了经济，但是同时也引发了一系列的负面效应，如通货膨胀、产能过剩、虚拟泡沫、低水平重复建设等。2014 年 5 月 1 日，国务院总理李克强在《求是》刊登文章表示，经济体制改革是全面深化改革的重点，核心问题是处理好政府和市场的关系。如果不是用改革的办法，而是采取短期刺激政策，今后几年的日子也许会更难过。资料来源：网易财经，2014－05－02。

这里，笔者是从资金来源的角度界定政府投资总成本的，1 单位政府投资必然意味着 1 单位的资金索取，因此曲线 TC 的斜率保持为 1。至于寻租或腐败因素，笔者将其置于政府投资产生成本之后考虑。或者说，寻租或腐败并不会带来政府投资总成本的增加，而会导致政府投资总收益的损失。

（2）总收益曲线 TR 的变动。

一方面，如上所述，由于现实中可能存在的寻租或腐败现象，政府投资往往不是按需要分配，而是按权力分配。相关资金没有用在“刀刃”上（甚至被个人中饱私囊），由此导致政府投资的配置低效或浪费（没有得到最大价值的利用），单位政府投资所能产生的收益下降，从而使曲线 TR 向下旋转。另一方面，经济发展以及事前决策与审批机制、实施中监管机制、事后绩效评价机制的完善，会极大地提高政府投资的边际生产率，使单位政府投资带来更多的社会收益，继而使政府投资处于更高的规模报酬递增阶段，曲线 TR 向上旋转。根据已有的研究，在一般情况下，政府投资的总收益曲线 TR 会随着经济发展而不断上升。也就是说，寻租或腐败因素对政府投资的负面效应会被经济发展和制度完善的正面效应所掩盖。

结合上述关于曲线 TC 和曲线 TR 如何变动的讨论，画出图 2－8。政府投资总成本曲线 TC 仍是一条由原点引出的 45 度射线。随着经济的不断发展以及相关制度的日益完善，政府投资的总收益曲线不断上升，从 TR_1 到 TR_2 再到 TR_3（$TR_3 > TR_2 > TR_1$），相应地，利润最大化的切点从 A 点移到 C 点再到 D 点。我们将所有与 A、C、D 相类似的切点连成一条曲线，并称之为政府投资的长期动态最优路径 L。在 L 上的每一点，都代表着政府投资在某一既定时点下的最优规模。当然，L 的斜率并不必然为正，它取决于总收益曲线 TR 的位置、形状以及移动幅度。在这里我们未能给出确切的结论。但是，根据前述的经济发展阶段理论和瓦格纳法则的一般认识，随着经济发展水平的上升，对政府投资的需求会不断增加。基于这一观点，我们认为政府投资的长期动态最优路径 L 是一条单调递增的曲线。

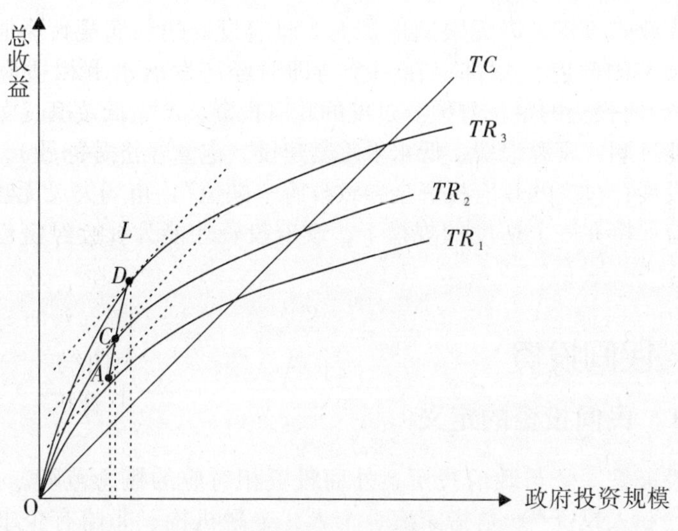

图 2-8 政府投资的长期动态最优路径

政府投资利润最大化原则具有很重要的现实意义，它对政府投资最优规模的探讨，为现实中各国的政府投资实践提供了可靠的理论依据。利用这一原则，既可以对已经发生的政府投资规模做出合理性评判，也可以对未来的政府投资政策提供指导性建议。

综上所述，政府投资作为政府支出的一种特殊形式，已经具备了扎实的理论基础。

其中，市场失灵理论为政府投资的存在和发展提供了最基本的理论依据。市场失灵是与生俱来的，单凭市场自身无法克服，需要借助于政府干预。而政府投资正是政府干预经济的常用手段之一。在此基础上，凯恩斯主义的国家干预理论进一步提出，政府投资会形成社会有效需求，从而对国民经济产生乘数效应，政府投资应当成为现代国家调控宏观经济的重要政策工具。市场失灵理论和国家干预理论，证明了政府投资的存在具有充分的合理性和必要性。

经济发展阶段理论则认为，政府投资与一个国家的经济发展程度有密切关系。随着经济的不断成长（初期—中期—成熟期），政府投资的侧重内容会发生变化，政府投资的绝对规模和相对规模会呈现出递增的趋势。更进一步，瓦格纳法则认为政府投资不仅会增长，而且会以比国民收入更快的速度增长，其原因在于国家职能的扩大以及国民对部分公共产品和服务的需求收入弹性大于1（富有弹性）。经济发展阶段理论和瓦格纳法则，证明了政府投资的发展具有充分的合理性和必要性。

前面四个理论说明了，政府投资存在是合理的，增长也是合理的，但是这并不代表政府投资可以无限制地扩大。政府投资的利润最大化原则告诉我们，任何国家的政府投资都存在一个与即时经济发展水平相适应的“最优度”，也即政府投资的最优规模。过度的政府投资会产生低效率（如挤占民间资本、产能过剩、资源浪费、低水平重复建设、泡沫经济等问题），不利于经济的健康发展；过少的政府投资会导致政府“缺位”，市场失灵无法得到有效克服。只有保持在一个适度的规模下，政府投资才能为社会经济创造最大的净利润[①]。

2.3 民间投资

2.3.1 民间投资的定义

民间投资是一个与政府投资、外商投资相对应的概念范畴。一般认为，民间投资（私人投资[②]）是指家庭、个人、金融机构、非国有企事业单位或组织，以获取未来收益为主要目的，用其自有资金或融入资金在国内外经济领域及部分社会公益事业领域的资本投入（陈节励，2003；樊士德，2004）。民间投资是以私人为投资主体的投资，与政府投资相比，它具有鲜明的特征，笔者将其归结为“二不三化四自”，即不要国家编制，不要国家经费；投资产权的高度人格化、私有化和清晰化；自愿结合，自筹资金，自主经营，自负盈亏。民间投资就其范围上看，一般包括个人（或家庭）投资、自然人企业投资（单人制企业和合伙制企业）、私人法人企业投资（私人独资公司、私人有限责任公司和私人股份有限公司）和集体企业投资。其中以私人企业投资和自然人企业投资为主（生康利，2011）。

在我国学术界，民间投资通常被等同于私人投资、民营投资或市场投资，是政府投资的“对立面”。然而民间投资到底包括了哪些，范围如何界定，至今仍有争议。归纳后主要有三种口径：

1. 区分资金来源

政府投资只包括财政预算内投资，所有不以国家财政为资金来源的投资都算为民间投资，如商业银行贷款、自筹资金、非统借统还的外债和资本市场融资。

2. 区分投资主体

政府投资是指所有各级政府部门进行的投资，民间投资指所有民间家庭、个人、企业或“非政府”进行的投资，包括全社会集体、个体、私营、联营，以及非国有控股企业。

---

① 政府投资的最优规模问题，归根结底是政府和市场的关系问题。因此在世界各国的政府投资实践中，规模控制都是一个关乎社会经济全局的关键问题。

② 学术界一致认为，民间投资等同于私人投资。

3. 区分所有制

政府投资对应公有制（国有经济），民间投资对应非公有制。所以民间投资应指所有的非公有制投资，一般包括个体经济与私营经济中来源于个体、私营企业、个人自有资金和市场融资的投资（陈柳钦，2004；黄建清，2004）。

考虑到我国现实中的政府投资除了财政投资，还有政府预算外投资和国有企事业单位国有资产投资，本书选取口径3来进行统计。需要特别指出的是，国有控股企业的投资全部计入政府投资。因为不管是国有绝对控股企业还是国有相对控股企业，国家均凭借最高资本比例或相关协议对企业享有实际控制权，企业投资决策大多体现着国家意志。所以说，口径3是我国政府投资和民间投资最精确的度量方法。

根据口径3，国有经济的固定资产投资为政府投资，外商投资经济和港澳台投资经济的固定资产投资为外商投资，其余部分即为民间投资（私人投资），包括联营、股份制、集体、个体和私营，以及其他经济类型的固定资产投资[①]（刘艳、薛声家，2006）。可以用公式表示为：

民间投资＝总固定资产投资－政府投资－外商投资

＝联营＋股份制＋集体＋私营个体＋其他经济类型

按照这一公式，可计算得出我国不同地区历年的民间投资规模。与政府投资一样，对民间投资的统计也有两个指标：一是民间投资的绝对规模，度量当年民间投资的名义或实际货币总额；二是民间投资的相对规模，度量民间投资占全国GDP或GNP的比重，或是民间投资占社会总投资的比重。在实际研究中，相对数的测度往往更具实用性，更能说明一国（或地区）民间投资的发展变化情况。

2.3.2 民间投资的职能

西方国家数百年的发展经验告诉我们，民间资本是推动社会进步和促进经济增长的不可替代的重要力量（匡绪辉，2010）。我国改革开放30多年来所取得的经济成就也证明了，民间投资对我国社会经济的许多方面都产生了积极的影响。

---

① 此外，也有学者对我国民间投资的度量持有不同的见解：按资金来源划分，全社会固定资产投资可分为国家预算内资金、国内贷款、利用外资、自筹和其他资金，其中的国内贷款、自筹和其他资金三项加总可视为我国的民间投资。

1. 民间投资助推经济增长，是促进国民经济健康、稳定、快速、可持续发展的重要力量

民间投资对经济的拉动作用主要通过四个途径来实现：①形成投资。民间投资作为总投资的一部分，可增加资本积累，从而作用于经济。②扩大有效需求。民间投资能为上下游市场和横向关联市场创造额外需求，促进同一产品链上其他产品和横向关联产品的再生产，从而提高社会总产量。③带动消费。有些民间投资会转变成社会最终消费，消费增加意味着有效需求也会随之增加，从而增加社会产出。④增加净出口。民间投资发展到一定程度后，必然要向国外拓展。所以民间投资有利于扩大出口，实现外贸顺差，累积国内生产总值。

2. 民间投资的其他重要职能

①在市场经济中，民间投资以期望利润为导向，其投资方向的调节，可以促进经济结构的优化和经济运行质量的提高。②民间投资带动民营经济的发展，创造工作岗位，降低社会失业率，有利于社会的和谐与稳定。③民间投资行为给投资者带来了巨大的资本性收入，增加了民间财富，极大地提高了人们的生活水平。④民间投资的发展和民间资本的积累，造就了一批批的现代企业乃至跨国公司，提高了一国经济的国际影响力和竞争力。⑤我们已经知道，政府投资对经济的积极影响具有不可持续性，而当政府投资难以为继且经济增长乏力时，民间投资是最有力的补充手段。

2.3.3 民间投资的理论基础

目前学术界对民间投资（私人投资）的理论研究较为成熟，并已形成一些专门的学科体系，如投资学、金融学、货币银行学等。其中资产需求理论是民间投资的理论基础（滋维·博迪等，2012）。

资产需求理论研究的是市场个体的投资选择问题，即企业或个人如何利用自有的有限资金购买最合适的资产（组合），以实现满足程度最大化。该理论认为，投资者在做出资产选择之前大多会考虑以下四个因素①：

1. 财富拥有量

这里的财富，是指投资者拥有的所有可用于投资的资源禀赋，包括自身可支配收入、动产（股票、债券）与不动产（厂商、土地）、有形资产与无形资产（技术专利、信誉、商标）等。一般来说，资产需求量与财富存量正相关。财富的多少直接决定了市场主体的投资能力。拥有的财富越多，投资的可操作空间就越大，越是价格高昂的资产，其需求量受财富的影响就越大。

① 易纲．货币银行学．上海：上海人民出版社，2013．

因此在投资之前，投资者一般会对自身的投资能力进行初步评估。

可能有人会说，资产需求并不总是与财富拥有量正相关，因为在现实中存在靠借贷来投资的可能。其实不然，其一，借贷投资在现实中大多只是一时周转，并非长久之计，仅仅依靠借贷的“空手套白狼”式投资行为是高风险的，终将难以生存；其二，借贷投资的自由度还是有限的，因为借贷行为所基于的信用是有限的，譬如向银行贷款，大多要求财产抵押，以防违约风险。从这一意义上讲，财富拥有量决定了市场主体的借贷能力，从而决定了资产需求量。

2. 期望收益

期望收益是指投资者对自身投资行为可能获得报酬的一种主观预期。恩格斯在《资本论》中有这样一段话：“如果有10%的利润，它就得保证到处被使用；有20%的利润它就活跃起来；有50%的利润，它就铤而走险；为了100%的利润，它就敢践踏一切人间法律；有300%的利润，它就敢犯任何罪行，甚至冒着绞首的危险。”这是关于资本逐利性的一个经典表述。所谓资本逐利性，是指资本总是朝着利润的方向流动，这是资本与生俱来的特性。正因如此，资产需求理论认为资产需求量与期望收益成正相关关系，即在其他影响因素相同的条件下，当一种资产的预期回报率高于其他替代性资产时，投资者对该资产的需求会上升；当一种资产的预期回报率低于其他替代性资产时，投资者对该资产的需求会下降。两者同向变动。因此从某种意义上说，期望收益是投资者的“指南针”。

3. 投资风险

投资风险，是指在投资过程中可能出现的影响收益或成本的不确定性变化，并有发生损失的危险。一般情况下，风险被认为是一种“不好的东西”。资产需求量与投资风险成反比，即在同等条件下，当一种资产的风险大于其他替代性资产时，该资产的投资者会选择退出；当一种资产的风险小于其他替代性资产时，该资产的投资者会增加投资。两者反向变动。在现实中，风险是影响投资选择的一个重要因素。举例说明，假设有A、B两种资产。投资A资产有50%的概率获利100，有50%的概率亏损60，期望收益为+20；投资B资产有90%的概率获利200，有10%的概率亏损1000，期望收益为+80。尽管B的期望收益高于A，但是大多数的投资者仍会倾向于投资A[①]，因为A的投资风险低于B（投资B有10%的可能会令他破产甚至一无所有）。考虑到

① 若要降低投资风险，分散投资是个很好的选择，就像是“不要把所有的鸡蛋放在同一个篮子里”。这是资产组合选择理论的精髓。这一理论由美国经济学家马科维茨于1952年提出，并经托宾等人不断发展和完善（滋维·博迪等，2012）。其核心思想是，在投资时不要孤注一掷，把全部资本投资于一个或少数几个资产；而应分散出击，选择一个包含多种资产在内的资产组合。

现实中不同人对投资风险的偏好（或厌恶）程度有所区别，学者们常将投资主体分成风险规避型、风险中立型、风险爱好型三种。

4. 资产流动性①

资产流动性，顾名思义，是指资产变现能力或容易程度，一般用变现周期来衡量。正常情况下，投资者都偏好流动性，以便在需要时可以及时迅速地收回投资资金并形成实际购买力。在期望收益和投资风险都一样时，资产的流动性越强（差），投资者的投资意愿就越大（小）。因此我们说资产需求量与流动性成正比。也正因如此，银行的一年期存款利率必须高于半年期存款利率，否则将没人愿意把钱定期一年或更长时间。

与资产流动性相对应的一个概念是交易成本。根据黄志典在《货币银行学概论》一书中的定义，交易成本是信息成本（为取得信息而付出的时间、精神和金钱）、资产买卖手续费以及其他相关成本的总和。资产的交易成本越低，流动性就越强，投资人对其需求也就越高。因此，资产需求与交易成本成反比。在现实中判断一项资产是否值得购买，交易成本是一个非常重要的标准。

2.4 政府投资与民间投资的区别

本章第 2.2 节和第 2.3 节分别讨论了政府投资和民间投资的定义。通过比较可以发现，政府投资和民间投资是两种截然不同的投资，两者在许多方面存在明显差别。

政府投资和民间投资的构成要素有所不同，体现在以下几个方面：

（1）投资主体不同。

政府投资的投资主体是且只能是国家，体现了政府所主导的经济资源分配关系。每一笔政府投资，从决策拨款到管理执行再到监督考核，都离不开政府的作用，都直接或间接地反映着国家意志。民间投资，也即私人投资，其投资主体一般是指国内外的家庭、个人、集体单位或组织机构，包括私营企业主和个体工商户（沈恩杰，2004）。

（2）资金来源不同。

政府投资的资金主要来自政府的财政收入，即政府从社会产品或国民收入中强制征收所得的财政资金。除此之外，发行国债、银行贷款、增发货币也是政府资本的重要来源。民间投资的资金基本都来源于自身积累资金和贷款、上市等各种渠道的融资所得。

① 陈余有．财务危机运营：企业理财安全机制探索．合肥：合肥工业大学出版社，2004.

（3）投资目的不同。

政府承担社会责任的多重性，决定了政府投资的目的不可能像民间投资那样单纯或唯一，而是具有多重性，主要有：巩固国家政权，维护社会稳定；增加有效需求，刺激经济增长；提供公共产品，优化投资环境；弥补市场失灵，调控宏观经济；扶持薄弱产业，协调产业结构。民间投资的目的，毋庸置疑，就是实现投资的经济收益最大化，或是资本增值最大化。

（4）投资机制不同。

政府投资是政府通过事先对国内外的经济形势形成认识或预判，而后认为有必要进行的一种宏观计划投资，是一种有政策目的、有意识的计划性非市场投资行为，具有公共性（非营利性）、政策性、集中性和宏观性等特点。民间投资则是完全由市场竞争机制引导，随行就市，预期利润的大小直接制约着投资的方向和额度，所以民间投资具有逐利性、自觉性、风险性、竞争性等特点。

（5）投资对象不同。

政府投资的对象主要是关乎国计民生或经济命脉的重大经济建设以及市场失灵的社会公益事业建设。民间投资则不然，其投资对象几乎全部是市场机制有效运行的一般竞争性、营利性经济领域。两者界限分明，各司其职，不能随意“越俎代庖”，否则容易带来市场秩序的的紊乱和资源配置的低效。

（6）投资方式不同。

政府投资的方式多种多样，既有直接投资，也有间接投资；既有资本性投资，也有消费性投资；既有有偿投资，也有无偿投资。具体来说，其主要有五种投资方式，包括无偿投入、财政投资贷款、参股控股、贴息补助和税费减免。民间投资则基本上是纯粹的直接资本性投资。

（7）决策行为不同。

政府投资，往往要通过烦琐的政治程序来做出决策，而且决策过程总是伴随着不同利益集团的较量和妥协，最终的投资决策自然也是各个政治力量权衡的结果，如果效率低下，就无法满足社会需求与市场需求，无法实现资源（投资资金）的优化配置。民间投资，有统一的行为目标和判断标准，借以考量投资的可行性，再由一个集中的行政系统负责决策与实施，这样显然要比政府投资有效得多。

（8）所占比重不同。

政府投资和民间投资的比重取决于两个因素。一是社会经济制度，一般而言，在市场经济中，政府投资比重相对较小，民间投资的比重相对较大；而在计划经济中，政府投资的比重相对较大，民间投资的比重相对较小。二是经济发展阶段，在发达经济阶段，政府投资的比重较小，民间投资的比重较大；而经济起步和发展中阶段，政府投资的比重偏大，民间投资的比重偏小①。

根据以上分析，政府投资和民间投资存在显著的要素差异性，它们与经济间的内在联系必然也不尽相同。也就是说，两者的经济增长效应有所区别，主要体现在以下两个方面：

（1）两者经济增长效应的特性不同。

经济危机的出现，大多是因为投资和需求不足，导致经济停滞甚至负增长。此时，政府一般有三种选择：刺激消费、增加出口、扩大投资。此即所谓的“三驾马车”。政府真正可操作或者效果较为显著的选择其实只有一个——扩大投资。因为消费水平取决于国民的可支配收入和消费意愿，出口水平取决于国际经济环境下的订单数量。只有投资水平才是政府（短期内）完全可控的。也正因如此，每当经济衰退时，增加投资总会成为各国政府的第一选择，这也是一国（积极）财政政策的重要内容。

各国的实践已经证明，政府投资和民间投资在刺激经济增长方面各有优劣。其中政府投资是短期内拉动经济增长的有效途径，具有外部时滞短、见效快、指向性强、乘数效应强等特性（辜胜阻，2009）。政府投资对国民经济虽然具有“力挽狂澜”的显著效果，但是从作用力来看，它的经济增长效应具有外生性，犹如一剂“强心针”，力度虽强，却是短暂的，难以持久。民间投资则具有机制灵活、效率高、潜力大、可持续性强、有利于创业创新、就业效应强等特性（辜胜阻，2009），能够为经济提供源源不断的新鲜血液，是经济增长的内生动力，也是经济实现可持续发展的关键。

（2）两者经济增长效应的效率不同。

投资促进经济增长的效率是指投资所取得的有效成果与所消耗或占用的投入额之间的比率，也就是投资所得与所费、产出与投入的比例关系（周景彤，2004）。从市场经济的原则看，政府投资的效率要低于民间投资。这主要有三个方面的原因：①政府投资追求的是全社会综合福利的最大化，兼顾经济效益和社会目标，投资可以不盈利或者低利，成本回收与否显得无关紧要。而民间投资则具有极强的逐利性，投资只为赚取利润。②政府投资的对象大都是企业并不愿介入的公共产品领域，这些领域往往缺乏竞争，投资效率低下，对经济增长的贡献也较小。民间投资主要活跃于竞争性领域，参与较为充分的市场竞争，因而经济效率相对较高。③政府投资形成相应的国有产权，这些资本往往缺乏明确的产权主体，由此造成监管机制不健全、管理松懈等问题。而民间投资产权关系明晰，责任归属到位，经营灵活，所以在促进经济增长方面显得更为有效。

---

① 刘邦驰，汪叔九．财政学．成都：西南财经大学出版社，1995.

第3章

我国政府投资和民间投资的发展概况

本章将从纵向分别介绍我国政府投资和民间投资的发展历程，并在此基础上发现问题、分析原因，以期形成一个系统而全面的认识，为今后我国政府投资和民间投资的实践工作提供理论依据与政策参考。

3.1 我国政府投资的发展概况

新中国成立60多年以来，随着社会经济的发展，我国政府投资经历了从无到有、不断进化的过程。期间受到经济体制改革的影响，政府投资作为一项公共政策，出现过一些反复和波折。因此可以说，政府投资的成长是一个不断探索的过程。国内学者大多是按照经济体制改革的进程，将政府投资的转变历程划分为三个时期（如周法兴，2007）：计划经济时期（1953—1978）、计划经济向市场经济的转轨时期（1979—1997）和市场经济的完善时期（1998年至今）。下面将按照时间顺序，系统地分析和评价以上三个不同时期的政府投资，力求总结出我国政府投资的发展规律。

3.1.1 计划经济时期的政府投资

1. 计划经济时期政府投资的基本情况

在计划经济体制下，我国于1951年构建了最初的政府投资体系，由国家和各省计划委员会负责编制计划、审批项目、规范程序、监督检查、工程验收等工作。政府投资首次以系统规范的形式确立下来，标志着我国政府投资的正式形成。从此以后，政府投资成为我国一个重要的宏观经济政策。然而好景不长，“大跃进”和“三年困难”使政府投资严重受挫。如表3-1所示，政府投资的规模从1960年的416.58亿元突然下降到1961年的156.06亿元，减少了62.54%；再由于“文化大革命”的影响，政府投资在接下来的十几年一直处于低水平状态；直到1971年，政府投资才恢复到1960年的规模水平，达到了417.31亿元。1978年4月22日，国家计委、国家建委、财政部联合颁布了《关于试行加强基本建设管理几个规定的通知》，就基建工作的整顿和管理提出若干意见，同时还对基建程序要求、大中型项目划分标准、自筹基建管理、投资与费用划分等各项相关问题作了详细规定。这一文件的出台具有里程碑意义，它是我国政府投资管理较为系统的一揽子方案，为“文革”后政府投资的恢复提供了切实可行的制度保障。

表 3-1　1953—2012 年我国政府投资的规模、增长率及其占社会总投资的比重

年份	总额（亿元）	增长率（%）	占社会总投资比重（%）	年份	总额（亿元）	增长率（%）	占社会总投资比重（%）
1953	91.59	10.15	99.19	1983	952	12.62	66.57
1954	102.68	12.11	98.53	1984	1 185.2	24.50	64.66
1955	105.24	2.49	98.12	1985	1 680.5	41.79	66.08
1956	160.84	52.83	99.00	1986	2 079.4	23.74	66.63
1957	151.23	-5.97	98.55	1987	2 448.8	17.76	64.58
1958	279.06	84.53	98.78	1988	3 020	23.33	63.53
1959	368.02	31.88	96.90	1989	2 808.1	-7.02	63.67
1960	416.58	13.19	95.78	1990	2 986.3	6.35	66.11
1961	156.06	-62.54	99.56	1991	3 713.8	24.36	66.38
1962	87.28	-44.07	97.09	1992	5 498.7	48.06	68.05
1963	116.66	33.66	96.35	1993	7 925.9	44.14	60.63
1964	165.89	42.20	94.89	1994	9 615	21.31	56.42
1965	216.9	30.75	92.90	1995	10 898.2	13.35	54.44
1966	254.8	17.47	90.64	1996	12 006.2	10.17	52.40
1967	187.72	-26.33	89.09	1997	13 091.7	9.04	52.49
1968	151.57	-19.26	89.77	1998	15 369.4	17.40	54.11
1969	246.92	62.91	88.39	1999	15 947.8	3.76	53.42
1970	368.08	49.07	88.01	2000	16 504.4	3.49	50.14
1971	417.31	13.37	88.34	2001	17 607	6.68	47.31
1972	412.81	-1.08	87.95	2002	18 877.4	7.22	43.40
1973	438.12	6.13	87.18	2003	21 661	14.75	38.98
1974	463.19	5.72	85.52	2004	25 027.6	15.54	35.51
1975	544.94	17.65	84.41	2005	29 666.9	18.54	33.42
1976	523.94	-3.85	84.50	2006	32 963.4	11.11	29.97
1977	548.3	4.65	83.32	2007	38 706.3	17.42	28.19

（续上表）

年份	总额（亿元）	增长率（%）	占社会总投资比重（%）	年份	总额（亿元）	增长率（%）	占社会总投资比重（%）
1978	668.72	21.96	82.24	2008	45 450.1	17.42	26.88
1979	699.36	4.58	82.00%	2009	63 912.8	40.62	29.21
1980	745.9	6.65	81.89	2010	83 316.5	30.36	33.10
1981	667.5	-10.51	69.46	2011	82 494.8	-0.99	26.48
1982	845.3	26.64	68.70	2012	96 220.3	16.64	25.68

资料来源：根据 CSMAR 数据库及中经网数据整理得到。

2. 计划经济时期政府投资的特点

计划经济时期的政府投资具有明显的集权式特征。正如表 3-1 所示，政府投资几乎就是全部的社会投资，所占比重在 1966 年之前均为 90% 以上，之后也一直保持在 82% 以上，平均比重高达 92.12%。具体来说，计划经济时期的政府投资具有以下三个方面的特征：

（1）资金独占。

国家财权向上集中，中央政府控制着几乎全部的社会经济资源，企业、地方政府可动用的投资资金少之又少，即使有也大多来自中央政府的计划内拨付。

（2）决策权独享。

中央政府垄断所有政府投资的决策权，投资规模、投资方向、投资地区、投资程序等各种内容，都由计划委员会集中安排和全程管理。地方政府和企业处于被支配地位，只负责投资计划的执行工作。

（3）经济全覆盖。

中央政府投资范围极其广泛，不论是关乎“国计”的国防、军工领域，还是关乎“民生”的粮食生产、住房建设领域；不论是农业，还是制造业，都由政府投资统一包办。政府投资在国民经济中无处不在。

3. 计划经济时期政府投资存在的问题

受政治、经济等各种因素影响，计划经济时期的政府投资存在着严重的弊端。

（1）大包大揽，完全抑制了市场的作用。

在计划经济体制下，实行统一投资、统一生产、统一分配，各个环节都在政府的指令性计划之内，市场受到严格限制。这一做法虽带来了经济公平，但损失了经济效率，直接导致了我国经济落后的局面。

（2）权限过于集中，使投资行为难以因地制宜。

计划经济时期的政府投资实行“中央出资并规定投资方向，地方负责执行”的行政指令运行模式，最贴近地方实际的地方政府没有财权，也没有投资权。全国各地的资本投资全靠中央“一刀切”的政策，容易使社会投资与地方真实资本需求相背离，不利于社会经济发展。

（3）投资决策不科学，导致资源无效配置。

政府投资决策不够专业化，常被政治因素所左右，投资效益低下。仅凭个人主观意志，根本无法处理纷繁复杂的经济关系，更无法反映市场的真正需求。资金投入没有得到最大限度的利用，没有形成切实的经济效益和有效的生产力，制约了我国经济发展。

（4）制度弊端越积越深，使改革难度不断加大。

计划经济时期的政府投资历时30多年，期间淤积和遗留下来的问题成为我国政府投资制度改革的一道障碍，如政策沿袭、模式延续、思维传统等，都已经是积重难返了。因此建立与市场经济相适应的现代政府投资制度，不是一朝一夕的，而需要在一个相当长的时期内逐步推进。

4. 计划经济时期政府投资的贡献

任何事情都具有两面性，计划经济时期的政府投资固然存在不少问题；但同时我们也不应否认，它在特定的历史时期做出了一些特定的贡献。

（1）形成了较大规模的资本积累，在一定程度上促进了国民经济的复苏。

新中国成立初期，我国经济百废待兴。高度集中的政府投资，有利于集聚全国的财力、物力，将有限资源用在“刀刃”上，由此积累了大量的基础设施等国有资产，促进了我国完整工业体系和国民经济体系的建立。

（2）确立了系统、规范的政府投资管理制度。

在长达数十年的调适过程中，我国政府投资的发展既有成功的经验，也有失败的教训。在此基础上总结了一套可行有效的政府投资管理方案，政策系统全面，措施详细规范。这一套管理制度在实践中不断完善并沿用至今。

3.1.2 经济转轨时期的政府投资

1. 转轨时期政府投资的转变

在转轨时期，随着改革开放的不断深入和市场经济体制的逐步建立，我国政府投资发生了四个重大转变（周法兴，2007）：

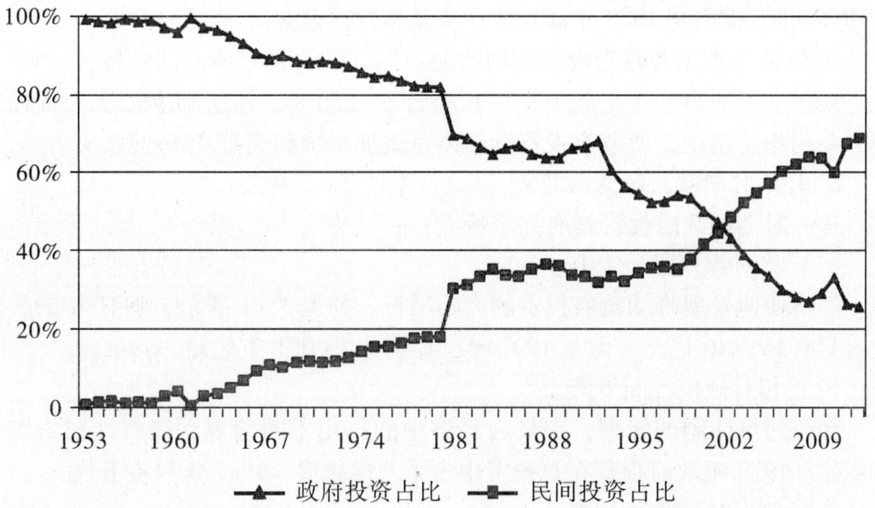

图 3－1　1953—2012 年我国政府投资和民间投资占社会总投资的比重①

（1）政府向市场让位。

从计划经济时期单一的政府投资格局逐渐演变成政府投资、民间投资、外商投资等多元投资格局，社会投资主体呈现多元化。民间投资和外商投资迅速发展，政府投资在国民经济中的地位开始下降。如图 3－1 和表 3－1 所示，1979—1997 年，政府投资的规模不断扩大，但是占社会总投资的比重却呈下降趋势。

（2）中央政府逐步向地方政府和国有企业放（投资）权。

财政体制改革为地方政府投资创造了条件。1980 年 2 月 1 日，为同时激发中央与地方的积极性，国务院发布《关于实行“划分收支，分级包干”财政管理体制的暂行规定》，确立了所谓“分灶吃饭”财政体制，即财政分权制度。国有企业改革为国有企业进行投资创造了条件。1979 年，国务院出台《关于扩大国营工业企业经营管理自主权的若干规定》，开始放权让利改革。1984 年，十二届三中全会通过《中共中央关于经济体制改革的决定》，提出要实行政企分开，所有权与经营权适当分开。

（3）前后两次调整政府投资方式。

1980 年 11 月 18 日，国务院批准了由国家计委、国家建委、财政部、中国人民建设银行联合制定的《关于实行基本建设拨款改贷款的报告》，确立了“拨改贷”的投资方式；1988 年 6 月 24 日，国务院发布《国家基本建设基金

① 原始数据见表 3－1 和表 3－2。

管理办法》，提出从1988年起建立中央基本建设基金。

（4）进一步完善政府投资管理制度。

新建立了项目开工报告制度、可行性研究制度、评估制度、法人责任制等一系列相关制度，使政府投资管理体系更加系统和完整。

2. 转轨时期政府投资的特点

这一时期的政府投资具有三个特点：

（1）绝对规模显著上升。

经济快速发展带动政府投资的大幅增长。如表3-1所示，1971年的政府投资只有699.36亿元，但是1997年已经高达13 091.7亿元。

（2）相对规模不断下降。

随着经济体制的转型，市场在经济中的作用不断显现，政府计划力度相对弱化。1979年政府投资在总投资中占了八成之多，1997年只占五成。

（3）制度政策重新调整。

在改革开放新思路的指引下，政府投资进行了大刀阔斧的变革。转轨时期的政府投资，在自身定位、制度设计、政策变更等各个方面，都是一个不断探索、逐步调整的过程。由于改革尚未完成，这一时期的政府投资表现出了“半市场化”的特征。

3. 转轨时期政府投资存在的问题

转轨时期的政府投资，暴露出了以下不容忽视的问题：

（1）缺乏科学指导和长远规划，走了不少“弯路”，做了不少“无用功”。

在改革初期，由于专业论证不足，缺乏明确的改革方向和总体规划，政府投资的政策制定显得盲目和混乱。比如对政府投资方式的改革，从“拨改贷”到中央基本建设基金制，再到专业投资公司的成立，政策如此多变，造成了大量投资资金的无谓浪费和低效流转。

（2）政府投资范围没有明确界定。

政府投资应当进入哪些领域，不应进入哪些领域，没有文件给出详细规定，由此导致政府投资的“越位”和“缺位”现象，未能与民间投资、外商投资形成良性互补。

（3）对中央政府、地方政府、国企的投资范围没有明确划分。

财政体制改革不彻底，缺乏对中央、地方和国企三个主体政府投资的统筹协调，导致了政府投资无序、混乱、扎堆等低效率现象的出现。

（4）对地方政府和国企的投资不够重视。

在转轨时期，政府投资由单一主体（中央政府）分化成中央、地方和国企三个主体。但相比之下，国家政策层面往往更关注中央政府投资[①]，忽视地方政府投资和国有企业投资的重要性。由于过于放任两者盲目扩张，多次引发了经济过热和高度通货膨胀[②]。

（5）政府投资效率差距拉大，不利于地区经济的协调发展。

尽管中、西部地区的政府投资占比有了明显的提高[③]，但投资效率[④]仍然较低，呈下降趋势；而东部地区的投资效率却逐年上升。这一反差加剧了地区间的经济失衡。

（6）政府投资决策的成功率偏低。

决策失误造成了大量人力、物力、财力的浪费，使政府投资的经济效益大打折扣，限制了国民经济的发展。据世界银行估算，1975—1995 年，我国政府投资的决策失误率约为 30%，造成的经济损失高达 4 000 ~ 5 000 亿元（高福生，朱四倍，2009；朱水成，2004）。

4. 转轨时期政府投资的贡献

转轨时期的政府投资虽然存在上述多种弊端，但是也有较大贡献，主要体现在四个方面：

（1）促进了国民经济的快速发展。

根据书后附表 1，1997 年我国 GDP 是 1979 年的 19.4 倍，年均增长 9.9%。能够取得这一经济成就，政府投资功不可没。

（2）推进产业结构的优化升级。

改革开放之初，我国的产业结构十分畸形，重工业占比过高，轻工业发展滞后。从“六五”时期开始，政府投资开始适度地调整方向，渐渐扭转我国产业结构失衡的局面。

（3）制度初步成型。

经过 20 多年的持续探索和反复试验，我国在政府投资方面制定了一些行之有效的政策和措施，政府投资制度框架已经基本确立。

（4）实现理论升华。

在制度设立、政策权衡等方面取得了一些有益的经验和教训，逐步打破了“政府主宰市场”的传统认识，这些都是今后改革实践的精神财富。

---

① 一般谈到“政府投资”，人们总会下意识地认为它是“中央政府投资”。这是十分片面的。

② 分别是 1978—1983 年、1984—1986 年、1987—1990 年和 1992—1996 年，基本每次都与地方政府投资和国企投资的扩张有关。

③ 见附表 3。

④ 也称为投入产出率，即 GDP 占全国的份额与投资占全国份额之比。

3.1.3 新经济形势下的政府投资

1. 1998年以来我国政府投资的基本情况

1998年以后，随着国内经济形势和国际经济环境的变化，我国的政府投资得到了全面发展。按照政府投资的主体不同，可以概括为以下三个方面（周法兴，2007）：

（1）2004年7月16日国务院出台了《关于投资体制改革的决定》（国发〔2004〕20号）①，从转变政府职能、完善投资体制、发挥宏观调控、加强监督管理四个方面提出进一步深化投资体制改革的指导意见。其中对政府投资做出了一些新规定，具体有：①界定投资范围。“政府投资主要用于关系国家安全和市场不能有效配置资源的经济和社会领域，包括加强公益性和公共基础设施建设，保护和改善生态环境，促进欠发达地区的经济和社会发展，推进科技进步和高新技术产业化。”②健全决策机制。“完善决策规则和程序，建立政府投资项目的评估论证制度、专家评议制度、公示制度等，以提高政府投资项目决策的科学化、民主化水平。”③规范资金管理。“编制政府投资的中长期规划和年度计划，统筹安排、合理使用各类政府投资资金，逐步实现政府投资资金管理的科学化、制度化和规范化。”④简化和规范审批程序，合理划分审批权限。⑤对非经营性政府投资项目加快推行“代建制”。⑥引入市场机制。“利用特许经营、投资补助等多种方式，吸引社会资本参与有合理回报和一定投资回收能力的公益事业和公共基础设施项目建设。”⑦建立监管体系。监管体系包括风险管理机制、责任追究制度、政府投资制衡机制、审计监督机制、重大项目稽查制度、评价制度、社会监督机制等。⑧充分发挥政府投资对社会经济的宏观调控作用。

（2）筹资能力的提升，使地方政府投资行为空前活跃。地方政府的收入除了基金、税费②之外，出现两个新的资金来源。一个是借贷。我国预算法规定地方政府不能发行公债，但这并不能阻止地方政府去“借钱”。它们可以成立代表自己的政府性投资公司，再以公司的名义向商业银行贷款，这就是通常所说的“借鸡生蛋”行为。另一个是卖地。一方面，土地是地方政府的最大资产。政府作为原材料（土地）的唯一供给方（纯粹垄断者），位于房地产市场产品链的最顶端。近年来我国房地产市场呈现泡沫式的大发展，地方政府从中得到不少好处。他们借机抬高地价，获取了大量的土地出让金，此即所谓的“土地财政”。另一方面，地方政府还可以透支土地出让金——将土

---

① 由于缺乏对政府投资的完整认识，2004年出台的《关于投资体制改革的决定》仅仅针对中央政府投资的改革，而忽略了地方政府投资和国有企业投资。

② 一般包括地方政府预算内投资资金、地方专项建设基金、地方机动财力、中央政府补助投资。

地作为抵押向银行贷款。

（3）针对国有企业，去除部分特权并减少行政性束缚，在一定程度上淡化国企和私企的色彩差异。随着股权分置改革和国有资本经营预算改革的推进，国有企业的市场化特征日益显著，基本实现了政企分开、国有企业与其他企业一视同仁的目标。

2. 1998 年以来我国政府投资的特点

1998 年以来，我国的政府投资政策蕴含着前所未有的全新理念，并由此而体现出鲜明的特点。

（1）制度构架进一步完善。

转轨时期的政府投资改革大多是单项措施的优化，1998 年以来则更注重总体的谋篇布局和政策间的协调配合。《关于投资体制改革的决定》针对中央政府投资，财政体制改革和土地出让金管理方式改革针对地方政府投资，股权分置改革和国有资本经营预算改革针对国有企业投资，各项改革协同进行，形成一个完整的体系。

（2）低占比。

如表 3－1 和图 3－1 所示，1998 年以来，我国政府投资占总投资的比重持续下降，由 1998 年的 54. 11% 跌至 2012 年的 25. 68%；而民间投资的比重持续上升，两者的变动趋势呈“剪刀状”。拐点出现在 2002 年，标志着政府投资和民间投资在国民经济中的地位与作用发生了历史性的变化。仅仅 20 多年的时间，政府投资和民间投资在社会总投资中的比重就实现了“换位”，这意味着我们的确有必要重新审视和思考政府投资和民间投资，或者公有制经济和非公有制经济在国民经济中的角色。

3. 1998 年以来我国政府投资存在的问题

从整体上看，1998 年以来我国的政府投资虽有改善，但仍存在不少亟待解决的问题。

（1）范围太宽，比重偏高。

我国经济改革的目标之一是“让市场发挥资源配置的基础性作用”，但是以目前来看，政府对经济的干预力度还是很大，政府投资仍然占有较大的比例，因此我国经济的市场化程度还远未达到理想水平。

（2）拉低社会投资的效益水平。

政府投资带有行政性和计划性，难以准确反映真实的市场需求，因此就效率或效益而言，它一般要低于民间投资。我国政府投资规模较大，它的低效率或低效益也被放大，从而降低了社会投资的边际（经济）报酬。

（3）政绩工程、权力寻租和官员腐败等问题依然比较严重。

在财政分权的背景下，地方政府拥有更大的财政自主权，一些决策者不顾实际情况，盲目地投资“政绩工程”或“形象工程”，一味追求经济增长（迎合考核），忽视社会事业发展、环境保护和民生等问题，由此衍生出权力寻租和官员腐败等相关问题，出现了“超标准、超规模、超投资”的所谓“投资三超”现象。这不仅浪费了大量的财政资金，损害了纳税人利益，还引发许多社会问题，严重损坏了政府形象。

（4）存在道德风险。

政府投资的产权属于国家，但谁能代表国家？有人说是国企老总，其实不然。根据委托—代理理论，在缺乏严格监督和有效激励的情况下，代理人容易发生逆向选择和道德风险。国企老总的经营决策并不总是与国家利益完全符合，因为他们也有“自利”的本能，这是市场经济个体的自然属性（周法兴，2007）。

（5）政府投资结构不合理①。

教育投资不足，与教育在国家中的地位极不相称，不利于国民素质的提高；技术进步与科技创新的投资不足，制约着产业升级和工业化水平的提高；公共领域投资特别是社会事业性的投资不足，制约着国民福利水平的提高；对房地产业投资过多，加剧了经济的空心化和泡沫化，不利于经济增长质量的提升②。

（6）政府重复投资的现象屡禁不止。

一些省区盲目上项目、铺摊子，重复投资、重复建设，造成地区间产业结构趋同，缺乏地区特色，不利于资源的优化配置（范春艳，2007）。

（7）政府投资地区不平衡。

如附表3所示，政府投资有近一半都是投向东部发达地区，而资本相对贫乏、经济相对落后的中、西部地区则要少得多。不过，近几年这个现象有所缓和，到2009年，东部政府投资所占的比重已经下降到历史最低点（42.65%）。

（8）对地方债务的风险意识不足。

为了满足投资需求和发展本地经济，各个地方政府不计后果地大肆借债、透支财政，可能导致地方破产、金融崩溃、经济危机等严重后果。根据国家审计署公布的数据，截至2010年底，全国省、市、县三级地方政府性债务余额达到10.7万亿元人民币。而实际的债务规模可能比这个还要大。

---

① 笔者将其总结为政府投资中的“三低一高”现象。

② 关于政府投资房地产业，2014年著名经济学家吴敬琏曾说过：“国家当年4万亿投资主要是给了国企，特别是央企，央企压力负担也很大，拿到这么多钱怎么办呢？只能纷纷成立房地产企业。”

4. 1998 年以来我国政府投资的贡献

（1）抵御外来经济冲击，保持经济稳定快速增长。

新形势下，政府投资成为我国调控经济运行的一个重要工具，它具有相对灵活性，可依据经济社会的需要作适时调整，避免经济波动，即当经济紧缩时，政府通过扩张性财政支出刺激需求，以拉动经济增长；当经济“过热”时，政府投资适度减少，可避免由过度支出引起的财政风险以及资本市场的供给过剩。

1998—2004 年，为应对亚洲金融危机，我国同时实行积极的财政政策和宽松的货币政策，大幅增加政府投资规模[①]，扩大社会有效需求，实现了政府投资年均拉动经济增长约 2 个百分点。2005 年，为遏制已经出现的投资过热苗头，转而实行稳健的财政政策，政府投资既不扩张也不紧缩，在预算收支上“有保有控”，保持基本平衡，有效地防止经济增长由偏快转向过热。2008 年，国际金融危机蔓延，国民经济面临严重的下滑风险，作为应时之需，我国恢复实行积极的财政政策和适度宽松的货币政策，坚持“保增长、扩内需、调结构”的原则，实行两年 4 万亿的政府投资计划，以提振内需，弥补外需的不足。实践证明，该项投资决策是极其正确的，延续了我国经济增长的势头。据测算，2009 年前 3 季度 GDP 增长 8.9%，其中由投资拉动 7.3 个百分点。而如果没有中央一揽子刺激计划的拉动，经济增长率可能会降低至 1% 左右（刘世锦，2009）。

（2）增加社会就业，保持社会安定。

根据凯恩斯的观点，就业取决于有效需求，而政府投资能有效地弥补有效需求不足，从而实现充分就业。我国政府投资促进就业，主要从四个途径实现：其一，政府投资促进经济增长，扩大社会生产并增加社会产出，从而创造更多的就业需求，大幅减少了周期性失业。奥肯定律告诉我们，GDP 每增加 2%，失业率大约下降 1%。在中国的情况是，“过去，我国 GDP 每增长 1 个百分点，就会拉动大约 100 万人就业。目前大概 GDP 增长 1 个百分点，能够拉动 130 万，甚至 150 万人就业”（李克强，2013）。其二，不同行业吸纳劳动力的能力不同（劳动密集型行业比技术密集型行业有更高的劳动力需求），不同行业需求的人才类别也不同。有针对性的政府投资可以有效地优化产业结构，重点发展就业需求旺盛的行业，如制造业，同时也能使行业结构与劳动力结构相适应，最大限度地减少结构性失业，提高就业率。其三，在教育领域的政府投资，如高等教育投资，可以提高劳动力素质，增强劳动力

---

① 据统计，1998—2004 年，中央财政累计增发长期建设国债 9 100 亿元，主要用于基础建设投资。

技能，使劳动者能胜任不同行业、不同类别的工作，同样减少了结构性失业。其四，在社会保障领域的政府投资，如养老保险、医疗保险、失业保险、工伤保险、生育保险等社会保险，为劳动者解决了后顾之忧，增强了劳动者参加工作的意愿，减少了自愿失业现象的发生。（谷安平，2010）

3.2 我国民间投资的发展概况

3.2.1 我国民间投资的发展阶段

新中国成立60多年来，根据政策环境和发展水平，可将我国的民间投资划分为三个不同的阶段：受抑制而基本停滞的时期（1949—1979）、松绑并快速发展的时期（1980—2000）和鼓励发展并成为主要投资力量的时期（2001年至今）。

1. 受抑制而基本停滞的时期（1949—1979）

从新中国成立后到改革开放之前的30年间，我国一直实行的是集中的计划经济体制。在国有经济、集体经济、个体经济、私人资本主义经济、国家资本主义经济五种经济成分中，国有经济和集体经济始终占据绝对的主导地位，私有制经济长期处于被压制的状态。

在这样的经济背景下，政府投资自然而然地在社会总投资中占据绝对优势，经济中各个领域的投资，大到道路、桥梁、机场、港口等基础设施建设，小到国民的衣食住行（民生工程），几乎全部由财政提供。而民间投资则被贴上资本主义的标签，成为国民控制和批判的对象。民间投资的发展是处处受限，基本上不能有所作为。

从表3-1可知，在1953—1958年的6年间，民间投资占社会总投资的比重竟然不到2%，这与1953年开始的农业合作社高潮和1956年的资本主义工商业社会主义改造有很大关系。1961年，由于“三年困难时期”的持续发酵，民间投资占社会总投资的比重降到了历史最低点，只有0.44%。总体来说，1952—1979年，民间投资占社会总投资的平均比重不到8%，可见民间资本在我国国民经济中的生存空间十分狭小。因此本书更为关注的是改革开放之后的民间投资①。

2. 松绑并快速发展的时期（1980—2000）

改革开放之后，我国逐步确立了社会主义市场经济体制，民间投资的政治和经济地位逐步提高。1982年，党的十二大正式提出了以“计划经济为主，

① 因为改革开放前民间投资的发展水平低下，没有多大的研究价值；还因为缺乏民间投资的相关统计资料，仅有的非政府投资数据不仅包括民间投资，还包括外商投资、港澳台投资等。

市场经济为辅”的经济政策。1984年，党的十二届三中全会提出“社会主义经济是公有制基础上的有计划的商品经济”。1987年，党的十三大提出“社会主义有计划商品经济的体制应该是计划与市场内在统一的体制”。改革开放的总设计师——邓小平于1979年提出“社会主义也可以搞市场经济”，1992年提出“计划多一点还是市场多一点，不是社会主义与资本主义的本质区别。计划经济不等于社会主义，资本主义也有计划”和“市场经济不等于资本主义，社会主义也有市场”等重要论断，为社会主义市场经济理论的提出和社会主义市场经济体制的建立指明了方向。在上述基础上，1992年10月12日，江泽民在党的十四大报告中正式提出“我国经济体制改革的目标是建立社会主义市场经济体制”。1993年，党的十四届三中全会通过了《关于建立社会主义市场经济体制若干问题的决定》，设计了社会主义市场经济体制的基本框架，提出“建立社会主义市场经济体制，就是要使市场在国家宏观调控下对资源配置起基础性作用。为实现这个目标，必须坚持以公有制为主体、多种经济成分共同发展的方针”（李兴山，2010）。

在法律法规方面，为鼓励、引导私营企业健康发展，保障私营企业的合法权益，加强监督管理，繁荣社会主义有计划商品经济，国务院于1988年6月25日发布《中华人民共和国私营企业暂行条例》。为贯彻落实，国家工商行政管理局于1989年1月16日颁布《中华人民共和国私营企业暂行条例施行办法》，并先后于1996年12月17日和1998年12月3日进行了两次修订。1999年8月30日，第九届全国人大常委会第十一次会议通过了《中华人民共和国个人独资企业法》，该法共六章四十八条，为个人独资企业提供了切实的法律保障。

随着社会主义市场经济体制改革的不断深入，个体经济、私营经济和外资经济等非公有制经济开始复苏并实现快速发展，在国民经济中的地位和作用不断增强。根据我国统计局的数据，1979年非公有制经济占全国GDP的比重不足1%，但是仅仅20年之后的2000年，这一比重已经高达55%，2005年更是达到65%。改革成效如此显著，以至有学者说“我国只用二十年就走完了发达国家探索一两百年的路”。

在社会投资领域，投资主体逐渐多元化，政府投资不断向市场让渡，外商投资（含港澳台）越来越多地涌入中国市场，与此同时，民间投资也得到了极大的“松绑”，政策环境得到极大改善，使民间投资取得了前所未有的大发展。如表3－2所示，民间投资规模从1979年的153.5亿元增至2000年的13 807亿元，年均增长28.3%。1979年民间投资占社会总投资的比重只有18%，2004年提高至41.94%，这是一个质的飞跃，表明民间投资已经逐渐成为我国社会投资的主体力量。

表 3 - 2 1979—2012 年我国民间投资的规模、增长率及其占社会总投资的比重

年份	总额（亿元）	增长率（%）	比重（%）	年份	总额（亿元）	增长率（%）	比重（%）
1979	153. 518	77. 21	18. 00	1996	8 195. 8	18. 91	35. 77
1980	165	70. 12	18. 11	1997	8 956. 4	9. 28	35. 91
1981	293. 5	77. 88	30. 54	1998	10 062. 9	12. 35	35. 43
1982	385. 1	31. 21	31. 30	1999	11 255. 4	11. 85	37. 70
1983	478. 1	24. 15	33. 43	2000	13 807	22. 67	41. 94
1984	647. 7	35. 47	35. 34	2001	16 607. 7	20. 28	44. 63
1985	862. 7	33. 19	33. 92	2002	21 171. 8	27. 48	48. 67
1986	1041. 2	20. 69	33. 37	2003	28 996. 8	36. 96	52. 18
1987	1342. 9	28. 98	35. 42	2004	38 482. 3	32. 71	54. 60
1988	1733. 8	29. 11	36. 47	2005	50 682. 3	31. 70	57. 09
1989	1602. 3	-7. 58	36. 33	2006	66 176. 6	30. 57	60. 16
1990	1530. 7	-4. 47	33. 89	2007	85 263. 7	28. 84	62. 09
1991	1880. 7	22. 87	33. 62	2008	108 236. 4	26. 94	64. 01
1992	2581. 4	37. 26	31. 95	2009	139 418. 5	28. 81	63. 71
1993	4362. 63	69. 00	33. 37	2010	151 159. 8	8. 42	60. 06
1994	5519. 02	26. 51	32. 38	2011	210 273. 5	39. 11	67. 51
1995	6892. 2	24. 88	34. 43	2012	257 651. 5	22. 53	68. 76

资料来源：根据 CSMAR 数据库及中经网数据整理得到。下同。

3. 鼓励发展并成为主要投资力量的时期（2001 年至今）

近年来，随着民间投资规模的日益扩大及其经济效应的不断显现，我国政府逐渐意识到民间投资对国民经济运行的重要性，先后出台了一系列促（民）资政策，希望通过进一步改善政策环境和制度环境来鼓励民间投资行为。对民间投资而言，经济地位得到了进一步提升，法律地位得到了有效保障。

（1）2001 年的《关于促进和引导民间投资的若干意见》。

2001 年 12 月 11 日，国家计委制定了《关于促进和引导民间投资的若干意见》（以下简称《意见》），提出促进和引导民间投资的五点意见，包括转变思想观念、放宽投资领域、拓宽融资渠道、公平合理税费、建立社会化服务体系。这是我国政府出台的第一项对民间投资带有明显鼓励性质的法律法规，表明政府开始意识到民间投资在我国社会经济发展中不可取代的重要作用，也看到了当前民间投资发展所面临的一些障碍因素，民间投资受到了前

所未有的重视。这是建立和完善社会主义市场经济体制的客观要求。《意见》虽未得到有效落实，但是它所释放的信号极大地增强了民间投资者的信心，激发了民间的投资热情，为民间投资的健康发展营造了良好的氛围。此外，《意见》的出台也为后续一系列促（民）资政策开了个好头，具有开创性的意义。

（2）2005年的“旧36条”。

2005年2月25日，国务院发布《关于鼓励支持和引导个体私营等非公有制经济发展的若干意见》，主要从七个方面提出了促进非公有制经济发展的36个政策措施和要求（业界称为“非公36条”或“旧36条”），包括放宽非公有制经济市场准入；加大对非公有制经济的财税金融支持；完善对非公有制经济的社会服务；维护非公有制企业和职工的合法权益；引导非公有制企业提高自身素质；改进政府对非公有制企业的监管；加强对发展非公有制经济的指导和政策协调。

“旧36条”的出台，充分表明了政府在促进民间投资方面的诚意和决心，也在一定程度上鼓舞了民间投资的投资者。但是，政策虽好却未真正得到落实，许多政策几乎处于空转状态，最后不了了之，使文件沦为一纸空文，不但没有激励民间投资，反而造成了“国进民退”的现象。例如在市场准入方面，“旧36条”明确规定允许外资进入的行业和领域，也允许民间资本进入①，但有学者调研了解到，在全社会80个行业中，有62个允许外资进入，而只有41个允许民间资本进入。再如，“旧36条”提出允许非公有资本进入金融服务业，但是实际操作中大部分的民间资本很难“符合条件”，2008年民间投资在金融业中只占了9.6%②。

更为关键的是，“旧36条”提出允许非公有资本进入电力、电信、铁路、民航、石油、矿产等垄断行业和领域，但是2006年12月，国资委出台的《关于推进国有资本调整和国有企业重组的指导意见》中却明确要求“推动国有资本向重要行业和关键领域集中，增强国有经济控制力，发挥主导作用。重要行业和关键领域主要包括涉及国家安全的行业，重大基础设施和重要矿产资源，提供重要公共产品和服务的行业，以及支柱产业和高新技术产业中的重要骨干企业”。这一政策完全是对“旧36条”的否定，如此的政策反复极大地打击了民间投资者的信心。国有资本得天独厚，却还享受政策保护；民营资本先天不足，后天还要受政策排挤，想进入电力、电信、铁路等国有资本的地盘谈何容易（刘敏，2010；马光远，2010）。

---

① 国家发改委负责人解读：允许民间资本兴办金融机构．新华网，2010－05－17.

② 佚名．民间资本：进入金融领域不容易．新财经，2010（11）.

(3) 2010年的"新36条"及《重点工作分工的通知》。

2009年,"4万亿投资"给国有企业带来了大量的项目,国有资本急剧膨胀,民营资本本就狭小的生存空间再度遭到挤压,在各个投资领域节节败退(刘敏,2010)。为了扭转这一局面,挖掘我国经济的内生增长力,2010年5月13日,国务院发布《关于鼓励和引导民间投资健康发展的若干意见》(简称"新36条"),要求进一步拓宽民间投资的领域和范围;鼓励和引导民间资本进入基础产业和基础设施领域、市政公用事业和政策性住房建设领域、社会事业领域、金融服务领域、商贸流通领域、国防科技工业领域;鼓励和引导民间资本重组联合和参与国有企业改革;推动自主创新和转型升级;鼓励参与国际竞争;营造良好环境;加强服务、指导和规范管理。

"新36条"是对"旧36条"的调整和完善,是为了激活民间资本,使其接过4万亿政府投资的"接力棒"。毕竟大规模的政府投资难以持久,只有民间资本发展了,才能使经济进入持续健康发展的内生性增长轨道;否则,我国经济增长会有巨大的下行风险。所以政府选择在"一揽子计划"即将收尾的时候出台"新36条",是有很深的经济战略考量意义的。

但是另一方面,细心阅读以上文件可以发现,"新36条"在许多方面都与"旧36条"较为相似,实质性的改进不多,其实施成效有待进一步观察。其一,并没有给民间资本带来多大利好预期,对民间投资者没有足够的吸引力。其中最关键的是,没有给民间资本保障足够的生存空间,国有资本仍然大量存在于竞争性、营利性领域,并与民间资本竞争。其二,缺乏有效的监督执行机制,文件中不少内容没有真正贯彻落实到位,政策效果不甚明显。这与"旧36条"一样,"雷声大雨点小",政策出台时轰轰烈烈,社会一片赞扬,可是并没有完全付诸行动,也没有哪个部门督促执行,使政策效果难以达到预期。

为了确保"新36条"能落到实处,仅仅两个月之后,2010年7月26日,国务院又发布《鼓励和引导民间投资健康发展重点工作分工的通知》(简称《通知》),将"新36条"的各项任务分工至发改委、统计局、农业部、监察部等20多个职能部门,明确各单位职责,以利于实际工作的开展。文件明确要求各相关单位要"明确责任,加强领导;密切配合,团结协作;督促检查,跟踪落实",并特别指出"发展改革委要认真做好统筹协调工作,及时跟踪各项工作的具体落实,并按年度将工作完成情况汇总报国务院。国务院办公厅将对政策措施的落实情况适时开展督促检查"。另外还在原有政策措施之外补充要求"由发改委、财政部以及工信部负责将进一步清理和规范涉企收费,切实减轻民营企业负担"。《通知》的出台为"新36条"的有效实施和管理提供了指南,充分显示了政府希望开启民间投资的殷切之情。

（4）2012 年 5 月的《关于国有企业改制重组中积极引入民间投资的指导意见》。

2012 年 5 月 25 日，为了推动民间投资参与国有企业改制重组，国务院国资委发布《关于国有企业改制重组中积极引入民间投资的指导意见》（以下简称《指导意见》），提出了 14 条的具体意见，主要内容有“积极引入民间投资参与国有企业改制重组，发展混合所有制经济，建立现代产权制度，进一步推动国有企业转换经营机制、转变发展方式”；“民间投资主体可以通过出资入股、收购股权、认购可转债、融资租赁等多种形式参与国有企业改制重组”；“国有企业改制上市或国有控股的上市公司增发股票时，应当积极引入民间投资”等。

《指导意见》为民间投资参与国有企业改制重组打开了方便之门，但是现实中又有多少民间资本愿意参与国有企业改制重组？民间资本大多小而分散，不如国有资本大而集中，因此民间资本就算参股进入国有企业，在总资本中也只能占很小的比例，没有投票权和话语权，无法表达自己的利益诉求，成为国有大股东们驾驭的对象。更为重要的是，最终的企业经营成果也基本会落在这些“庄家”手上，因此就目前来说，民间投资进入国有企业的意愿并不强，即使有，也只是少数而已。

（5）2012 年 6 月的《关于充分发挥工商行政管理职能作用鼓励和引导民间投资健康发展的意见》。

2012 年 6 月 4 日，国家工商行政管理总局印发《关于充分发挥工商行政管理职能作用鼓励和引导民间投资健康发展的意见》，从工商行政管理的角度提出了八个促（民）资意见：营造公平公正的准入环境；提供优质高效的登记管理服务；帮助解决融资难题；推进商标战略实施；支持培育国际知名品牌；重视广告产业；加强市场监管和规范；提升综合服务水平。这一文件实质上是“新 36 条”在工商部门的实施细则，其内容完整且细致，具有较强的可操作性，为全国各层级工商部门的引（民）资工作提供了指引，使民间投资者真正享受到国家政策带来的好处。

（6）2013 年的十八届三中全会。

2013 年 11 月 9 日，十八届三中全会《中共中央关于全面深化改革若干重大问题的决定》（以下简称《决定》）再次强调，“公有制经济和非公有制经济都是社会主义市场经济的重要组成部分，都是我国经济社会发展的重要基础”；“必须毫不动摇地鼓励、支持、引导非公有制经济发展，激发非公有制经济活力和创造力”。从这一表述中可以发现，非公有制经济在我国国民经济中的地位，从以前的“重要补充”变成现在与公有制经济并驾齐驱的“重要组成部分”（王远鸿，2013）。这是我国对民间投资政策态度的一个重大转变，显示出政府对民间资本前所未有的重视。在具体措施上，《决定》提出要“扩大金融业对内对外开放，在加强监管前提下，允许具备条件的民间资本依法发起设立中小型银行等金融机构”。其中“具备条件”是指“发起设立银行的出资人应当拥有充足的资金实力和胜任银行业务的管理团队”。这一政策为民间资本进入金融业扫清了障碍，被认为是一项具有突破意义的重要举措。

综上所述，自2005年以来，我国政府一直寄希望于民间投资，希望集合民间资本之力来延续国民经济的增长奇迹。但是要想撬动民间投资，当前关键是要增强民间投资者的信心，而信心的来源必须是他们能够看到可能的期望收益，并有足够的保障机制，这样他们才有足够的动力去参与投资。这是由资本天生的逐利性决定的。这就要求政府在制定促资政策时，既要“取消限制”也要“提供便利”，既要打破限制民间资本的“玻璃门”、“弹簧门”和“天花板”，也要从制度、政策、法律等方面给予民间投资者充分的必要保障，让他们对政府有信心。

3.2.2 我国民间投资的运行特点

改革开放至今，我国民间投资的发展已历经30多年，回顾这一过程，可以总结出民间投资的运行特点。

1. 民间投资规模及其占社会总投资的比重均呈上升趋势

这一结论可由图3－1和表3－2得出。2012年的民间投资总额达到257 651.5亿元，相比33年前增加了1 678倍。期间除了1989年和1990年两个市场疲软的特殊年份为负增长外，其他年份均保持较高的增长速度，尤其是从2002年开始，每年稳定增长30%左右。另一方面，民间投资占总投资的比重由1979年的18%增加到2012年的68.76%，表明民间投资已经取代政府投资，成为我国社会投资的主导力量。

2. 周期性波动

在不同经济社会发展阶段，我国民间投资的增长率呈周期性波动，且波动趋势与宏观经济基本一致，只是波幅大一些。如图3－2所示，当经济增长率上升时，民间投资增长率随之更大幅度地上升；当经济增长率下降时，民间投资增长率随之更大幅度地下降。这说明我国的民间投资还不够成熟，短视行为明显，具有内在的不稳定性。当经济处于上行区间时，经常出现民间资本“盲目跟风”的现象，一拥而上，以致引起社会投资的过度增长和经济过热；当经济处于下行区间时，民间投资信心锐减，投资意愿不足，使得社会总投资骤然缩水，加速经济的衰退。

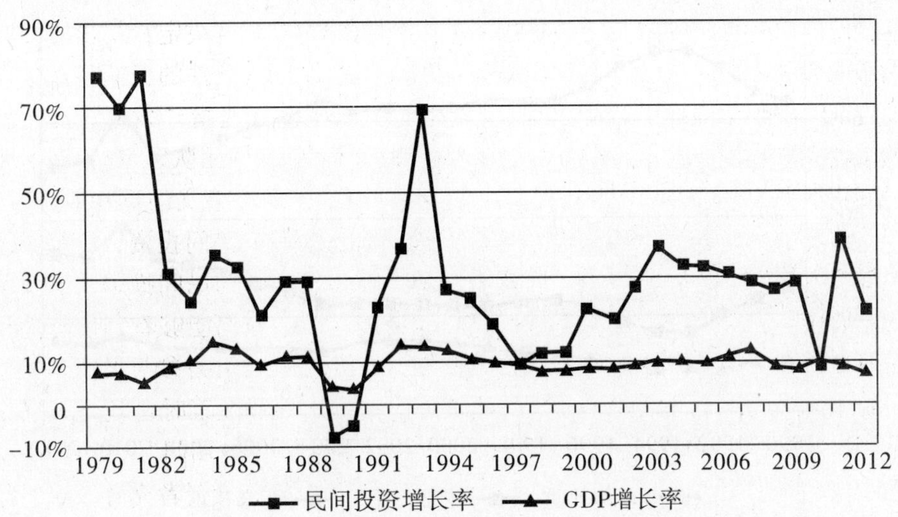

图 3-2 1979—2012 年我国民间投资和 GDP 增长率的变动趋势①

3. 地区发展不平衡②

从图 3-3 中可以看出，尽管近年来我国中、西部地区的民间投资有所发展，但与东部地区的差距仍然很大，地区发展协调性不足。以 2009 年以例，我国东部地区的民间投资比重为 53.12%，而中、西部地区的相应比重仅为 32.42% 和 14.42%。中、西部地区民间投资的相对发展滞后已为不争的事实。这与中、西部地区的地理、政治、现有经济社会状况、投资环境有必然的联系。长此以往，不仅会加剧区域经济发展的不平衡，还会造成民间投资在东部地区大量积压和冗余、在中、西部极度匮乏的局面，不利于资源的优化配置。

① 原始数据见表 3-2。

② 民间投资的地区差异与经济发展水平的地区差异密切相关。经济越发达（落后），民间资本越充足（缺乏），民间投资就越活跃（低迷），所占的比重也就越大（小）。

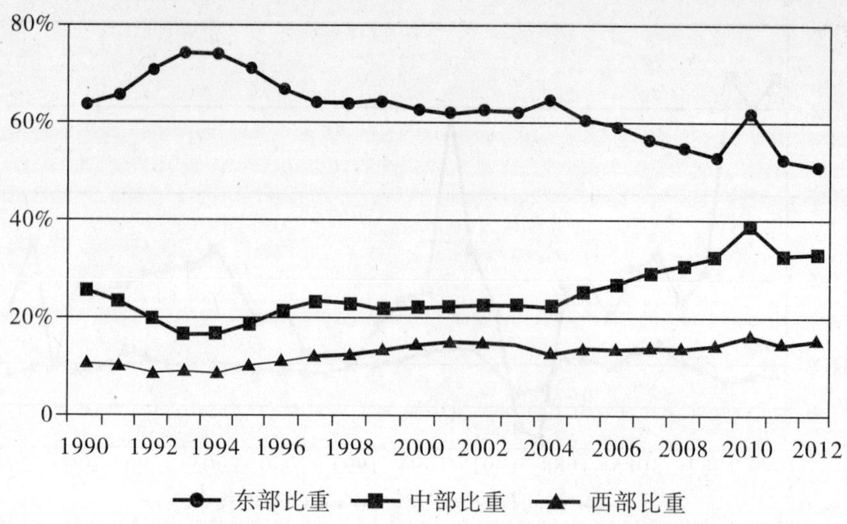

图3－3　1990—2012年我国东、中、西部地区民间投资占全国民间投资的比重①

4. 产业结构分布不合理

例如2008年，我国三个产业的民间投资比重分别为1.57%、84.62%和13.81%，投资比例严重失调（见图3－4）。民间资本过分集中于制造业(41.83%)和房地产业(36.11%)等传统行业，而在金融业、信息传输、计算机服务和软件业等新兴行业的投资比重偏低。原因有二：其一，我国的民间资本较为分散，由于缺少可靠的集聚平台，民间资本大多处于游离状态，再加上资金所有者急功近利的心态，他们往往会选择进入那些规模小、见效快、周期短、技术门槛低的行业。其二，由于制度壁垒的阻挡，民间的投资选择不多。据统计，2009年浙江省民间资本高达5 000亿元，其中70%以上因缺乏市场准入通道而不得不滞留在银行或居民个人手中（东莞时报，2010－12－13）。

① 图中数据详见附表4。

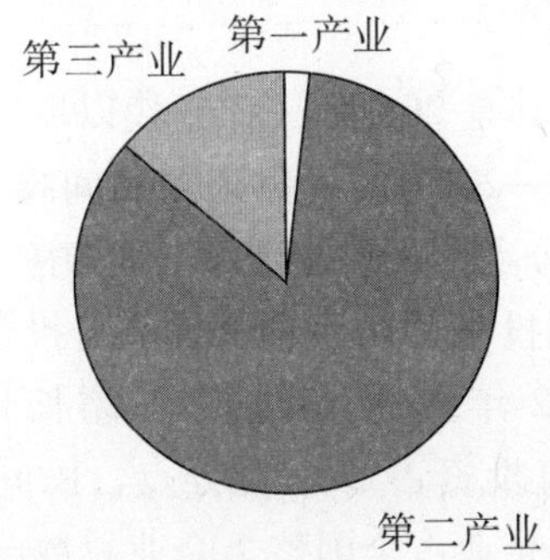

图 3-4　2008 年我国民间投资的产业分布

5. 行业结构分布不合理，大量集中于虚拟经济

根据鲁兰桂等（2012）的定义，虚拟经济是指利用某一实物载体进行的纯资本交易，导致该商品价值虚增的泡沫经济——市场价格与其自身内在价值严重分离。其本质是虚拟资本纯粹地以增值为目的（以钱生钱，赚取价差）而进行的独立化运动的权益交易，并不产生任何额外的社会产品。实体经济，是指物质资料生产、销售以及直接为此提供劳务所形成的经济活动，可以创造出更多的产品或服务。在目前我国经济中，房地产市场是“泡沫化”较为严重的行业。但据各地方统计局公布的数据，2013 年北京民间投资中有 75.9% 投向房地产业，2014 年 1 月至 4 月海南民间投资有 96.8% 投向房地产业，这一现象由来已久。相比利润“比纸还薄”的实体经济，民间资本更青睐于以“炒”为主的虚拟经济，除了房地产，还有股票、黄金、大蒜、茶叶等，这部分“炒资”成了市场的“搅局者”。

6. 资金自给

我国民间投资具有明显的“内源性”，投资资金基本来自自身储蓄或筹集。造成这一现象的原因在于金融市场对民间投资的支持力度不够。由于缺乏抵押、信誉较低、信贷歧视等原因，民营企业难以从商业银行贷款；由于规模较小、政策限制等原因，民营企业也无法通过股市融资。据有关资料显示，1997—2001 年，我国金融机构的所有贷款中只有不到 10% 是提供给民间投资者的；2010 年，我国民间投资的资金来源中，自筹资金占 80%。

3.2.3　我国民间投资的经济贡献

改革开放以来，我国民间投资在发展国民经济、促进就业再就业、优化经济结构等方面，发挥着越来越重要的作用，成为构造市场主体、促进社会稳定的基础力量之一。

1. 推动经济增长

自改革开放以来，尤其是20世纪90年代以后，民间投资对我国经济发展的作用不断加强。1979—2009年，我国的民间投资年均增长30.19%，比政府投资高出近14个百分点，在目前GDP构成中，民营经济高达75%，国有经济下降至25%，民间投资正在逐步取代政府投资成为经济发展的主力军（虞浩，2009）。再以2002年为例，我国经济增长8%，社会总投资贡献了3.77个百分点，其中政府投资占2个百分点，民间投资占1.77个百分点。2013年，非公有制经济的企业占全国整个企业总数已经达到了82%，它们对我国GDP的贡献率已经达到了60%（周伯华，2014）。随着市场体制的健全和民间投资的日益壮大，我国国民经济对民间投资的依赖将不断加大。图3-5显示，从改革开放至今20多年间，我国GDP对民间投资的弹性基本保持在（0，1）区间之内，表明民间投资每增加1%，会带来0~1%的经济增长。

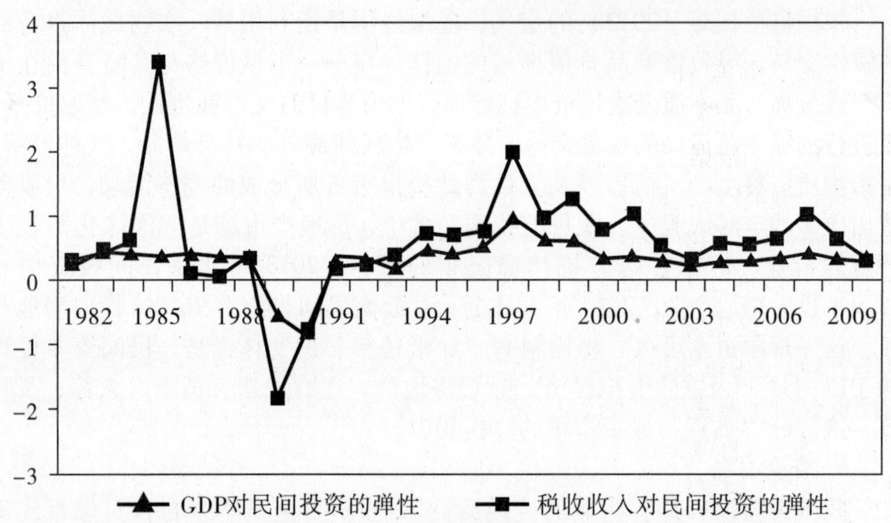

图3-5　1982—2009年我国GDP和税收收入对民间投资的弹性

数据来源：根据《中国统计年鉴》计算而得。

2. 创造就业

在我国，技术密集型产业往往被政府投资所垄断，民间投资大多面向劳动密集型产业。所以，相比政府投资，民间投资能够创造更多的就业岗位，对劳动力的吸储能力更强。事实也证明了，民间投资已经成为我国增加社会就业的重要渠道。而且随着社会经济的发展，民间投资的就业效应会越来越显著。如表3-3所示，从1998年到2009年，民间投资创造的社会就业比例从24.02%增加到33.62%，增长势头良好。另据统计，2013年80%的城镇就业和90%的新增就业均由非公有制经济提供（周伯华，2014）。随着国有部门职工的日益饱和以及国家就业政策的引导，私有部门将是未来就业的主要增长点。

表3-3 1998—2009年我国民间投资职工人数占社会职工总数的比例

年份	1998	1999	2000	2001	2002	2003
比例（%）	24.02	24.22	24.58	25.38	27.59	29.08
年份	2004	2005	2006	2007	2008	2009
比例（%）	29.87	31.62	32.70	33.02	33.35	33.62

资料来源：根据《中国统计年鉴2010》整理得到。

注：民间投资职工人数=社会职工总数-国有经济职工人数-外商和港澳台经济职工人数。

3. *增加税收*

民间投资的发展培育出越来越多的税源，扩大了税基，增加了各级政府的财政收入。根据全国工商联最新公布的2010—2011年度"中国民营经济发展形势分析报告"，2009年，我国个体私营企业的税收贡献总额和国有企业基本持平；到了2010年，个体私营企业完成税收总额超过1.1万亿元，较2005年上升172.4%，年均增速达22.2%，远远高于国有企业上缴税金的增长率(8.1%)[①]。另据统计，2013年非公有制经济缴纳了69%的全国税收（周伯华，2014），可见非公有制经济（个体经济、私营经济和外资经济）已经成为我国税收的主要来源。从图3-5中可以看出，自1982年以来，我国税收对民间投资的弹性基本保持在（0，1）区间内，说明民间投资每增加1%，会引起税收增加0~1%。

3.2.4 我国民间投资的发展障碍

据统计资料显示，2011年，我国城乡居民储蓄逼近10万亿元，加上居民手持现金、外汇、债券等，实际民间金融存量不下14万亿元，可见我国的民间投资还有很大的发展空间。然而，如罗长远和赵红军（2003）所说，一个社会在经济增长过程中，政府追求"剩余"最大化会使不同实力的投资主体产生分离，其中强势的投资主体所面临的投资环境质量符合社会最优水平，其投资需求得到了充分满足，而其他投资主体所面临的投资环境质量均被扭

① 刘斌．在出口方面国企已基本被边缘化．南方都市报，2011-02-15.

曲，且低于社会最优水平，其投资需求受到不同程度的抑制。显然，我国的民间投资处于相对弱势地位。就目前来说，仍然存在一些因素，阻碍我国民间投资的进一步发展。除宏观经济环境变化的影响外，主要有以下几个方面：

1. 市场准入门槛过高，民间投资领域受限

目前我国的民间投资在各个领域仍然面临着“铁门”、“玻璃门”、“弹簧门”等形形色色的障碍，对民间投资的歧视和限制现象依然十分严重，主要表现为四个方面：一是某些行业表面上向民间资本开放，而实际上已处于国有企业垄断竞争或寡头垄断的状态，新资的跟进必然会遭受一系列的不公平竞争，如铁路、邮政、石化等行业。二是有些领域进入条件十分苛刻，一般的民间资本根本无法满足要求，如各类高新技术产业，对技术、人才、管理等要求过高，致使民间资本望而却步。三是有些行业对外商投资开放，如电信行业，却不对民间投资开放（尚未明确提出）。据白群燕 2004 年估算，我国政府投资领域 80 个，外商投资领域约 60 个，而民间投资准入领域却只有 30 多个，这一数据在 2010 年时增至 41 个。四是对于基础工业、新兴服务业和高科技产业等领域，民间投资本应大有作为，可由于所有制等歧视性准入政策，至今只能成为看客。基于以上原因，我国大量的民间资本只能拥挤于少数产能过剩的传统行业，造成民间投资的低水平重复建设和无序的恶性竞争，从而导致投资效益低下和资源配置无效。

2. 政策法规不完善，执行效果偏差大，民间投资无法享受国民待遇

在相关政策的具体落实中，民间投资仍然受到各种不公平待遇。其一，政府审批程序繁杂，服务不到位。在某些地方和部门，传统计划经济的体制性、机制性障碍至今还没有消除，手续烦琐、关卡多、效率低、费时长，变相阻碍了民间投资的发展。其二，与国有企业相比，民间投资企业在税负方面受到不公平待遇，面临着双重征税，除了缴纳税率为 33% 的企业所得税外，税后利润还要缴纳 20% 的个人所得税；一些税收优惠政策更是直接将民营企业排除在外。此外，乱收费的现象也极为严重，收费名目繁多，大大增加了民间投资的成本，打击了民间投资的积极性。其三，投融资宏观调控体系不完善，未能及时有效调控和引导社会投资活动，政府部门职能交叉、政出多门的现象仍然存在，这些都不利于形成公开、公平、有序的投资市场秩序。其四，投资服务体系不完善。目前我国政府对民间投资是监管多、服务少，尤其缺乏有针对性的投资信息指导，加上社会化信息咨询和财会管理等中介组织也不发达，无形中加大了民间投资的风险。

3. 金融体系不健全，融资渠道不畅

民间投资最常碰到的问题是资金不足和无处融资（“有心无力”）。民营企业在向银行申请贷款时总会受到“规模歧视”和“所有制歧视”，与中小

企业发展相配套的多层次资本市场体系也不完善，因此，我国民间投资的融资成本相对较高，很难通过正规的金融渠道融通资金，其资金来源基本上只能依靠自身积累，这极大地抑制了民间投资的积极性。近年来，各大银行更是强化了贷款的风险约束机制。而民营企业又大多规模较小、经营年限短、抵押能力低、监管难度大、信用水平差、产业层次低，商业银行运作的谨慎性和民营企业的特殊性的矛盾，势必使民营企业的贷款融资难上加难，出现了民间投资有项目无钱的怪现象。据中央政策研究室统计显示，在2009年上半年7.37万亿元的贷款中，小企业贷款仅占贷款总额的8.5%。由此可见，我国金融市场对民间投资的信贷支持十分有限。

4. 劳动力资源不足，人力资本严重匮乏

比较表3-2和表3-3可知，1998—2009年，我国民间投资总额占社会总投资的比重一直高于民间投资职工人数占社会职工总数的比重，而且这一差额十分明显。如2009年，民间投资总额的比重为63.71%，而其职工比重仅仅为33.62%，两者相差30.09个百分点，这一反差体现出我国民间投资日益膨胀的规模与其所拥有人力资本的不对称性。民间资本多分布于劳动密集型的一般竞争性行业，尤其是制造业，这些领域往往需要大量的劳动力资源。政府投资所涉及的基建、能源、通讯、铁路等领域具有典型的垄断性特征。根据微观经济学的要素需求理论，当产品市场为非竞争性、要素市场为竞争性时，厂商对劳动力的需求要低于产品市场和要素市场均为竞争性的情况。因此，政府投资的劳动力需求低于民间投资的劳动力需求。但是，现实中的劳动力供给与需求并不匹配。求职者竞相涌入待遇丰厚、安全稳定的国有企业，导致民间资本劳动力资源的相对不足和国有资本劳动力资源的相对过剩，长此以往，势必影响民间投资的进一步发展。

5. 自身素质较低

民间投资者的自身观念、管理方式、投资决策、产业定位等方面存在问题，制约着民间资本的成长。其一，民间投资者普遍存在一种观念障碍，认为“小富即安”，对风险的厌恶程度较高，一旦取得一些眼前利益就裹足不前，缺乏进一步的投资冲动。其二，民间投资者一般缺乏现代的资本运营知识和科学的投资理论，往往单凭自身的投机思想或者干脆是随波逐流（“跟风”），做出一些不合时宜的投资决策，无法应对复杂的国内外市场变化。例如，目前的民间资本大多投向初级产品加工等短期效益显著的领域，而对新兴高科技领域的投入太少。其三，一些民间资本在发展到一定规模时，仍然延续资本积累初期的个体业主制、家庭制、合伙制等管理模式，从而引发一系列问题，譬如产权不明晰、经营权与所有权混合等，严重制约民间资本的扩张。其四，大部分的民营企业缺乏自主创新意识和品牌意识，在技术上崇尚

"拿来主义"，在产品上同质化严重，企业核心竞争力低下，因而很难在激烈的市场竞争中立足。其五，有些民营企业的生产经营不稳定、财务体系不健全、内控机制不完善，缺乏信用意识，经常出现以各种理由拖延或逃避银行债务的情况，且常常采取不正当竞争手段，违约纠纷屡见不鲜，以致其在银行的资信评级不高（李树中等，2005）。

3.3 小 结

第 3.1 节介绍了我国政府投资的演变进程。计划经济时期，我国的政府投资处于萌芽阶段，只是单纯的财政预算内的投资，体制上存在明显弊端，对经济的作用也十分有限，但是这在当时特定的历时条件下是情有可原的。从表 3－1 中可以看出，当时政府投资规模相对较小，最高的年份（1978）也仅仅为 668.72 亿元，而且增长率也处于不断的波动之中。但是，政府投资在社会总投资中占主导地位，比重保持在 82% 的水平之上。在计划经济向市场经济的转轨时期，我国的市场经济建设发生了很大变化，政府投资不再一枝独秀，而是部分退出并让位于外资和民资，有效地调动各方面资源为社会经济服务，促进了经济快速增长和综合国力增强。表 3－1 显示，政府投资规模从 1979 年的 699.36 亿元增加到 1997 年的 13 091.7 亿元，增加了 18 倍，然而政府投资在社会投资中的比重却一路下滑，到 1997 年时仅为 52.49%，由此，政府投资在国民经济中的地位开始动摇。自 1998 年以来，随着市场经济体制的逐步确立，我国政府投资得到不断的完善，政府投资与宏观经济的互动性显著增强，尤其是短期内拉动经济增长的作用得到充分体现。如表 3－1 所示，政府投资的规模不断上升，比重却继续下降，从 1998 年的 54.11% 到 2009 年的 29.21%，意味着在社会总投资的结构中，政府投资的占比优势已然不再。此外，由于相关制度尚未成熟，旧的制度仍然继续产生作用，由此暴露出不少问题，制约着政府投资的职能发挥，需要我们在下一步的政府投资改革中引起重视。

第 3.2 节描述了我国民间投资的基本情况。在改革开放之前，我国的民间投资处于受压制状态，其发展规模十分狭小。而自 1979 年后，民间投资突飞猛进，在国民经济中的作用不断增强。如表 3－2 所示，从 1979 年到 2009 年，我国民间投资的规模由 153.518 亿元增加到 139 418.5 亿元，在总投资中的比重由 18% 上升到 63.71%。其中，政策环境的改善是一个重要因素。近 30 年来，为了促进社会主义市场经济的发展，我国政府进行了大刀阔斧的经济体制改革，出台了一系列具有突破性意义的政策和法规，逐步放宽了对非公有制经济的限制。这使民间投资得到了难得的发展契机，民营企业如雨后春笋般不断涌现。但是，在民间投资飞速发展的同时，也存在一些问题。民间投资虽然得到松绑，在国民经济中的地位显著提升，但其在准入、税费、融资、服务等方面的待遇仍难与政府投资平起平坐。这导致民间资本在与国有资本的竞争中处于劣势，常会受到排挤；也使得民间投资的发展十分畸形，出现地区发展差异化、产业结构失衡、资金来源单一等不成熟特征。总而言之，我国民间投资正面临着或主观或客观、或内部或外部的种种障碍性因素，这些因素在将来很长一段时间内会继续存在，影响民间投资的长远发展。因此，破除障碍、调动民资，是当前我国经济改革中的一项重要课题。

综上所述，我国向市场经济转轨的过程，总体上是一个在营利性资本领域"民进国退"的市场化过程，政府投资和民间投资"换位"发展，不仅实现了不同类型资本的有机结合，共同作用于我国经济发展，而且还实现了投资职能分配的合理化，促使社会资源的相对有效配置。总体来说，政府投资的规模扩大和比重下降同时发生，其在国民经济中已处于从属和服务地位，尽管如此，政府投资对国民经济的短期效用仍然十分显著。民间投资的规模和比重均不断增加，而且大有继续上涨之势，可以说在未来几十年，民间投资将是我国整个国民经济持续快速增长的主要支撑力量。

导读资料：民间投资，路在何方

2010上半年，房地产市场从一度的"过热"转而进入"去泡沫化"。和房价一样，一跌再跌的股市也失去了高投资高回报的想象空间。民间投资路在何方?

1. "新36条"能为民资打开多大空间

【案例】宁波雅戈尔负责人曾发出感叹：由于企业大量资金难以涉足电信、石油等垄断行业，不得不把资金集中投向房地产市场，在客观上推动了房价的高涨。宁波申江控股负责人则反映，民间资本即使能与国有资本进入同一个领域，也无法与国有资本享受同等待遇。浙江省工商联针对近800家企业的调查显示，已经进入垄断行业、基础设施领域及公用事业领域的企业还不到10%，行业垄断的后果是民间资本只能在充分竞争领域内打转，民间投资受到很大的限制。国家出台"新36条"，能否为四处碰壁的民资打开一扇大门?

【专家观点】金雪军分析，"新36条"肯定是为民资提供了一个新的投资方向，但只是方向之一，民资恐怕仍然很难大规模进入垄断行业，垄断行业也很难成为下半年民资的主流方向。周冠鑫分析，虽然"新36条"已经明确提到鼓励一些垄断行业对民资开放，但是种种现实的困境却是一道"无形的枷锁"，比如规模门槛、回报周期等问题。

2. 民间投资能否接棒"国家队"

【案例】温州老板史冰欧最早从创办实业起家，他经营的浙江牛三角鞋业有限公司，年产值达到2亿元。但是在企业走稳之后，完成原始资本积累的他不想继续扩大实业投资，而打算将手上多余的资金用于其他投资。然而由于经济形势复杂多变，他对投资领域变得迷惘，最终采取了观望。"观望气氛浓郁"的民间投资，能够取代国家投资，成为下一轮经济增长的主要驱动力吗？

【专家观点】王美福指出，背后的现实并不是企业不愿意转型，也不是没钱可投，而是他们不知道往哪里转型、不知道钱该往哪里投。金雪军分析，政府正是因为认识到重拾民间投资信心的重要性，故而采取一系列措施，包括出台"新36条"，增加上市公司的扩容速度以及大力发展股权投资等，都是引导民间投资投向实业的尝试。专家们基本达成的共识是，民间资金必须改变原来"小而散"的局面，转而聚合起来进行规模化投资，"炒"时代正在慢慢过去。

资料来源：夏芬娟．民间投资，路在何方．浙江日报，2010－07－13.

第4章

政府投资和民间投资关系的理论分析

政府投资和民间投资的关系如何，是本研究的核心问题。本章将从理论的角度进行总结，剖析政府投资和民间投资之间的内在影响机制，并对该机制的产生机理进行推导和演绎，为之后我国政府投资和民间投资关系的实证分析提供理论依据。

4.1 政府投资和民间投资的关系

现代经济中，民间投资是社会投资的主体，经济发展主要来源于私人部门，但是，政府投资对经济增长同样发挥着不可替代的作用。一国经济的发展，必定是政府投资与民间投资共同作用的结果。因此，在政府投资、民间投资和经济增长的三角关系中，政府投资和民间投资的关系尤为重要，从根本上决定着经济的发展。两者作为经济社会中两种不同类型的投资，相互之间有着千丝万缕的联系。

1. 政府投资是民间投资的基础，是民间投资得以健康发展的必要条件

首先，政府投资为民间投资创造了最基本的生存条件，如国防安全、社会治安、生态环境等。如果政府不能提供这些方面的基本保障，民间投资就很难发展起来。其次，政府投资为民间投资的发展配备各种辅助要素，为民营企业的生产提供便利，甚至可以提高民间资本的边际生产率，如道路、港口、铁路、机场等交通条件，矿产、石油、水电等能源条件，人才、技术等生产要素，这些要素的生产具有外部性和规模经济的特征，经常要由政府投资来完成。最后，政府对民间投资实施的税费减免等优惠政策，也可视为一种间接性的政府投资，其本质是政府主体对民间主体的“让利”，目的在于激活民间资本。有不少学者都将其列为广义政府投资的范畴。综上所述，民间投资的发展水平在很大程度上取决于政府投资的力度。现实中，政府投资生产的公共产品数量往往是民间投资决策时考虑的一个重要指标。

2. 在现代市场经济中，以民间投资为主，政府投资为辅，民间投资是政府投资的目标和归宿

首先，政府投资只是局部的、有限的，它不可能完全取代民间投资（“政府失灵”）。一个只有政府投资、没有民间投资的经济社会，是无法正常发展的。我国在改革开放之前长达30年的经济实践便是例证。在一个成熟市场经济中，民间投资应在社会投资中占主导地位，政府投资只充当“配角”，起着补缺补漏的作用。其次，政府资本和民间资本之间的配合方式日益多样化，出现了公营企业部分私有化、股份化和基础设施特许经营权转让（如BOT、BOO、BOOT等）等方式，民间资本逐步渗透到新领域，极大地弥补了政府资金的不足。从这个意义上说，民间投资扩展和补充了政府投资，两者相得益彰。最后，政府进行投资活动，不是为了一己之私或是某个群体的利益，而是带有经济发展、国民福利等整体性战略目标，最终会对民间投资产生积极影响（通过增加国民财富、改善投资环境等）。因此民间投资是政府投资的目标和归宿。

由此看来，政府投资和民间投资并不是互替的，而是互补的。只有同时发挥政府投资和民间投资的作用，才能保持总投资水平的稳定，实现经济资源的有效配置。当民间投资意愿不足时，政府投资的扩张可以稳定社会总投资；当政府投资能力受限时，调动民间投资可以填补社会总投资的缺口，如图4-1所示。横坐标是民间投资 PI，纵坐标是政府投资 GI，产出曲线 O 是凸的。要实现社会总产出 O_1，可以有三种资本组合：（PI_1，GI_1）、（PI_2，0）、（0，GI_2）。很显然，$PI_2 > PI_1 + GI_1$ 且 $GI_2 > PI_1 + GI_1$，资本组合（PI_1，GI_1）是最有效率的投资方式。政府投资和民间投资的有机结合，能够以较少的社会资本成本实现既定的社会产出，既节省了社会资本，也提高了社会投资的宏观经济效益。

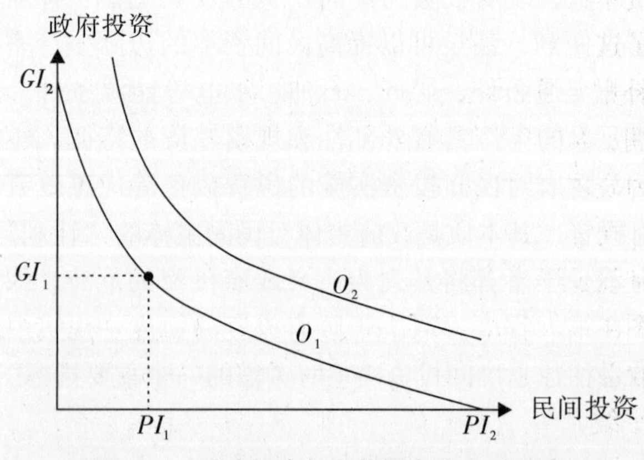

图4-1　政府投资与民间投资的互补关系

4.2 政府投资与民间投资的相互影响

在一个存在不同类型投资主体的国民经济框架内，各个资本投资必定会对自身以外的资本投资产生一定程度的影响，并共同作用于国民经济。政府投资和民间投资同样如此。

4.2.1 政府投资对民间投资的影响

一般而言，政府投资对民间投资可能产生两种影响：一是促进民间投资，产生“挤进效应”，即政府投资对民间投资起着引导和诱发作用，政府投资的增加，能够吸引民间资本的参与，增加社会总资本，最终有利于经济的发展；二是抑制民间投资，产生“挤出效应”，即当政府投资增加时，不但没有带动民间投资相应地增长，反而出现反向的变化，减少了民间投资，从而导致国民经济增长没有达到预期目标。

为了统一口径，本书将以上“挤进效应”和“挤出效应”理解为政府投资对民间投资的净效应。净效应包括两个方面的作用，即替代作用（抑制作用）和引致作用（吸引作用），两者的相对强弱决定了净效应的总体表现形式。当替代作用小于引致作用，则政府投资对民间投资的净效应为“挤进效应”；当替代作用大于引致作用，则政府投资对民间投资表现为“挤出效应”；当替代作用等于引致作用，两者恰好互相抵消，则政府投资对民间投资没有影响。

政府投资对民间投资的引致作用体现在以下三个方面（谷安平，2010）：

（1）政府投资在增加社会总需求的同时也提高了经济供给能力，对民间投资有很强的正外部性：有效地改善民间投资环境，为投资活动提供基本保障；提高民间资本的边际生产能力；增加民间投资者的资源禀赋。不少学者的研究均证明了这一点，如马拴友（2000）。因此，政府投资可视为政府对民间投资的一种补贴。它所产生的正外部性，使民间投资者节约了投资成本，增加了投资利润，从而吸引民间资本进入。例如，政府的教育投资，为民间投资提供了人力资本；政府的研发投资，为民间投资提供了技术资本；政府的行政、国防、司法、警察、环保等投资，为民间投资提供了基本的生存保障；政府的基础设施投资，如水电燃气、公路，为民间投资提供了生产经营上的便利。如图4－2所示（平狄克，2012），横轴表示民间投资的数量，纵轴表示成本和收益。在竞争性市场中，民间投资者面临一条水平的边际收益曲线（价格水平线）和一条向右上方倾斜的边际成本曲线（边际报酬递减）。在初始状态下，民间投资者的利润最大化投资量是 q_1，它由 MC_1 和 MR 的交点决定；政府投资产生的外部性，使民间投资者的边际成本曲线向下平移，从 MC_1 平移到 MC_2，这时利润最大化投资量由 q_1 增加到 q_2，它由 MC_2 和 MR 的交点决定。由此可见，政府投资带来了民间投资的增加。

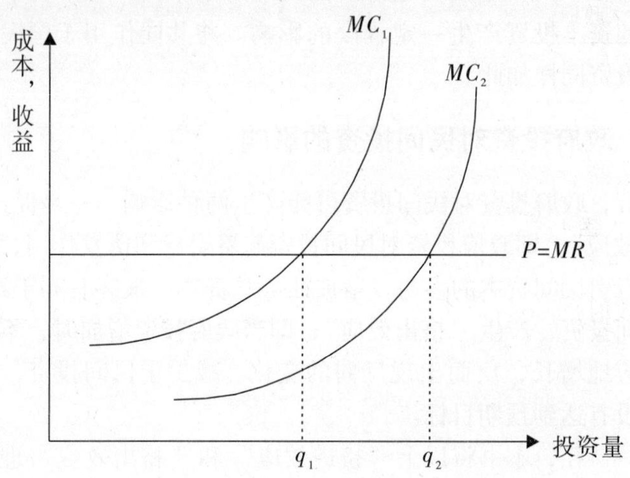

图4－2　竞争性市场条件下政府投资外部性对民间投资的影响

（2）政府投资主要涉及公共领域，如教育、科研、基础设施等，这些行业的投资往往会对同产业链的上游行业（要素产业）、下游行业和邻近产业产生正向的辐射效应，带动这些相关产业一同发展，为民间投资者提供新的有利可图的投资机会，从而刺激民间投资的发展。例如，政府投资修建高速公路，会导致钢材的需求上升，继而为上游行业——钢铁行业带来更多订单；而钢铁行业产量上升，必然也会对它的上游行业——采矿业带来利好。

（3）宏观经济学（曼昆，2010）认为，政府投资是社会总需求的重要组成部分，它的扩张可以促进经济增长。而经济增长意味着国民财富的增加，人们的可支配收入增加，这部分收入可能被用于投资，形成民间资本进而促进经济增长，也有可能被用于消费，进一步扩大有效需求进而促进经济增长。但不管是哪种可能，新的经济增长又带来国民财富的进一步增加……如此循环往复、周而复始，最终表现为政府投资对经济增长和民间投资的乘数效应，具体如图4－3所示。从这一方面来讲，政府投资有利于活跃民间投资行为。

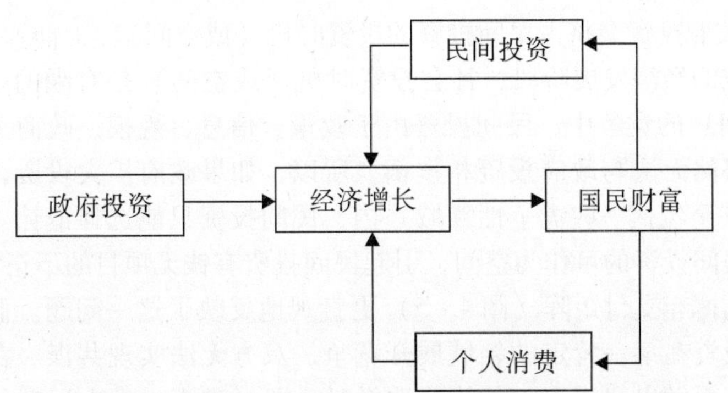

图4－3 政府投资促进经济增长和民间投资的互动循环

将上述政府投资对民间投资三个方面的引致作用总结如图4－4。

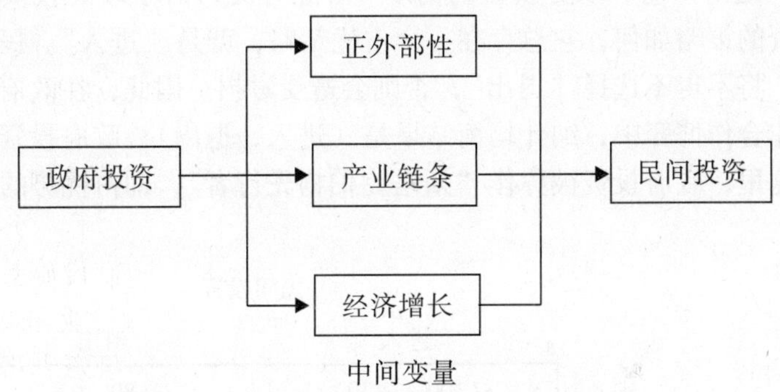

图4－4 政府投资对民间投资的引致作用机制

政府投资也可能从三个方面对民间投资产生替代作用：

（1）政府投资会挤占民间投资的资金。

政府投资的资金来源不外乎税费收入、发放国债、增发货币等渠道。其中，税费是向民间个人或企业强制无偿征收，发放国债是以借贷的方式向民间个人或企业税收筹措资金。不管是哪种渠道，都意味着社会资源从民间投资者向政府的转移，这使政府投资看起来更像是一个能集中社会力量办大事的“人”。为了满足政府投资需求，民间个人和企业的资金以税费或借贷的形式汇集到政府手中并由政府来支配，这是政府投资得以实现的基本条件。而在短期内，经济发展水平是既定的，国民财富总量是相对不变的，因此政府投资占有更大比例的经济资源，必然意味着民间投资者可支配资源的减少，两者是此消彼长的关系。因此，政府投资的扩大就意味着民间财富的缩水。民间投资者的可支配财富一旦减少，其投资需求和消费需求自然也随之下降。

（2）政府投资会挤占民间投资的投资时机（或空间）。

在一定的经济发展阶段，社会投资时机（或空间）是有限的。在投资时机（或空间）的竞争中，民间投资由于政策、信息、规模、政商关系等方面的劣势，必然无法与政府投资相抗衡。所以，如果政府扩大投资，在其涉及的领域（甚至包括一些竞争性领域）内，民间投资只能选择退让。这就极大地限制了民间投资的可作为空间，引起民间投资有钱无项目的不正常现象。

下图的博弈支付矩阵（图4－5）更直观地反映了这一问题。假设民间投资和政府投资在某一特定的领域展开竞争，双方无法实现共谋。在政府投资和民间投资都做出“进入”的策略选择时，即（进入，进入）时，由于双方的竞争力悬殊，政府投资将获得100的期望收益，而民间投资遭受损失20；在（进入，退出）时，政府投资获得80的期望收益，民间投资收益为0；在（退出，进入）时，政府投资收益为0，民间投资获得高达120的期望收益；在（退出，退出）时，双方收益均为0。由此可见，对于政府投资而言，不管民间投资的策略如何，它总存在一个占优策略，就是“进入”。民间投资看到这一点，将不得不选择“退出”，否则会遭受亏损。因此，在政府投资和民间投资的非合作博弈中，纳什均衡结果是（进入，退出），政府投资逐出了民间投资。这里，政府投资被称作“斯塔克伯格先行者”，即占优势的一方。

		民间投资	
		进入	退出
政府投资	进入	（100，－20）	（80，0）
	退出	（0，120）	（0，0）

图4－5 政府投资和民间投资的博弈支付矩阵①

（3）政府投资会增加民间投资的融资成本。

宏观经济学（曼昆，2010）认为，政府可能为了实行积极性财政政策而向社会公众（如企业、居民等）借债，这会增加货币市场上的需求，导致短期内信贷资金的价格——实际利率上升，从而增加民间投资的融资成本，对民间投资产生负面冲击。如图4－6所示（曼昆，2010），在货币余额市场中，实际货币余额供给不受利率影响，因此供给曲线是垂直的；利率是持有货币的成本，利率越高，实际货币余额需求量越少，因此需求曲线是向下倾斜的。均衡利率由供给曲线和需求曲线的交点给出。政府扩大投资，使实际货币余额需求曲线向右平移（$L_1 \rightarrow L_2$），均衡利率从r_1上升至r_2。

① 支付矩阵中的数值只有序数意义，没有基数意义。

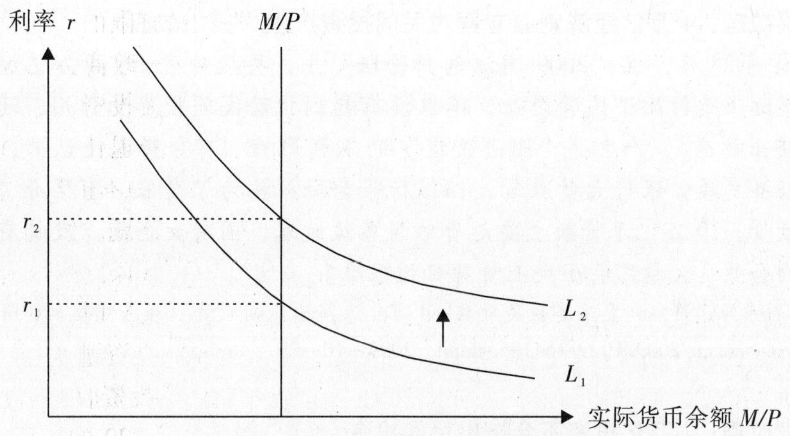

图4－6　流动偏好理论中的货币需求增加

将上述政府投资对民间投资三个方面的替代作用总结如图4－7所示。

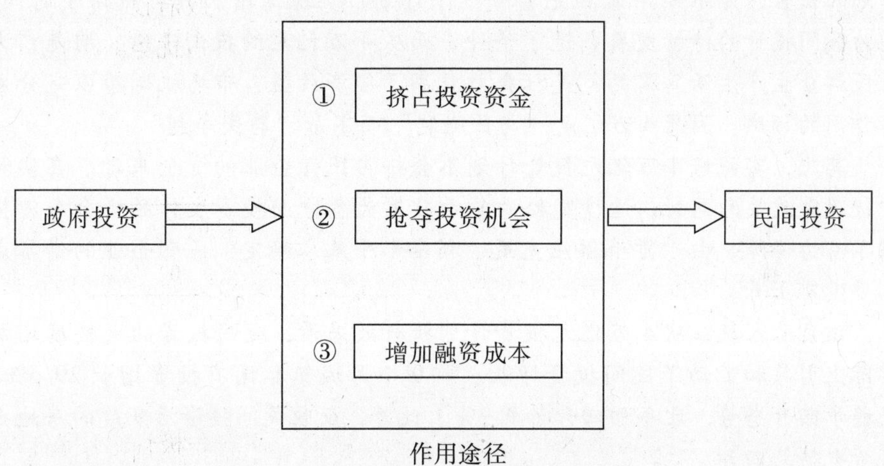

图4－7　政府投资对民间投资的替代作用机制

通常情况下，我们将（3）称为政府投资对民间投资的“间接替代作用”，而将（1）和（2）统称为政府投资对民间投资的“直接替代作用”。

从以上分析可以看出，政府投资对民间投资既可能产生“挤出效应”，也可能产生“挤进效应”。政府投资对民间投资的影响并不是单方面作用的结果，而是引致作用和替代作用同时发生的综合结果。考察政府投资对民间投资的净影响需要比较这两个作用的合力。

导读资料：中国的4万亿投资是“挤进”还是“挤出”民间投资

吴敬琏：4万亿经济刺激方案对民间投资产生“挤出效应”

10月24日，在“2009浦江创新论坛”上，吴敬琏表示，4万亿经济方案，实际上是打压了民营企业，不仅没有起到拉动民间投资的作用，还产生了“挤出效应”，产生了“国进民退”的不利影响。有分析人士认为，为了支撑经济发展，银行大量放贷，但银行等金融机构为了自保，有区分、有类别地放贷。10万亿元贷款主要是贷给了各级政府、国有大企业以及拥有国家项目的企业，大量民营小企业贷款日益艰难。

资料来源：严凯．发改委驳吴敬琏：4万亿未挤出民间投资．经济观察网，http://www.eeo.com.cn/2009/1029/154185.shtml，2009-10-29.

发改委：4万亿投资不会挤出民间投资

据证券时报报道：2009年10月27日，国家发改委有关负责人在记者会上强调，4万亿元投资计划不会对民间投资产生“挤出效应”。

首先，实施好4万亿元投资计划不会挤占民间投资的空间。4万亿元投资计划的出台，为不断丰富和完善一揽子计划、实现保增长目标赢得了时间，也为民间投资的持续发展创造了条件。而从4万亿元的投向来看，均是广大人民群众生产生活急需的，是社会效益高于经济效益、市场机制难以充分发挥作用的领域。因此4万亿是“与民兴利”而不是“与民争利”。

其次，实施好4万亿元投资计划不会挤占民营企业的资金来源。在实施积极财政政策的同时，适度宽松的货币政策为各方面投资主体的资金来源提供了有力保障。由于货币供应充足、利率水平基本稳定，民营企业的借贷成本并没有上升。

该负责人说，从4万亿元投资计划执行效果看，政府投资的大幅度增加实际上引导和带动了民间投资增长。前9个月城镇非国有投资增长29.5%，呈稳步回升态势，比年初回升了9.2%。此外，反映民间投资活跃度的房地产投资也持续回升。

资料来源：周荣祥．发改委：4万亿投资不会挤出民间投资．新华网综合，http://news.xinhuanet.com/fortune/2009-10/28/content_12344084.htm，2009-10-28.

4.2.2 民间投资对政府投资的影响

相比政府投资对民间投资的影响，民间投资对政府投资的影响要弱得多。甚至有不少学者认为，民间投资不会对政府投资产生任何影响，因为在大多数国家，政府投资已经成为一项重要的财政政策工具，其投资决策完全取决于投资主体——政府的主观意志，取决于政府对宏观经济形势的观察和预期，进而决定是否有必要进行政府投资以及投资多大规模，这往往由政治因素所主导（不同政治力量角力的结果），而与民间投资无多大关系。

但是笔者认为，民间投资对政府投资的影响固然有限，但并不代表完全没有。其一，在大多数发达国家，政府投资都被视为民间投资的补充，政府投资的决策几乎都会视民间投资情况而定，以保持社会总投资的稳定，避免经济产生波动。从这个意义上说，民间投资对政府投资有反向作用。在民间资本充足的情况下，政府投资会有所节制；在民间资本懒散的情况下，政府会以投资的方式加大市场干预。当然，这些的前提是政府须是理性的。其二，民间投资促进了民营经济的发展，扩大了税基，增加了政府的财政收入，间接为政府投资提供了资金保障，从这个角度可以认为，民间投资有利于政府投资的扩张。其三，和政府投资一样，民间投资也是社会总需求的重要组成部分，可以通过促进经济增长来间接对政府投资产生正面影响。

总的来说，政府投资对民间投资的影响是不确定的，由引致作用和替代作用这两种对立效应的相对强弱所决定，具体如何有待进一步的研究。此外，由于政府投资决策的机制性、计划性和主观性，民间投资对政府投资的影响微乎其微，很难用市场经济学的原理加以解释，没有多大的研究价值。所以，下文的理论和实证分析将主要针对政府投资对民间投资的影响机制。

4.3 理论模型的应用

本节将利用微观经济学和宏观经济学中的消费者行为理论、厂商理论、改进的IS－LM模型、扩展的AD－AS模型、世代交叠模型（OLG模型）和总量动态最优化模型进行推导和求解，以解释一般意义下政府投资和民间投资的关系，为下文的实证分析提供充分的理论佐证。

4.3.1 最优社会投资结构理论

如前所述，按照主体不同，经济社会中的总投资可以分为政府投资、民间投资和外商投资。社会投资结构，指的是上述三类投资各自占社会总投资的比重。结构会影响总体的效果，同样地，投资结构会影响社会投资的总体经济效应。因此社会投资的结构优化问题，一直是学者们的研究重点。譬如毛加强（2009）等利用数理经济学的动态最优化技术对我国的最优财政支出结构进行理论推导和实证分析。这些研究对本书第7章的结构分析有一定的参考价值。

除了最优控制理论，微观经济学（平狄克，2012）的方法也可用于分析社会投资的最优结构问题。在这里，我们将借用消费者行为理论和厂商理论的研究框架。其中，消费者行为理论研究的是一个正常消费者如何购买由两种商品组成的商品组合来实现效用最大化；厂商理论研究的是一个典型厂商如何使用由两种投入要素组成的要素组合来实现既定产出时的成本最小化。

为了简化分析，假设一个封闭经济，经济中只存在两种投资，即政府投资 GI 和民间投资 PI［忽略外商投资 FI，不会影响模型的有效性，因为模型最终得出的结论将适用于 N（$N>2$）种投资的情形］。将经济体看成一个个消费者：①它“消费”政府投资 GI 和民间投资 PI 两种“商品”，目标是实现社会投资的经济效用最大化，即使政府投资和民间投资组成的“商品组合”（投资组合）为经济发展带来最大的好处。②政府投资和民间投资的“价格 P”是它们各自的单位投资成本（或投资效率），即1单位投资需要耗费的社会资金数量。在投资富有效率的情况下，$P=1$；在投资缺乏效率时，$P>1$。③经济体同样面临预算约束，它用于政府投资和民间投资的总支出必须恰好等于总收入（如果大于，则说明超出预算，存在借贷或透支行为；如果小于，则说明低于预算，有资金闲置或节余。出于简便，这两种情形不在我们的考虑范围之内），其中总收入是经济中所有可用于投资的资金总和（消费后的剩余资金）。

根据消费者行为理论，我们可定义经济体的无差异曲线（U）：能带来相同经济效用的投资组合的集合。它是一条单调递减且凸向原点的曲线，曲线上点的切线斜率绝对值是边际替代率 MRS（$MRS=\Delta PI/\Delta GI$），反映横轴政府投资和纵轴民间投资之间的替代关系。根据上述定义，当沿着无差异曲线从上到下移动时，政府投资增加所引起的经济效用增加量必然等于民间投资减少所引起的经济效用减少量：

$$\Delta GI \cdot MU_{GI} = \Delta PI \cdot MU_{PI} \tag{4-1}$$

根据上式可得：

$$\Delta PI/\Delta GI = MRS = MU_{GI}/MU_{PI} \tag{4-2}$$

其中 MU_{GI}、MU_{PI} 分别是政府投资和民间投资的边际经济效用。

同样地，可定义经济体的投资预算线：在收支相等时，所有可能发生的投资组合的集合。它是一条单调递减的直线，斜率是两种投资的“价格”之比（P_{GI}/P_{PI}），横轴截距和纵轴截距分别是把全部资金交由政府和民间支配所能发生的最大投资数量。

基于上述假设，画出图4-8。图中 A 点是无差异曲线与投资预算线切点，它同时满足两个条件：其一，恰好位于投资预算线上；其二，位于所能达到的最高无差异曲线上。因此在 A 点，经济体这个消费者实现了效用最大化。或者说，在政府投资和民间投资的规模达到（GI^*，PI^*）时，社会投资的经济效用实现最大化，此即为社会投资结构的最优解。由此可以得到社会投资结构最优化的必要条件为：

$$MRS = P_{GI}/P_{PI} \quad (4-3)$$

将（4－2）式代入（4－3）式，可以得到：

$$MU_{GI}/MU_{PI} = P_{GI}/P_{PI} \quad (4-4)$$

上式又可变形为：

$$MU_{GI}/P_{GI} = MU_{PI}/P_{PI} \quad (4-5)$$

（4－3）、（4－4）、（4－5）三式是等价的，都可作为社会投资经济效用最大化的必要条件。其中（4－5）式告诉我们，当额外1元钱用于政府投资和民间投资所能带来的经济效用增加量相等时，即实现了社会投资的经济效用最大化。这在微观经济学中被称为“边际相等原则”，即在 $MU_{GI}/P_{GI} > MU_{PI}/P_{PI}$ 时，应当增加政府投资所占的比重；在 $MU_{GI}/P_{GI} < MU_{PI}/P_{PI}$ 时，应当增加民间投资所占的比重。值得注意的是，“边际相等原则”同样适用于经济体中存在多种类别投资的情形，因此具有很重要的理论意义。

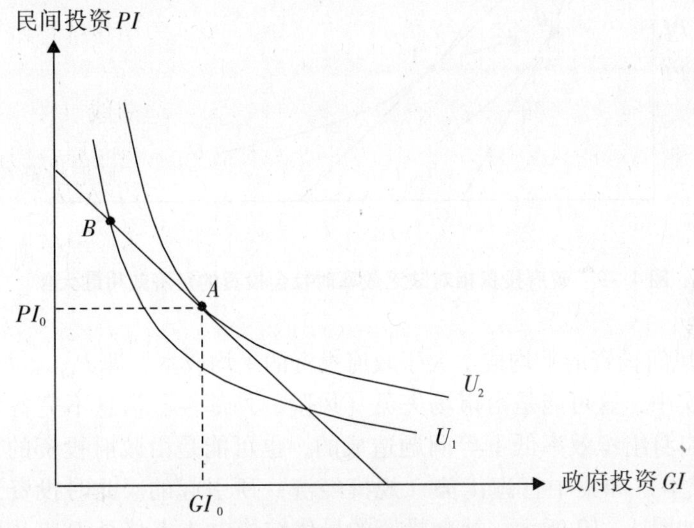

图4－8　社会投资的经济效用最大化

基于上述分析，现在考虑投资“价格”P的三种情形：

（1）政府投资和民间投资的平均成本相等，即 $P_{GI} = P_{PI}$（更为特殊的情形是 $P_{GI} = P_{PI} = 1$，这是社会投资的理想状态）。

此时投资预算线的斜率等于－1，位置如图4－8中所示。经济效用最大化的必要条件（4－5）式变成了 $MU_{GI} = MU_{PI}$，即在政府投资和民间投资的边际经济效用相等时，社会投资结构达到最优。当 $MU_{GI} > MU_{PI}$ 时，应当扩大政府投资；当 $MU_{GI} < MU_{PI}$ 时，政府应当减少投资，转而鼓励民间投资发展。

（2）政府投资的平均成本大于民间投资的平均成本，即 $P_{GI} > P_{PI}$。

在现实中，这可能是由政府投资过程中的管理不善、监督不到位、腐败寻租、资金浪费等非效率因素所引起的，也可能是由民间投资的分散优势（较具独立性和灵活性）所引起的①。此时投资预算线变得陡峭，如图4－9所示，社会投资的最优结构由 A 点移至 C 点。也就是说，要实现经济效用最大化，我们应当压缩政府投资规模同时扩大民间投资。

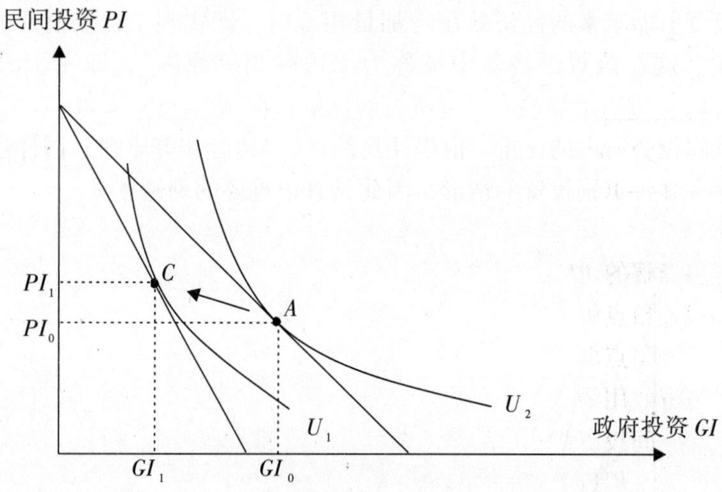

图4－9　政府投资相对缺乏效率时社会投资的经济效用最大化

（3）民间投资的平均成本大于政府投资的平均成本，即 $P_{GI} < P_{PI}$。

在现实中，这可能是由市场失灵（风险、外部性、信息不完备等）以及民间投资自身组织效率低下等问题造成的，也可能是由政府投资的信息优势（低交易成本）和集中管理优势（规模经济）所引起的。此时投资预算线较为平坦，如图4－10所示，社会投资的最优结构由 A 点移至 D 点，即要实现经济效用最大化，我们需要用更多的政府投资来替代民间投资。

① 关于这一点，曾有学者形象地说“民间投资‘身轻如燕’，‘船小好调头’，政府投资是‘大象不能跳舞’”。

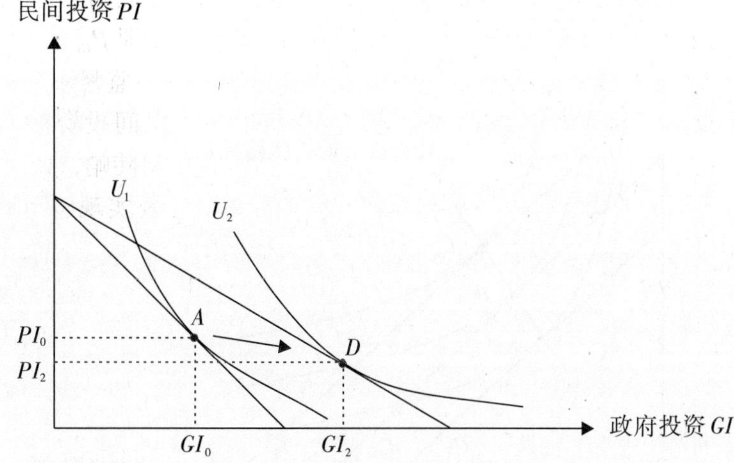

图 4-10　政府投资相对富有效率时社会投资的经济效用最大化

关于角点解的讨论：横轴角点解是指社会投资全部是政府投资，民间投资为零；纵轴角点解是指社会投资全部是民间投资，政府投资为零。在现实经济中，横轴角点解不可能出现。计划经济虽是如此，但从理论上讲，它并没有实现经济效用最大化。纵轴角点解代表了古典经济学派的观点。根据他们的观点，民间投资的边际经济效用远远大于政府投资（$MU_{PI} > MU_{GI}$），无差异曲线极其平坦（MRS 很小，使得 $MRS \leqslant P_{GI}/P_{PI}$），以至于它与投资预算线的切点落在第二象限或纵轴，故而只能选择投资预算线的纵轴截距作为社会投资最优结构。因此他们主张政府退出市场，不进行任何的经济投资行为。但在目前的现实经济中，受凯恩斯主义的影响，纵轴角点解很少出现，各国政府都或多或少地通过投资活动来对经济进行必要的干预。

同样地，厂商理论也可用于社会投资的最优结构问题，即将经济体视为一个厂商，它使用政府投资和民间投资两种要素，以实现既定产出水平下的成本最小化。换句话说，政府投资和民间投资应当保持怎样的比例，才能以最小的经济成本（投资成本）获得既定产出。结论与消费者行为理论相似，在等产出线 Y 和等成本线 C 的切点处，社会投资结构是最优的，如图 4-11 所示，要生产出 Y_1，最节约（或最有效）的投资组合是 A。同理，生产 Y_2、Y_3 的经济成本最小化投资组合分别是 B、C。把与 A、B、C 相类似的所有切点连成一条线，称之为“社会投资结构的动态最优路径（扩张路径 L）”，它描述了社会投资的最优结构如何随着经济的发展而变化。

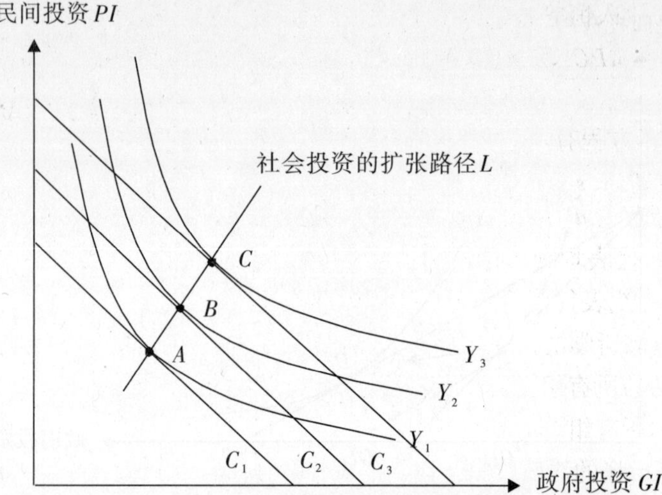

图 4-11 社会投资的经济成本最小化及其扩张路径

4.3.2 改进的 IS-LM 模型

政府投资对民间投资的影响机制主要体现在标准的 IS-LM 模型中。IS-LM 模型以利率作为中间传导变量，通过分析物品和劳务市场与实际货币余额市场的一般均衡，总结出经济由于政府投资冲击而转向新均衡时利率的变化规律，借以分析政府投资对民间投资的短期效应。

借鉴贾明琪、李贺男（2009）的观点。假设存在一个封闭经济，设 Y 为经济产出或国民收入，C 为自发消费量，MPC 是边际消费倾向，I ①为民间投资，T 为税收，Z 为政府转移支付，r 为利率，f 为自发投资，e 为投资支出的利率弹性，t 为边际税率。

再设 G 为政府支出，参照 Goldsmith（2008）的研究，将政府支出分为政府投资性支出 G_i 和政府消费性支出 G_c，$G = G_c + G_i$。需要说明的是，为使理论模型不失一般性，G_i 指代以政府为主体的所有投资活动，即政府投资②。将政府消费性支出设为常量，那么政府投资的变化反映了政府支出 G 的总变化，即 $\Delta G_i = \Delta G$。根据宏观经济学原理（曼昆，2010），我们直接将 IS 曲线与 LM 曲线的方程写为以下形式：

---

① I 一般指代经济当中所有的非政府投资，如民间投资、外商投资等，但是由于我们假设经济是封闭的，外商投资忽略不计，故而这里的 I 单指民间投资。

② 根据本书第 2 章的定义，在西方国家中，政府投资等价于财政投资，而在我国，政府投资包含财政投资。为了使模型结论适用于各个国家，理论部分均将 G 定义成政府支出，而不是财政支出；相应地，将 G_1 定义为政府投资，而不是财政投资。下同。

由国民收入恒等式可得出 IS 曲线方程：

$$r = \frac{C + MPC(Z - T_0) + f + G_0}{e} - \frac{1 - MPC(1 - t)}{e}Y \tag{4-6}$$

LM 曲线方程有：

$$r = -\frac{M}{nP} + \frac{s}{n}Y \tag{4-7}$$

其中 M 代表均衡时的货币余额水平，P 代表物价水平，s 代表货币需求的收入弹性，n 代表货币需求的利率弹性。

根据我们所学的知识，IS 曲线给出了与物品市场均衡相一致的利率 r 和收入水平 Y 的所有组合，LM 曲线给出了与货币市场均衡相一致的利率 r 和收入水平 Y 的所有组合。两者交点为均衡点，如图 4－12 中的点 $E_1\ (Y_1, r_1)$，它既满足物品市场的均衡条件又满足货币市场均衡条件。将（4－6）式和（4－7）式联立方程组，可求解得出均衡的利率水平 r 为：

$$r = \frac{s[C + MPC(Z - T_0) + f + G_0]}{se + n[1 - MPC(1 - t)]} - \frac{M[1 - MPC(1 - t)]}{sePP + n[1 - MPC(1 - t)]P} \tag{4-8}$$

如前所述，政府若扩大投资，政府支出也随之增加，两者增加额相等，即 $\Delta G = \Delta G_i$。那么，由（4－8）式可得[①]：

$$\Delta r = \frac{s}{se + n[1 - MPC(1 - t)]}\Delta G = \frac{1}{e + \frac{n[1 - MPC(1 - t)]}{s}}\Delta G_i \tag{4-9}$$

又因为利率 r 代表着民间投资 I 的实际成本，从而决定着民间投资额，两者呈负相关关系：利率越高，民间投资越低迷；利率越低，民间投资越高涨。故而民间投资可以表述成以 r 为自变量的函数，如下所示：

$$I = I(r) = f - er \tag{4-10}$$

将（4－10）代入（4－9）式可得：

$$\Delta I = -e\,\Delta r = \alpha \Delta G_i \tag{4-11}$$

其中 $\alpha = -\dfrac{1}{1 + \dfrac{n[1 - MPC(1 - t)]}{se}}$

在（4－11）式中，ΔI 是 ΔG_i 的函数，表明政府投资的变化会引起民间投资产生变化。很明显，斜率 $\alpha < 0$，说明额外的政府投资会对民间投资产生“挤出效应”，每增加 1 单位的政府投资，就会“挤出” $|\alpha|$ 单位的民间投资。故而，我们一般将 α 称为政府投资对民间投资的“挤出效应乘数”（贾明琪、李贺男，2009）。

① 具体的计算方法，可参考贾明琪、李贺男（2009）。

以上 IS – LM 模型所描述的政府投资对民间投资的“挤出效应”，正是上一节所提到的政府投资通过影响实际利率而对民间投资产生的“间接替代作用”。我们可以通过画图进行更直观的了解。如图 4 – 12 所示，经济最初在 IS_1 和 LM 的交点 E_1 达到均衡，均衡利率为 r_1，均衡产出为 Y_1。随着政府实行扩张性的财政政策，增加政府投资，IS_1 曲线向右上方移动至 IS_2，LM 曲线保持不变，经济在 E_2 达到新的均衡，对应的均衡利率和产出分别为 r_2 和 Y_2。在这一变化过程中，$Y_3 - Y_1$ 为政府投资增加所引起的经济产出增加额，$Y_2 - Y_1$ 为经济产出的实际增加额，两者的差额 $(Y_3 - Y_1) - (Y_2 - Y_1) = Y_3 - Y_2$ 即是政府投资“挤出效应”所造成的无谓损失。

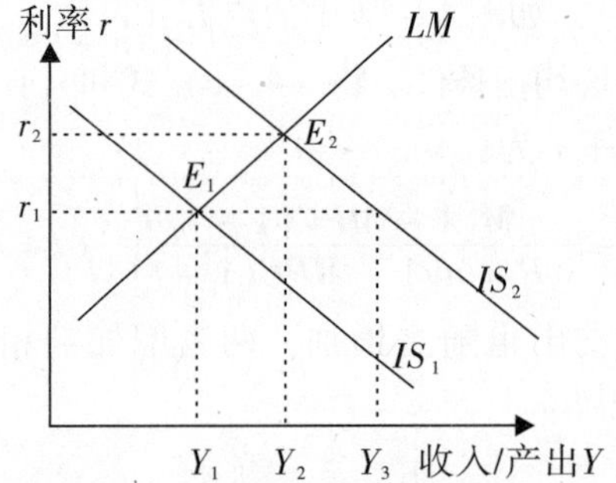

图 4 – 12 当经济必须处于古典区域与流动性陷阱区域之间且货币总供给保持不变时，政府投资的增加对利率的影响

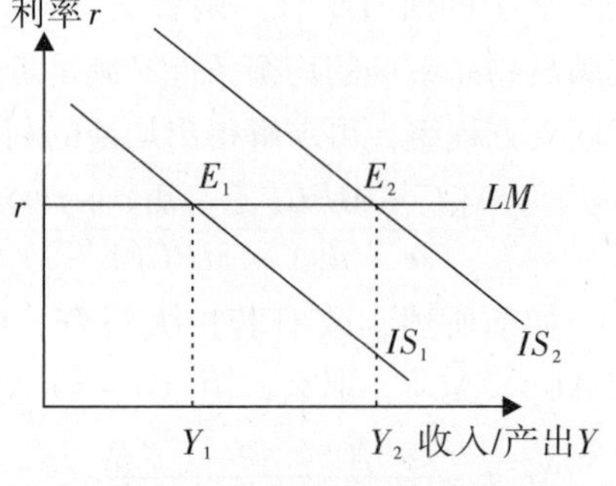

图 4 – 13 当经济陷入流动性陷阱区域且货币总供给保持不变时，政府投资的增加对利率的影响

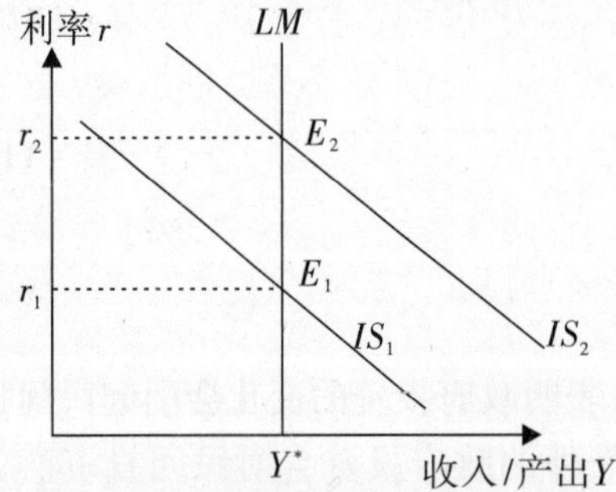

图 4 – 14 当经济进入古典区域且货币总供给保持不变时，政府投资的增加对利率的影响

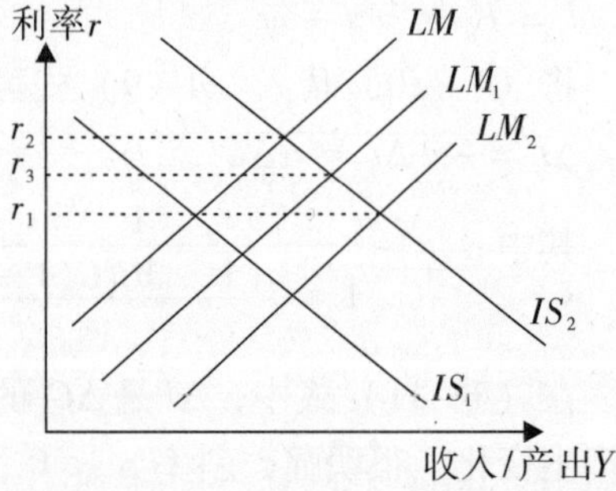

图 4 – 15 当经济必须处于古典区域与流动性陷阱区域之间且货币总供给发生变化时，政府投资的增加对利率的影响

值得注意的是，图4－12中“挤出效应”有两个隐藏的前提假设：①经济必须处于古典区域与流动性陷阱区域之间；②货币总供给保持不变。如果没有满足这两个条件，政府投资对民间投资的“挤出效应”将发生变化。下面逐一进行讨论。

根据凯恩斯的流动偏好理论，当经济处于流动性陷阱区域时，如图4－13所示，货币需求具有完全弹性，政府投资增加引起 IS 曲线向右平移（$IS_1 \rightarrow IS_2$），货币市场均衡点从 E_1 变为 E_2，均衡利率保持不变。这时的政府投资不会通过利率传导机制影响民间投资；当经济处于古典区域时，如图4－14所示，货币需求完全无弹性，政府投资增加引起 IS 曲线向右平移（$IS_1 \rightarrow IS_2$），均衡利率从 r_1 上升至 r_2，这时1单位政府投资会挤出1单位的民间投资；当经济处于古典区域与流动性陷阱区域之间时，如图4－12所示，1单位政府投资会挤出少于1单位的民间投资（陈浪南、杨子晖，2007）。

货币供给同样影响着政府投资对民间投资的“挤出效应”。如图4－15所示，当政府扩大投资，IS_1 曲线向右移动至 IS_2，此时若货币供给保持不变，LM 曲线不会移动，均衡利率从 r_1 增加到 r_2，意味着政府投资将对民间投资产生显著的“挤出效应”；若货币供给增加且增加额小于政府投资的增加额，LM 曲线向右移动至 LM_1，均衡利率从 r_1 增加到 r_3，由于 $r_3 < r_2$，说明此时政府投资的“挤出效应”相对较弱；如果货币供给足额增加，增加额恰好满足新增的资金需求，LM 曲线等量向右平移至 LM_2，均衡利率将保持不变，政府投资的“挤出效应”不存在。可见，货币供给的增加可以抑制利率因政府投资的扩张而上升，或者说，宽松的货币政策可以抵销积极财政政策的“挤出效应”，这就是各个国家在扩大政府投资的同时增加货币供应量的原因所在。

4.3.3 扩展的AD－AS模型

政府投资对民间投资的影响机制也可由AD－AS模型来解释。接下来，基于宏观经济学的一般原理（曼昆，2010），引用并修正许莉和郭定文（2009）对AD－AS模型的表述，并在此基础上用图示法分析资本市场和宏观经济的供需状况，借以揭示政府投资对民间投资的作用机制。

令 C 表示消费需求，I 表示民间投资需求，G 表示政府主导的需求。与之前的做法一样，将政府支出 G 分为两部分，分别是可变的政府投资 G_i 和不变的政府消费性支出 G_c，$G = G_i + G_c$ 且 $\Delta G = \Delta G_i$。根据宏观经济学的基本理论，经济总需求 AD 由消费需求、投资需求、政府需求和国外净需求四部分组成。为简化分析，我们假设经济是封闭的——不考虑国外净需求。因此经济总需求 AD 可用公式表示为：

$$AD = C + I + G = C + I + G_i + G_c \tag{4-12}$$

如果说总需求曲线反映了不同物价水平下人们所愿意购买的物品与劳力量，那么总供给曲线描述的是不同物价水平下各生产部门所愿意提供的总产量，它在长期中是垂直的，在短期内是水平的。由于政府投资对民间投资的影响具有长期性，因此这里选用长期、垂直的总供给曲线。此外，宏观经济学认为，在均衡状态时，经济总供给等于经济总产出（GDP）。而经济总产出又由消费、居民储蓄和净税收组成。令 S_I 表示居民储蓄，T 表示净税收，那么我们可以得到总供给曲线：

$$AS = C + S_I + T \tag{4-13}$$

在总需求和总供给相等时，经济达到均衡。经济均衡点是总需求曲线 AD 和总供给曲线 AS 的交点，对应着均衡的物价水平和产出水平。联立（4-12）式和（4-13）式：

$$AD = C + I + G_c + G_i = AS = C + S_I + T \tag{4-14}$$

移项可得：

$$I = S_I + (T - G_c - G_i) \tag{4-15}$$

其中 $(T - G_c - G_i)$ 表示政府获得的税收收入中去掉政府消费性支出和政府投资后剩下的部分，也就是政府储蓄，将其表示为 S_G，那么依据上式有 $I = S_I + S_G$。同时，政府储蓄 S_G 也与居民储蓄 S_I 共同组成国民储蓄 S，即 $S = S_G + S_I$。那么我们有：

$$S = S_I + S_G = I \tag{4-16}$$

在此基础上，我们进一步假定政府支出的资金全部来源于税收收入，即 $T = G = G_c + G_i$，那么政府储蓄 $S_G = T - G_c - G_i = 0$。将其代入（4-16）式可得，民间投资 = 居民储蓄 = 国民储蓄，用公式表示为：

$$S = S_I = I \tag{4-17}$$

（4-17）式印证了宏观经济理论中金融市场均衡的假设：在均衡利率时，家庭想要进行的储蓄与企业想要进行的投资相等，即储蓄等于投资①。

经济总供给 AS 受到资本、技术、劳动力等因素的影响，其中资本这一因素又取决于政府投资与民间投资的规模。所以我们这里假定，民间投资 I 能够增加民间资本存量 K_I，两者正相关；政府投资 G_i 能够增加公共资本存量 K_G，两者亦正相关。除此之外，我们还需注意到现实经济中，政府投资还会对民间投资产生或多或少的正外部性。譬如政府投资地铁，必然会给地铁附近的房地产商带来额外收益。为了使模型更加严谨，再作以下假设：政府投资 G_i 除了增加公共资本存量 K_G，还会增加民间资本的边际报酬，对民间投资产生

① 该结论的证明详见曼昆《宏观经济学》（第6版）的第二章。

激励作用①，具体可表示为以下三个等式：

$$K_G = K_G(G_i) \tag{4-18}$$

$$I = I[\Phi(K_G)] \tag{4-19}$$

$$K_I = K_I(I) \tag{4-20}$$

接下来，利用图形直观地分析政府投资对民间投资的效应。图4－16反映了借贷资金市场的供求状况，横坐标表示民间投资或储蓄［根据（4－17）式，两者相等］，纵坐标表示利率。经济的初始均衡位于D_1和S_1的交点A。当政府投资G_i增加时，政府储蓄$S_G = T - G_c - G_i$等量减少，根据（4－17）式，国民储蓄和居民储蓄随之下降，资本市场的供给曲线从S_1向左平移至S_2。此时若利率维持在r_1水平，借贷资金将供不应求，出现短缺。经过市场的自我调节，利率水平将升至r_2，经济实现新的均衡（B点），民间投资由于利率上升而从I_1降至I_2，说明政府投资对民间投资存在抑制作用。再根据（4－18）、（4－19）、（4－20）式，政府投资对民间投资存在一定的引致作用，因此当政府扩大投资时，民间投资也会相应增加，由此借贷资金市场的需求曲线从D_1向外移动到D_2，经济在C点达到均衡，均衡利率水平为r_3，均衡民间投资水平从I_2开始上升至I_3，且$I_3 = I_1$，即政府投资不会对民间投资产生影响。

图4－17反映了AD－AS模型的相应变化，横坐标代表经济产出（或者是国内生产总值），纵坐标代表物价水平。经济的初始均衡点为E点。由于政府扩大投资G_i，政府主导的需求G也相应增加，并挤占了原先用于消费需求和民间投资需求的资金。根据（4－12）式可知，在社会资金供给既定的情况下，政府需求的增加额必然等于消费需求和民间投资需求的减少额，故而总需求曲线AD保持不变。由于民间投资从I_1降至I_2再回归至最初水平$I_3 = I_1$，根据（4－20）式，民间投资固定，民间资本存量K_I也不会发生变化。再根据（4－18）式，政府投资的扩张会增加公共资本存量K_G。所以，总供给曲线由AS_1右移至AS_2，与总需求曲线相交于F点，此即为新的经济均衡点，均衡物价水平由P_1下降到P_2，均衡产出从Y_1增至Y_2。这表明了在长期中，政府投资的增加不仅有利于增加经济产出，促进经济发展，而且有利于降低物价，抑制通货膨胀。

① 关于这一点，各个学者的看法基本一致，如Aschauer（1989）、许莉和郭定文（2009）等。

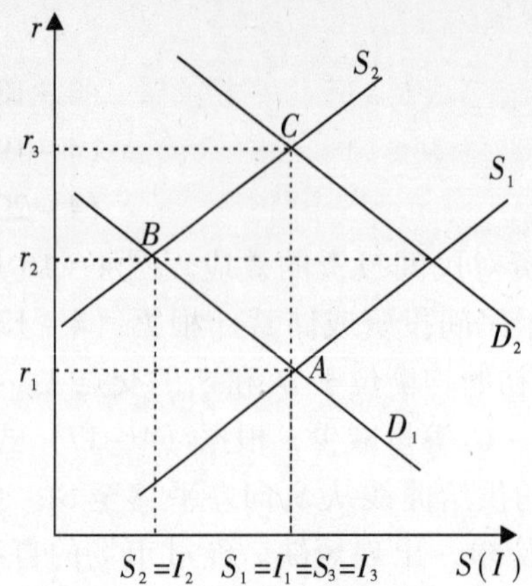

图4-16 借贷市场的供求曲线图
——政府投资不会影响民间投资

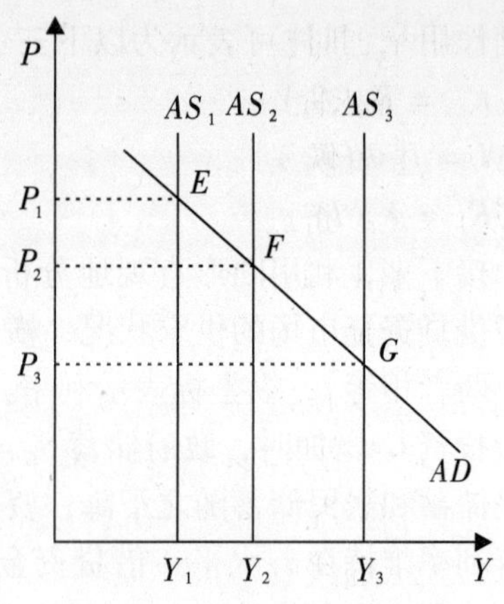

图4-17 AD-AS模型

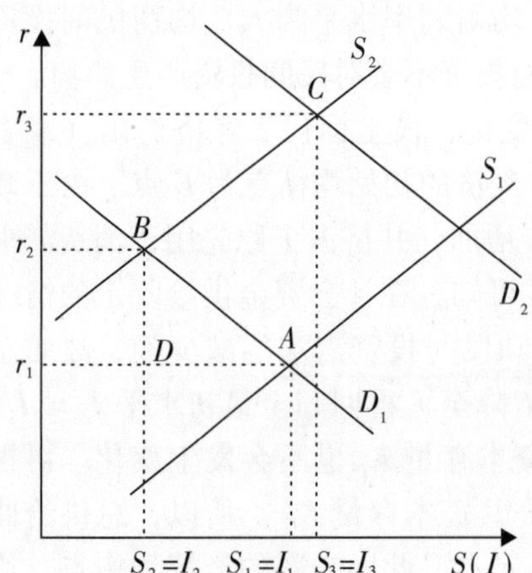

图4-18 借贷市场的供求曲线图
——政府投资“挤进”民间投资

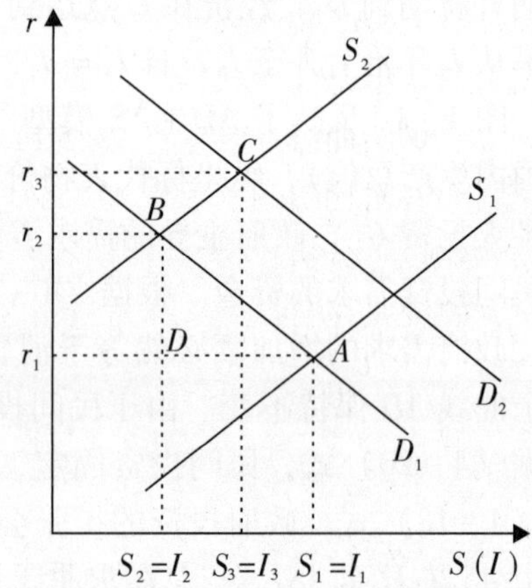

图4-19 借贷市场的供求曲线图
——政府投资“挤出”民间投资

以上分析是建立在一个前提假设的基础之上，就是政府投资对民间投资的替代作用和引致作用必须能够相互抵消，两个相反作用力恰好实现中和。在图4-16中表现为供给曲线向左平移的距离必须等同于需求曲线向右平移的距离，新旧均衡点的连线（AC）与横轴垂直，并指向相同的均衡民间投资水平。为了完善研究，我们放松以上假设。

第一种情况，政府投资对民间投资的引致作用大于替代作用，如图4-18所示，需求曲线的移动距离明显大于供给曲线的移动距离（$BC > AB$）。当政府投资增加时，供给曲线从 S_1 左移至 S_2，均衡点由 A（I_1，r_1）变为 B（I_2，r_2），接着需求曲线从 D_1 向外平移至 D_2，产生新的均衡点 C，利率继续上升，均衡民间投资恢复并超过最初水平，$I_3 > I_1$，也就是说，政府投资总体上对民间投资存在“挤进效应”。

结合图4－17，总需求曲线 AD 保持不变，公共资本存量 K_G 随着政府投资的增加而增加。不同的是，由于均衡民间投资水平 $I_3 > I_1$，根据（4－20）式，民间资本存量 K_I 会相应增加。所以，总供给曲线由 AS_1 右移至 AS_3，而且处于 AS_2 的右边，新的均衡点为 F，经济均衡产出从 Y_1 增至 Y_3。

第二种情况，政府投资对民间投资的引致作用小于替代作用，如图4－18所示，需求曲线的移动距离明显小于供给曲线的移动距离（$BC < AB$）。从政府投资增加开始，经济均衡点从 A（I_1，r_1）变为 B（I_2，r_2）再变为C（I_3，r_3），期间均衡利率持续上升，均衡民间投资先降后升，但是仍然低于最初水平，$I_3 < I_1$。在这种情况下，可以说政府投资总体上对民间投资存在“挤出效应”。

在AD－AS模型当中，总需求曲线 AD 继续保持不变，公共资本存量 K_G 等量增加。但是均衡民间投资水平 $I_3 < I_1$，民间资本存量 K_I 相应减少。这样的话，总供给曲线的变动将无法确定，由公共资本存量增加额和民间资本存量减少额的对比情况决定，经济均衡产出的变动区间为（0，Y_2）。

根据以上分析可知，政府投资并不必然对民间投资产生某种效应，而是要具体情况具体分析，尤其是要考量政府投资对民间投资的正外部性。

4.3.4 世代交叠模型

除了IS－LM模型和AD－AS模型，世代交叠模型（OLG模型）同样可用于分析政府投资对民间投资的影响。陈浪南和杨子晖（2007）基于Aschauer（1989）的模型，引用并修正Argimon等（1997）所构建的两期OLG模型，在效用最大化框架下通过引入世代交叠问题，讨论政府支出对私人投资的“挤出效应”。但是，他们认为代表性个人储蓄扣除购买政府债券支出之后便是个人投资，不完全符合中国的经济现实。在现代经济学中，储蓄等于投资只在经济均衡时发生。然而均衡并不是常态，经济运行总是有所偏离，这就决定了经济现实中储蓄和投资不相等的必然性。反映在中国的现实一方面是民间储蓄高额增长，另一方面是民间投资观望不前。国内金融资产的不确定性增强了储蓄的价值，居民直接投资受到各种约束，如低风险资产的缺乏、准入制度等，造成我国目前银行储蓄高企的现象（袁志刚、冯俊，2005）。此外，随着外商对华直接投资的不断扩大，中国储蓄转化为投资的相关系数明显下降，国际产业资本流入对中国国内投资产生“挤出效应”（程惠芳、张声洲，2003）。下面通过进行必要的口径和概念调整，同时定义一个新指标——储蓄—投资转化率，改进原来的两期 OLG 模型，使之更加合理化，更能说明我国政府投资对民间投资的作用机制问题。此即为本书此模型的优势。

假设整个社会是“世代叠交”，每个人都是同质的，即年轻时（t 期）出卖劳动力赚取工资并用于消费和储蓄，年老时（$t+1$ 期）没有收入来源，只靠年轻时的储蓄来养老。C 为人均消费水平，w 为人均工资水平，s 为人均储蓄，tax 为人均上缴税收，o 为政府的税外收入，r 为利率水平，$\lambda(0 \leqslant \lambda \leqslant 1)$ 为个人税外费用占政府税外收入的比重。

代表性个人在 t 期获得工资，在扣除所交税收和税外费用之后，剩下可支配部分用于当期消费和未来消费（即用于储蓄，留待 $t+1$ 期消费）。根据这一逻辑，代表性个人在年轻时面临的消费约束为：

$$C_t = w_t - tax_t - \lambda o_t - s_t \tag{4-21}$$

代表性个人在年老时没有任何收入，生活来源于自己年轻时的储蓄——包括本金和利息。根据这一逻辑，代表性个人在年老时面临的消费约束为：

$$C_{t+1} = s_t(1 + r_{t+1}) \tag{4-22}$$

假设代表性个人的效用函数如下（陈浪南、杨子晖，2007）：

$$U = h(e,m)(1-\gamma)\ln C_t + \gamma\ln e_t + \frac{1}{1+\rho}[(1-\gamma)\ln C_{t+1} + \gamma\ln e_{t+1}] \tag{4-23}$$

在上式中，$e>0$ 表示人均的政府消费性支出，$m>0$ 表示中央银行的货币发行量，γ 为私人的偏好因子，函数 $h>0$ 描述代表性个人消费 C 与政府消费性支出 e 、货币发行量 m 的关系。$\partial h/\partial m$ 反映了代表性个人对中央银行增发货币的反应，如果$\partial h/\partial m>0$，表明在央行增发货币时，代表性个人在短期内会有收入增加的错觉，从而增加当期消费，此即“货币幻觉”。但在长期中，随着经济人的理性“觉醒”，“货币幻觉”消失，代表性个人减少消费至初始水平，此时$\partial h/\partial m=0$。以（4-23）式为目标函数，以（4-21）式和（4-22）式为约束条件，求解约束最优化问题可得：

$$s_t = \chi(w_t - tax_t - \lambda o_t)\text{，其中}\chi = \frac{1}{1+h(1+\rho)} > 0 \tag{4-24}$$

考虑到代表性个人的寿命长度，我们可以假定公共资本和民间资本在使用一期后即可完全折旧。由此，我们可将经济产出写成一个关于政府投资量和民间投资量的函数形式，即 $y_t = f(i_{pt}, i_{gt}) = i_{pt}^a i_{gt}^b$ ，其中 y_t 是 t 期的人均产出，i_{pt} 是 t 期的民间投资，i_{gt} 是 t 期的政府投资，a 和 b 分别是民间投资和政府投资的产出弹性，且满足 $a>0, b>0, a+b<1$ 。根据欧拉定理，如果生产函数是规模报酬不变的，那么经济产出只来自劳动和资本的贡献。所以我们有：

$$w_t = [1-(a+b)]i_{pt}^a i_{gt}^b\text{，}r_t = a i_{pt}^{a-1} i_{gt}^b \tag{4-25}$$

在 $t+1$ 期，代表性个人所拥有的储蓄金 s_t，不仅用于个人投资，还有部分用于银行储蓄或购买政府债券①等。结合（4-24）式和（4-25）式，可以求出 $t+1$ 期代表性个人可获得的投资额（民间投资）为：

$$i_{p(t+1)} = \delta s_t = \delta\chi[1-(a+b)]i_{pt}^{a}i_{gt}^{b} - \delta\chi(tax_t + \lambda o_t) \tag{4-26}$$

式中 δ 为储蓄—投资转化率。进一步地，放松先前 IS-LM 模型和 AD-AS 模型对政府资金来源的假设，政府资金不仅来源于税收收入，还包括税外收入、国债融资、增发货币，政府支出分为政府投资性支出即政府投资 i_{gt} 和政府消费性支出 e_t（Goldsmith，2008），因此政府的预算约束可以写成：

$$i_{gt} + e_t = tax_t + o_t + \theta_t d_t + \eta_t m_t \tag{4-27}$$

其中 d_t 是政府债券的人均发行量，$\theta_t(0 \leqslant \theta_t \leqslant 1)$ 是政府债务融资中用于财政支出的比重；$\eta_t(0 \leqslant \eta_t \leqslant 1)$ 是增发货币中用于财政直接支出的比重。根据数理经济学理论，当民间投资在不同期保持稳定状态时，即 $i_{p(t+1)} = i_{pt}$，经济达到均衡。根据（4-26）式和（4-27）式，可以推导得出均衡时的民间投资（均衡水平）②：

$$i_p^* = \frac{\eta[i_g e - \eta m - (1-\lambda)o] - \delta\chi\theta d}{\delta\chi[1-(a+b)]i_p^{*a-1}i_g^{b} - 1} \tag{4-28}$$

最后将（4-28）式对政府投资 i_g 求导，整理可得：

$$\frac{\partial i_p^*}{\partial i_g} = A + B,\ A = -\frac{\delta\chi}{1-\delta\chi a[1-(a+b)]i_p^{*a-1}i_g^{b}},\ B = \frac{\delta\chi\dfrac{1-a-b}{a}i_{p}^{*}\dfrac{\partial f_{i_p^*}^{t}}{\partial i_g}}{1-\delta\chi a[1-(a+b)]i_p^{*a-1}i_g^{b}} \tag{4-29}$$

观察（4-29）式可知，政府投资 i_g 通过两个途径影响民间投资 i_p^*：①从 A 项可以看出，若 i_g 越大，A 就越小，即 $\partial A/\partial i_g < 0$，表明了政府投资会使代表性个人的税费负担增加，可支配投资资金减少，从而对民间投资产生“挤出效应”。②从 B 项可以看出，当 $\partial f_{i_p^*}^{t}/\partial i_g > 0$ 时，$\partial B/\partial i_g > 0$，也就是说，如果政府投资可以提高民间投资的边际效益（或边际生产率），那么政府投资将对民间投资产生“挤进效应”。总之，政府投资对民间投资的影响具有不确定性，若要判断政府投资对民间投资总体效应的正负性，需要比较 $\partial A/\partial i_g$ 和 $\partial B/\partial i_g$ 的大小。如果 $\partial A/\partial i_g > \partial B/\partial i_g$，那么政府投资对民间投资的净效应为负（挤出）；如果 $\partial A/\partial i_g < \partial B/\partial i_g$，那么政府投资对民间投资的净效应为正（挤进）。这与 AD-AS 模型的结论相吻合。当然我们也要看到，简单

---

① 与陈浪南和杨子晖（2007）不同，有学者认为购买政府债券应视为代表性个人的投资而非储蓄。但在笔者引入“储蓄—投资转化率”后，这一争议对本模型推导不再有干扰。

② 具体推导参考陈浪南和杨子晖（2007）。但由于口径、角度和计算方法的选择不同，所得结论会有所区别。

的两期OLG模型存在明显的缺陷，尤其是它对代表性个人生命的两期划分过于僵硬，不符合现实生活，需要进一步精确化。

4.3.5 总量动态最优化模型

廖楚晖和刘鹏（2005）参照 Alfred Greiner（1996）的模型建立了一个资本总量的动态最优化模型，分析在经济向均衡演化过程中公共资本存量和私人资本存量的关系，最终证明了公共资本对私人资本替代作用的存在性。这一模型为公共投资和私人投资的关系问题的后续研究提供了一个良好框架。但是也有不足之处：其一，在政府的预算约束中，模型假定政府收入只有税收收入和债券融资两部分，忽略了非税收入和增发货币带来的收入；其二，模型假定政府投资的资金只来自税收收入，忽略了非税收入和增发货币对政府投资的贡献。这两个假定与现实情况，尤其是与中国的实际情况不甚相符。

为了进一步认识政府投资和民间投资的关系，我们引入上述总量动态最优化模型，并在其基础上进行适当调整（针对上述两点放开假设），利用数理经济学的动态最优化技术（蒋中一，2006）进行推导，借以分析在动态最优化路径下民间投资形成的私人资本存量和政府投资形成的公共资本存量的关系①，进而探讨政府投资对民间投资的影响机制——这是对廖楚晖和刘鹏（2005）研究的进一步应用。

假定一个封闭且完全竞争的经济，经济中存在三个部门，分别是典型家庭、生产部门和政府。$K_p(t)$ 表示民间投资所积累的私人资本存量，$K_g(t)$ 表示政府投资所积累的公共资本存量。

典型家庭是世代不断交替的，因此可将家庭视为一个有无限生命的个人，这样模型中所有变量都表示人均值。与个人一样，家庭的目标是要实现无限生命 $(0,\infty)$ 中的效用贴现流量的最大化。令 $U(\bullet)$ 表示家庭的效用函数，它是单调递减且是凹的 $[U'(\bullet)<0, U''(\bullet)>0]$，$C(t)$ 表示家庭的消费函数，θ 表示家庭主观意愿所认定的贴现率，ρ 为边际效用对消费的弹性，设为常数。家庭的目标函数为：

$$\max_{[C(t)]}\int_0^{\infty}e^{-\theta t}U[C(t)]\mathrm{d}t \tag{4-30}$$

其中效用函数：

$$U(\bullet)=[C(t)^{1-\rho}-1]/(1-\rho) \tag{4-31}$$

典型家庭可视为个人，同样地，生产部门也可视为一个有相当规模的企

① Aschauer（1989）认为，私人投资会形成私人资本，民间投资额与私人资本存量正相关；政府投资会形成公共资本，政府投资额与公共资本存量正相关。同时，公共资本存量也影响着私人资本的边际生产率（一般是正面影响），进而影响经济增长。

业。我们用典型的科布—道格拉斯生产函数来衡量这个企业的产出（也即整个社会生产部门的产出，经济产出）。令 $Y(t)$ 表示经济产出，$K_p(t)$ 表示民间投资产生的私人资本存量，$K_g(t)$ 表示政府投资产生的公共资本存量，A 表示技术进步因素。那么与企业一样，整个社会的生产函数为：

$$Y(t) = AK_p(t)^{1-\alpha}K_g(t)^{\alpha} \quad \alpha \in (0,1) \tag{4-32}$$

为了使模型更加贴近现实，假定政府既存在借贷行为（债券融资），也有税收之外的收入进账（如土地出让金、行政事业性收费、罚没收入等），还有“开动印钞机”的冲动。这是本模型的一个创新之处。这样的话，政府收入就包括税收收入、债务收入、非税收入①和增发货币四个部分。令 $T(t)$ 表示在 t 时期的税收收入，$F(t)$ 表示在 t 时期的非税收入，$B(t)$ 表示政府在 t 时期发放的债券（含公债），$M(t)$ 表示 t 时期的货币供给增加量，ε 表示一个国家总体的税费负担率，ω 表示利率。假定折旧率为零，那么政府的预算约束可以写成以下形式：

$$T(t) + F(t) + \dot{B}(t) + M(t) = \omega B(t) + G_c(t) + G_i(t) + G_t(t) + G_o(t) \tag{4-33}$$

在上式中，左边是政府收入，有四种来源渠道，右边是政府支出。本模型对政府支出的假定，较之前的 IS – LM 模型、AD – AS 模型和 OLG 模型有很大不同。政府支出除了包括一般情况下的消费性支出、投资性支出（政府投资），还包括（给予债券持有人的）付息支出、（给予家庭的）一次性转移支付和其他支出。上述五种支出分别表示为 $G_c(t)$ 、$G_i(t)$ 、$\omega B(t)$ 、$G_t(t)$ 、$G_o(t)$ 。

相应地，家庭的预算约束为如下形式：

$$[Y(t) + \omega B(t)](1 - \varepsilon) + G_t(t) = C(t) + \dot{K}_p(t) + \dot{B}(t) \tag{4-34}$$

在上式中，左边是家庭收入，有两种来源渠道：一是家庭生产所得和债券利息所得在扣除应交税费之后的剩余可支配部分；二是政府提供的无偿转移性支出。右边是家庭支出，一般情况下，典型家庭会将可支配收入用于消费、（民间）投资和购买政府债券。

对（4 – 34）式进行移项可得：

$$\dot{B}(t) + \dot{K}_p(t) = [Y(t) + \omega B(t)](1 - \varepsilon) + G_t(t) - C(t) \tag{4-35}$$

我们必须注意到，在现实经济中，税收收入并非全部用于政府投资，政府投资也并非全部来自税收收入。所以如何界定政府投资的资金来源，是本

① 这里的非税收入是指广义口径，是政府通过合法程序获得的除税收以外的一切收入（不含债务收入）。

类研究的一大难题。首先，我们沿用廖楚晖和刘鹏（2005）的观点，假定政府发债只是为了弥补当期财政赤字，并不用于政府投资。这一假设会使模型推导更加简便。其次，为使模型尽可能地真实有效，我们假定政府收入中的税收收入和非税收入以一定比例用于政府投资，而增发货币则全部用于政府投资（基于理性政府的假定），这是本模型的另一个创新之处。因此，政府投资可以写成：

$$G_i(t) = \beta[T(t) + F(t)] + M(t) \tag{4-36}$$

其中β是税收收入和非税收入总共用于政府投资的比例。根据税收学原理，税收收入和非税收入，其实是政府对经济产出（Y）和政府债券持有人利息收入（ωB）按照一定比率（ε）征收的资金，即：

$$T + F = \varepsilon(Y + \omega B) \tag{4-37}$$

将等式（4-36）、（4-37）代入（4-33）式，可以得到：

$$\dot{B}(t) = \omega B(t) + G_c(t) + G_i(t) + G_o(t) + (\beta\varepsilon - \varepsilon)[Y + \omega B(t)] \tag{4-38}$$

将（4-38）式代入（4-35）式，可得：

$$\begin{aligned}\dot{K}_p(t) &= [Y + \omega B(t)](1 - \beta\varepsilon) - C(t) - \omega B(t) - G_c(t) - G_o(t) \\ &= Y(1 - \beta\varepsilon) - \omega\beta\varepsilon B(t) - C(t) - G_c(t) - G_o(t)\end{aligned} \tag{4-39}$$

再将（4-32）式代入（4-39）式，可以得到最优化问题（4-30）的约束条件如下：

$$\dot{K}_p(t) = (1 - \beta\varepsilon)AK_p(t)^{1-\alpha}K_g(t)^{\alpha} - C(t) - G_c(t) - G_o(t) - \omega\beta\varepsilon B(t) \tag{4-40}$$

在此基础上，可以得出相应的广义汉密尔顿函数：

$$\begin{aligned}H(\bullet) &= U(C) + \lambda[(1 - \beta\varepsilon)AK_p^{1-\alpha}K_g^{a} - C - G_c - G_o - \omega\beta\varepsilon B] \\ &= (C^{1-\rho} - 1)/(1 - \rho) + \lambda[(1 - \beta\varepsilon)AK_p^{1-\alpha}K_p^{\alpha} - C - G_c - G_o - \omega\beta\varepsilon B]\end{aligned} \tag{4-41}$$

有限横截条件为：$\lim\limits_{t\to\infty} e^{-\theta t}\lambda K_p = 0$ （4-42）

又因为约束函数和目标函数对K_p和C都是严格凹的，所以上述最优化问题的最优充要条件为：

$$\dot{K}_p = \partial H/\partial\lambda = (1 - \beta\varepsilon)AK_p^{1-\alpha}K_p^{\alpha} - C - G_c - G_o - \omega\beta\varepsilon B \tag{4-43}$$

$$\dot{\lambda} = \lambda\theta - \partial H/\partial K_p = \lambda\theta - \lambda(1 - \beta\varepsilon)A(1 - \alpha)K_p^{-\alpha}K_g^{\alpha} \tag{4-44}$$

$$\partial H/\partial C = C^{-\rho} - \lambda = 0 \Rightarrow C = (\lambda)^{-1/\rho} \tag{4-45}$$

将（4-45）式代入（4-43）式可得：

$$\dot{K}_p = \partial H/\partial \lambda = (1-\beta\varepsilon)AK_p^{1-\alpha}K_g^{\alpha} - (\lambda)^{-1/\rho} - G_c - G_o - \omega\beta\varepsilon B \quad (4-46)$$

再将（4-46）式与（4-44）式联立方程组，并进行线性化，可变为如下形式：

$$\begin{cases} \dot{K}_p = \theta(K_p - K_p^*) + \lambda^{*-(1+\rho)/\rho}(\lambda - \lambda^*) \\ \dot{\lambda} = a\theta\lambda^*(K_p - K_p^*)/K_p^* \end{cases} \quad (4-47)$$

其中 K_p^*、λ^* 是相应的均衡点，它们满足：

$$K_p^* = [(1-\beta\varepsilon)A(1-\alpha)\omega]^{1/\alpha}K_g/\theta^{1/\alpha}$$

$$\lambda^* = \left\{[(1-\beta\varepsilon)A(1-\alpha)\omega]^{1/\alpha}K_g\theta^{1-1/\alpha}/(1-\alpha)\omega - G_c - G_o - \omega\beta\varepsilon B\right\}^{-\rho}$$

求解（4-46）式与（4-44）式所联立的方程组，可以得出在最优增长路径下①：

$$K_p(t) = Q_1 + Q_2 \quad (4-48)$$

其中，$Q_1 = [nA(1-\alpha)\omega]^{1/\alpha}K_g/\theta^{1/\alpha}$，$0 < n = 1-\beta\varepsilon < 1$，$\partial Q_1/\partial K_g > 0$；

$Q_2 = e^{(\theta t+\alpha\theta t^2/2K_p^*\lambda^*)}[-\int \alpha\theta\lambda^{*-1/\rho}\, te^{(\theta t+\alpha\theta t^2/2K_p^*\lambda^*)}\mathrm{d}t + \pi]$，$\pi$ 为常数，$\partial Q_2/\partial K_g < 0$。

观察（4-48）式可以发现，当期公共资本对私人资本的影响具有两面性。一方面，Q_1 项表明了公共资本对私人资本存在一定的“挤进效应”。$\partial Q_1/\partial K_g > 0$，说明公共资本正处于边际报酬递增阶段，公共资本的扩张会使私人资本随之增加。另一方面，Q_2 项表示公共资本对私人资本存在一定的“挤出效应”。$\partial Q_2/\partial K_g < 0$，说明了公共资本正处于边际报酬递减阶段，公共资本的扩张会使私人资本随之减少。基于 Aschauer（1989）的观点，我们认为公共资本和私人资本的关系可以近似地代表政府投资和民间投资的关系。所以，政府投资对民间投资的影响同样具有两面性，这与之前的结论相吻合。当 $|\partial Q_1/\partial K_g| > |\partial Q_2/\partial K_g|$ 时，政府投资对民间投资的吸引作用强于抑制作用，政府投资总体上“挤进”民间投资；当 $|\partial Q_1/\partial K_g| < |\partial Q_2/\partial K_g|$ 时，政府投资对民间投资的吸引作用弱于抑制作用，政府投资总体上“挤出”民间投资。当然我们仍要看到，这里的总量动态最优化模型也不是尽善尽美的，仍有需要完善之处，譬如关于税收收入和非税收入的假定，我们假定政府只对经济产出 Y 和家庭利息收入 ωB 征收所得税，而不对家庭消费 C 征收消费税，这与税收原理是不相符的。再比如，我们限定政府的债务收入全部用于非投资支出，增发货币全部用于投资支出，这只是出于简便的目的而做出的假设，现实中并不一定如此。上述两点是本模型后续改进的方向。

以上最优社会投资结构理论、改进的 IS-LM 模型、扩展的 AD-AS 模

① 详细推导过程可参考廖楚晖和刘鹏（2005）。

型、世代交叠模型（OLG 模型）和总量动态最优化模型的推导，使我们对政府投资和民间投资的关系问题产生了初步认识，即政府投资并不必然对民间投资产生“挤进效应”或“挤出效应”，具体取决于宏观经济条件和各种社会因素。因此判定政府投资对民间投资的效应方向，应当以综合性、全局性的视角，将其置于整个社会经济中加以考察。

同时我们还需承认，不管哪个模型或理论，都有一些不合实际的假设和前提，由此推导得出的结论难免会失真，对问题的解释力度十分有限。因此，本章关于政府投资和民间投资关系的理论分析，更多只是一种尝试或试验，并不是要得到一劳永逸的结论。在后续研究中，我们需要对模型不断地加以完善，使其更能反映实际情况，解释现实问题。

当然，要准确判断政府投资和民间投资的关系，仅从理论层面是不够的，还要具体问题具体分析。本章的理论模型，只是在一般性意义下的分析，缺乏对我国政府投资和民间投资关系的特殊性的体现。在后面的章节，本书将利用我国经济运行的数据进行实证分析。

第5章

我国政府投资对民间投资效应的时间序列分析

要得到正确的认识，必须注重一般性研究和特殊性分析的结合。考虑到我国政府投资与民间投资具有鲜明的特点，我们将从国内现实经济运行状况出发，对我国政府投资和民间投资的关系作实证分析，本章是时间序列分析部分。

5.1 因果关系检验与方差分解

杨子晖（2008）用了一套较为前沿的计量方法研究了我国财政政策和货币政策对私人投资的影响。大致的技术路线为：单位根检验→小样本纠正的 Johansen – Juselius 协整检验→因果关系检验→预测方差分解。本节将借鉴上述方法和思路，研究我国政府投资对民间投资的影响。

5.1.1 模型设定

在经济学领域，向量自回归（VAR）模型经常用于刻画多变量间的动态关系。经济变量 $X_t = (x_{1t}, x_{2t}, \cdots, x_{kt})'$ 的结构 VAR 模型构造如下：

$$X_t = \sum_{i=0}^{p} A_i X_{t-i} + \varepsilon_t \tag{5-1}$$

上述公式中的结构随机干扰项 $\varepsilon_t = (\varepsilon_{1t}, \varepsilon_{2t}, \cdots, \varepsilon_{kt})'$ 为白噪声过程，不存在序列自相关，且满足 $E(\varepsilon_t \varepsilon_t') = \sigma_\varepsilon$ 为对角矩阵，A_i 为 $k \times k$ 矩阵。结构 VAR 模型是过度识别模型，参数较难估计。不过本书使用 DAG 分析方法，对参数 A_0 进行限定，从而为结构 VAR 模型的过度识别提供限制（杨子晖，2008）。相应的恰好识别的标准 VAR 模型为：

$$X_t = \sum_{i=1}^{p} B_i X_{t-i} + \nu_t \tag{5-2}$$

其中 $B_i = (1 - A_0)^{-1} A_i$，残差项 $\nu_t = (1 - A_0)^{-1} \varepsilon_t$ 为多维正态分布。

5.1.2 数据说明

本模型以1993—2012[①]年我国的政府投资、民间投资和外商投资（包括港澳台投资）为研究对象。在国内各类数据库中，没有政府投资和民间投资的直接数据。借鉴国内同类研究的做法（详见第2章的口径界定），用“国有经济固定资产投资额”作为政府投资的代表变量，用“外商投资经济固定资产投资额”和“港澳台商投资经济固定资产投资额”合计数作为外商投资（包括港澳台投资）的代表变量；相应地，用“固定资产投资总额”减去政府投资和外商投资得到民间投资。各变量统计口径如表5-1所示。所有原始数据均来自中经网和《中国统计年鉴》。

但凡实证分析，计量方法选择和原始数据处理难免带有一定的主观成分，因此计量结果不是唯一的，每个结果都有或多或少的误差，没有哪个是绝对精确的。如无特别说明，本书给出的计量结果，都是在对原始数据进行指数化、对数化、人均化、平滑化等各种尝试调整后，所得结果中自认为最理想的一个。通过反复试验和比较筛选，可以使我们的计量回归或检验显得更加严谨和稳健。这正是实证分析的一个基本要求。

与原稿中的处理方法不同，这里选用的是以1993年为基期的固定资产投资价格指数[②]，而且只对原始数据进行简单的指数化调整，以剔除物价因素的影响。

表5-1 数据说明

变量	名称	衡量指标
I_{gt}	政府投资	国有经济固定资产投资
I_{pt}	民间投资	集体经济固定资产投资+私营个体经济固定资产投资+联营经济固定资产投资+股份制经济固定资产投资+其他经济固定资产投资
I_{ft}	外商投资	外商投资经济固定资产投资+港澳台商投资经济固定资产投资

① 将样本起点选为1993年，是因为我国对外商投资经济相关数据的（单独）统计始于1993年。样本终点在原稿中为2009年，现更新至2012年。

② 除非特别指出，本书所用到的固定资产投资价格指数，1991年之前使用的是张军和章元（2003）的测算结果，1991年之后的来自《中国统计年鉴》，原因是我国自1991年才有该指数的官方统计。

5.1.3 回归分析

1. 单位根检验

Perron & Ng（2001）基于 GLS 退势数据构造了新的单位根检验统计量，提高了单位根检验的准确性。Ng - Perron 单位根检验的基本原理是：首先利用修正的样本信息准则（Modified AIC，MAIC）确定差分变量的滞后阶数，进而应用 GLS 退势后的序列估计 ADF 检验回归式，以计算检验统计量的值，最后与临界值相比较而得出结论①。为使计量结果更加稳健，利用 Eviews 操作软件，对本模型数据分别进行 Augmented Dickey - Fuller，Dickey - Fuller GLS（ERS），Phillips - Perron，Ng - Perron 四种方法的单位根检验，发现检验结果基本一致。表 5 - 2 给出了 PP 单位根检验结果。观察可知，在 10% 的显著性水平下，对变量水平值的检验不能拒绝"存在单位根"的原假设；对变量一阶差分的检验则显著地拒绝"存在单位根"的原假设。这表明了 I_{gt}、I_{pt}、I_{ft} 三个时间序列均为非平稳的 I（1）过程。

表 5 - 2 PP 单位根检验结果

序列	Adj. t - Stat	Prob	Lag length	Test critical values - 10% level
I_{gt}	- 0. 868 9	0. 939 1	0	- 3. 277 4
I_{pt}	- 2. 999 1	0. 157 7	4	- 3. 277 4
I_{ft}	- 2. 132 8	0. 496 6	1	- 3. 277 4
DI_{gt}	- 4. 473 2**	0. 012 0	0	- 3. 286 9
DI_{pt}	- 12. 839 8***	0. 000 0	2	- 3. 286 9
DI_{ft}	- 5. 572 7***	0. 001 6	3	- 3. 286 9

注：①符号"*D*"表示一阶差分；②滞后阶数的确定法是 Modifiech Hannan - Quinn；③ * * *、* * 及 * 分别表示在 1%、5% 及 10% 的显著性水平下拒绝存在单位根的原假设。

2. 小样本纠正的 Johansen - Juselius 协整检验

完成单位根检验之后，还需进行协整检验，方能正确地设定 VAR 模型的形式。这里选用 Johansen（2002）新构造的迹检验统计量，即对原迹统计量应用一个 Bartlett 纠正因子，使得纠正之后的新的迹检验统计量与有限分布的均

① 统计量构造及具体操作方法可参阅王海花、聂巧平（2008）和聂巧平（2007）。

值相同。其中纠正因子设定为：$a(T,n-r,n_d)[1+T^{-1}b(\theta)]$①。根据 AIC 准则确定水平 VAR 模型的最优滞后期数，再进行小样本纠正的 Johansen – Juselius 协整检验，结果如表 5 – 3 所示。原假设“$r=0$”的 p 值为 0，“$r\leqslant 1$”的 p 值为 0.000 6%，“$r\leqslant 2$”的 p 值为 0.323 6%，所以在 5% 的显著性水平下，I_{gt}、I_{pt}、I_{ft} 之间存在两个协整关系方程，即政府投资、民间投资和外商投资的水平值存在长期稳定的协整关系。因此我们将选择水平 VAR 来刻画三个变量之间的关系②。

表 5 – 3　小样本纠正的 Johansen – Juselius 协整检验结果

协整关系方程个数 r	特征值	纠正的迹检验统计量	p 值	临界值（5%）
$r=0$	0.992 1	114.084 4	0.000 0	29.797 1
$r\leqslant 1$	0.764 2	26.980 3	0.000 6	15.494 7
$r\leqslant 2$	0.052 7	0.974 4	0.323 6	3.841 5

资料来源：利用 Eviews 5.0 估计而得。

3. 因果关系检验

杨子晖（2008）认为，传统的格兰杰（Granger）因果检验法存在一定的局限性，因为格兰杰检验对变量顺序有特殊要求，它隐含地假设了“原因在前、结果在后”，因此考察的只是变量间的异期因果关系。为了同时考察我国政府投资和民间投资之间的因果关系，我们引进 Spirtes et al.（2000）所提出的“有向无环图”（Directed Acyclic Graphs，DAG）分析方法，其本质是依据无条件相关系数和偏相关系数③对一组变量进行同期因果流的分配。具体操作可由程序软件 TETRADⅢ完成（杨子晖，2008）。

（1）同期因果关系检验——DAG 分析法。

DAG 分析法在国内较为少见，代表性文献来自杨子晖（2008）。该方法大致可以归纳为三个步骤。第一步，画出完全图，两两变量均有无向连线，即每个变量和其他任一变量存在关系，然后依次删除无条件相关系数不显著的连线。第二步，对剩余连线进行 1 阶偏相关系数检验，并删除系数为 0 的连线，对剩余连线再进行 2 阶偏相关系数检验，并删除系数为 0 的连线，依此类推。需要注意的是，n 个变量之间，最多只可进行（$n-2$）阶的偏相关

① 具体操作方法可参阅 Johansen（2002）。

② 相比原稿中的一阶差分 VAR，这里的水平 VAR 更为简便，只是可能降低计量结果的精确性或一致性。

③ 给定其他 n 个变量时两变量的条件相关系数，称为这两变量的 n 阶偏相关系数。

系数检验。第三步，利用分离集①对现存无向连线进行标向，以三变量（A、B、C）集合为例，假设经过第一、第二个步骤后，现存无向图为 $A—B—C$；如果已知 B 不是 A 和 C 的分离集，则将无向图标向为 $A \rightarrow B \leftarrow C$。如果已知 $A \rightarrow B$ 且 B 是变量 A 和 C 的分离集，则将无向图标向为 $A \rightarrow B \rightarrow C$。经过上述三个步骤的计算和分析，可以得到变量的最终 DAG 结果图，明确它们之间的同期因果关系和传导方向。

在上述步骤中，判定两个变量间的（偏）相关系数是否显著不为零，一般采用 Fisher 的 z 统计量：

$$z[\rho(i,j \mid k),n] = \left(\frac{1}{2}\sqrt{n-|k|-3}\right)\ln\left[\frac{1+\rho(i,j|k)}{1-\rho(i,j|k)}\right]$$

上式中，n 为观测样本数，$\rho(i,j|k)$ 是变量 i 和 j 关于变量 k 的总体条件相关系数（即消除变量 k 对变量 i 和 j 的影响之后），$|k|$ 是变量 k 的样本数据个数。如果变量 i 、j 和 k 均为正态分布且 $r(i,j|k)$ 是变量 i 和 j 基于变量 k 的样本条件相关系数，则 $z[\rho(i,j|k),n]-z[r(i,j|k),n]$ 为标准正态分布。

基于前面讨论的水平 VAR 模型，估计出残差项的相关系数矩阵如下：

$$\begin{matrix} I_{gt} & I_{pt} & I_{ft} \end{matrix}$$
$$\begin{bmatrix} 1 & & \\ 0.233\,5 & 1 & \\ 0.446\,6 & 0.412\,8 & 1 \end{bmatrix}$$

根据以上的残差项相关系数矩阵和程序软件 TETRAD Ⅲ，对政府投资、民间投资和外商投资三个变量间的同期因果关系进行 DAG 分析②，得到的最终有向无环图为：$I_{gt} \leftarrow I_{pt} \rightarrow I_{ft}$。如图 5－1 所示，在我国经济中，存在着由民间投资到政府投资以及民间投资到外商投资的单向同期因果关系。

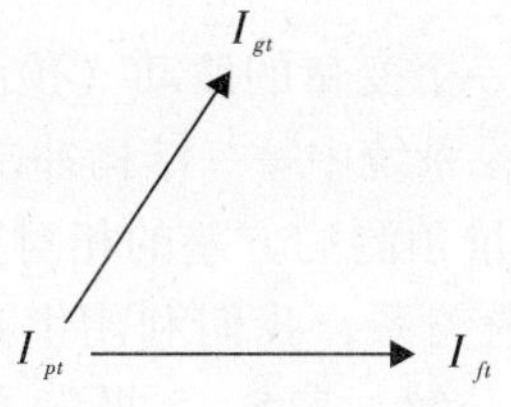

图 5－1　最终有向无环图

---

① 在偏相关系数检验中，删除连线所基于的条件变量称为该连线的分离集（Sepset）。对于根据无条件相关系数删除的连线，分离集为空集。

② 具体做法可参考杨子晖（2008）。需要指出的是，由于数据和模型的改动，本书的 DAG 分析结果与原稿有所区别，主要在于无向图的标向。

（2）异期因果关系检验——格兰杰检验。

表5－4给出了政府投资、民间投资、外商投资两两格兰杰因果关系检验的结果，或者可以直观地表示成图5－2。

表5－4 格兰杰检验结果

原假设	F 统计值	p 值
民间投资不是政府投资的“格兰杰原因”	16.175 2	0.000 3
政府投资不是民间投资的“格兰杰原因”	10.323 1	0.002 1
外商投资不是民间投资的“格兰杰原因”	0.709 8	0.509 8
民间投资不是外商投资的“格兰杰原因”	3.988 5	0.044 6
外商投资不是政府投资的“格兰杰原因”	7.990 8	0.005 5
政府投资不是外商投资的“格兰杰原因”	0.755 7	0.489 2

资料来源：利用 Eviews 5.0 估计而得。

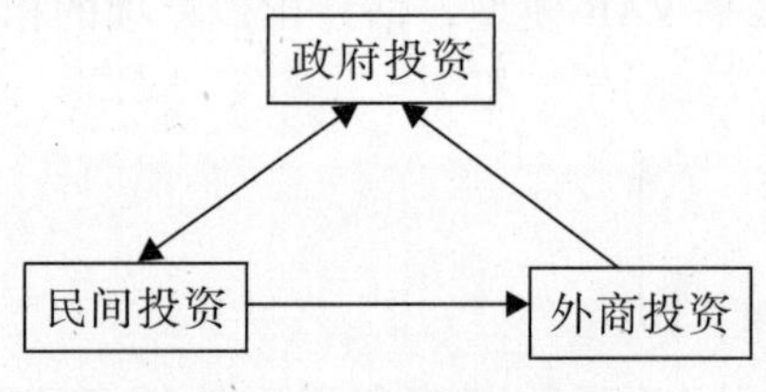

图5－2 格兰杰检验结果

综上所述，我国政府投资和民间投资之间存在双向的异期因果关系，民间投资到外商投资、外商投资到政府投资存在单向的异期因果关系。

4. *方差分解*

方差分解是将系统中某一个变量的波动（预测均方差）分解成由各变量冲击所带来的影响部分，记录系统中每一结构冲击对内生变量变化的贡献度，从而了解不同变量对目标变量预测均方差的相对重要程度。为了进一步分析我国政府投资和民间投资的关系，我们利用上述因果关系检验结果①，对VAR模型扰动项进行结构性分解。表5－5报告了我国政府投资 I_{gt} 和民间投资 I_{pt} 的预测方差分解结果。

① Swanson & Granger（1997）认为，在实际的方差分解分析中，变量排列次序的不同会使结论发生明显的变化。本书中的因果关系检验结果为变量的合理排序（见表5－5）提供了客观依据，避免了因为排序主观性而可能发生的方差分解失效。

表 5－5 预测方差分解结果

期数	政府投资 I_{gt} 的预测方差分解			民间投资 I_{pt} 的预测方差分解		
	I_{pt}	I_{gt}	I_{ft}	I_{pt}	I_{gt}	I_{ft}
1	32.97	67.03	0.00	100.00	0.00	0.00
2	20.49	75.72	3.79	67.82	31.23	0.95
3	37.48	59.28	3.24	90.07	7.88	2.05
6	49.45	47.09	3.46	84.60	12.58	2.82
9	57.79	39.53	2.68	85.76	12.32	1.92
13	60.81	35.44	3.75	79.55	17.38	3.06
16	57.94	39.36	2.70	75.97	22.22	1.81
20	56.73	38.80	4.47	60.17	36.87	2.96

资料来源：利用 Eviews 5.0 估计而得。

I_{gt} 的预测方差分解表明，政府投资的变动部分可由自身扰动来解释，在前 3 期解释比例均超过 59%，长期中也保持在 35% 的水平之上。民间投资对政府投资的解释力度十分显著，且有缓慢上升的趋势，在第 20 期高达 56.73%；外商投资的解释存在 1 期时滞，而且比例较低，在长期中只解释了不到 5% 的政府投资波动。可见，民间投资对我国政府投资变动的解释能力很强，它的冲击会引起政府投资的大幅变动；而外商投资则不然。这恰好印证了第 4 章的结论，政府投资是民间投资的重要补充。我国政府投资属于财政政策范畴，具有很强的相机抉择特征。在实际操作中，政府投资往往采取“盯住”民间投资的方式灵活调整自身规模，即当民间投资低迷时扩大政府投资，当民间投资充足时控制政府投资。因此，民间投资水平在某种程度上左右着政府投资决策是积极、稳健或消极；而外商投资因其相对规模较小，对社会总投资水平的波动不会产生太大冲击，因此它对政府投资的影响能力相对较小。

I_{pt} 的预测方差分解表明，无论是短期还是长期，民间投资的变动大部分由自身冲击来解释。政府投资对民间投资的解释比例第 1 期为 0，但在第 2 期骤然上升至 31.23%，第 3 期回落至 7.88%，此后在中长期逐步上升。这意味着从政府投资活动发生开始，民间投资在第 1 期不会有任何反应，但是经过市场的运作调整和民间投资者的理性觉醒，他们会对上一期政府投资做出策略反应，也即改变自己的当期投资行为或决策（1 年之后）。由此可见，我国政府投资对民间投资的影响只发生在中长期，短期之内民间投资“不会”或者“来不及”对政府投资做出反应。这一结论对后面的定量分析有重要启示，即实证分析将更关注政府投资在长期中对民间投资的影响。其具体做法是为因变量民间投资赋予一个（本期及其后两期的）滑动平均值，以估计滞后效应；如果只用当期数据进行估计，可能会得到不显著的结果，即政府投资与民间投资独立不相关。此外，通过比较可以发现，政府投资对民间投资存在解释时滞且解释比例偏小的问题，而民间投资对政府投资不存在解释时滞且解释比例偏大的问题，这也间接证实了从民间投资到政府投资的单向同期因果关系和双向异期因果关系的存在性。政府投资对民间投资的反应较为迅速，民间投资对政府投资的反应较为迟缓，这在某种程度上反映了两个投资主体间的信息不对称问题（政府拥有一定的信息优势）。外商投资对民间投资波动的短期解释程度为0，此后一直徘徊在2%、3%的水平，在长期中趋于稳定，说明外商投资的进入会对国内民间投资产生一定冲击。这与朱轶和熊思敏（2009）等人的研究结果相一致①。

5.2 我国政府投资对民间投资的影响

5.2.1 模型设定

上一节验证了我国政府投资和民间投资之间同期因果关系的存在性，但是没有对两者关系的正负性进行准确的度量。为了弥补这一缺陷，本节将利用第4章第4.3节中的世代交叠模型（OLG模型），实证考察政府投资对民间投资的“挤进效应”或“挤出效应”。借鉴Argimon等（1997）、陈浪南和杨子晖（2007）中的回归方程：

$$i_{Pt}^{*} = \beta_0 + \beta_G i_{Gt} + \beta_e e_t + \beta_o o_t + \beta_d d_t + \beta_m m_t + \varepsilon_t \tag{5-3}$$

其中，i_{Pt}^{*} 表示民间投资，i_{Gt} 表示政府投资，e_t 表示政府的消费性（非投资性）支出，o_t 表示政府的税外收入，d_t 表示国债发行量，m_t 表示货币发行量，ε_t 为误差项，β_0 为常数项。系数 β_G 衡量政府投资对民间投资的影响，如果 $\beta_G > 0$，表明政府投资一旦增加，民间投资也会随之增加，两者同向变动，即政府投资对民间投资产生“挤进效应”；如果 $\beta_G < 0$，政府投资的增加会引起民间投资的减少，两者反向变动，即政府投资对民间投资产生“挤出效应”；如果 $\beta_G = 0$，表明政府投资增加时，民间投资不会发生任何变化，即政府投资和民间投资是平行的，两者不相关。系数 β_e 估计政府消费性支出对我国民间投资的影响，其符号不确定。系数 β_o 估计政府的税外收入对民间投资的影响，其符号预期为负。系数 β_d 估计国债发行量对民间投资的影响，其符号一般为负。β_m 估计货币发行量对民间投资的影响，其符号预期为正。

① 朱轶和熊思敏（2009）研究认为，外商投资会对我国的民间投资产生“挤出效应”。

5.2.2 数据说明

由于我国民间投资的真正发展始于改革开放之初，故而将样本区间设定为1979—2010年。除非特别指出，所有原始数据来自《中国统计年鉴》以及中经网。下面是对各变量的数据说明：

①民间投资 i_P^* 和政府投资 i_G 的计算方法同表5-1。由上一节分析得出，政府投资对民间投资的中长期影响较为显著。为了准确地反映各变量尤其是政府投资对民间投资的影响，防止出现逆向因果问题，我们对因变量民间投资 i_P^* 取3年（本年及其后两年）滑动平均值。这样的话，模型的实际测算区间为1979—2008年，2008年的 i_P^* 值为2008—2010年的平均值。②政府消费性支出 e 等于行政管理费支出、社会保障支出、其他支出等财政支出项目的加总。③政府税外收入 o 为财政收入去除各项税收收入（预算内）① 和企业亏损补贴后剩下的部分。④国债发行量 d 选用数据为每年发行的全部国债，包括为偿还旧债而发行的国债总额。⑤货币发行量 m 中1990年前的数据来自汪红驹（2003），1990年及以后的数据来自《中国统计年鉴》。经验分析中所采用的以上数据均为人均实际值，由原始数据先后经过求均值（除以从业人员数）、指数化调整②（基期=1979）得到。

5.2.3 回归分析

为了克服异方差和序列自相关，我们用广义最小二乘法（GLS）估计（5-3）式，结果如表5-6所示。

表5-6 世代交叠模型的回归结果

系数	β_0	β_G	β_e	β_o	β_d	β_m	$\overline{R^2}$
估计值	39.237*** (6.338)	1.769*** (0.307)	-2.331*** (0.088)	-2.211*** (0.095)	-1.25** (0.582)	3.207** (1.448)	0.995

注：①括号内为估计系数的标准差；②*、**和***分别表示在10%、5%和1%的显著性水平下显著。

---

① 这一做法与陈浪南和杨子晖（2007）相同。原因有二：一、根据官方统计口径，企业亏损补贴作为负收入列为“财政收入”，这样会影响模型的回归结果，故而剔除；二、本模型是基于财政预算约束式平衡的假设，故无须考虑预算外的税收收入。

② 为提高数据的真实性，用固定资产价格指数对 i_p^* 和 i_G 进行调整，用居民消费价格指数对其他变量进行调整，统一折算为以1979年为不变价格的实际值。

从表5-6中可以看出，方程的拟合优度非常高（调整的R平方高达0.995），系数β_o、β_d、β_m估计值的符号与预期完全一致，这说明了本模型的设定是十分有效的，自变量对因变量i_P^*具有强有力的解释能力。

对于我们所关心的系数β_G，估计值为1.769，而且通过了1%的显著性检验，表明我国的政府投资对民间投资的带动作用大于排斥作用，总体上产生“挤进效应”，即增加政府投资每增加1单位，会带动1.769单位的额外民间投资。这与中国社会科学院经济增长前沿课题组（2004）的研究结论大体一致。一个市场经济国家在发展初期，相对稀缺的公共资本往往无法满足经济的快速发展，政府投资对民间投资有极强的扩张效应。随着经济增长速度的放慢和国内资本的日趋饱和，这一扩张效应会有所减弱，甚至弱于替代效应，从而表现为政府投资和民间投资的互斥关系。自改革开放以来，我国经济取得了前所未有的大发展。在经济增长和政府积极财政、货币政策的双重推动下，我国的社会资本积累实现了“量”的飞跃。尽管如此，作为一个发展中国家，我国经济增长方式的粗放度仍然较高，经济发展具有很大的资本依赖性，公共资本的积累与实际需要尚有一定差距，其规模远未达到边际报酬递减的水平，所以，以目前情况来说，当我国政府投资形成公共资本时，对民间投资的扩张效应还要强于替代效应，两者之间存在明显的互补关系。

政府消费性支出的系数β_e在1%的显著性水平下显著为负（-2.331），这是多种因素共同作用的结果。政府消费性支出包括行政管理费支出、社会保障支出、其他支出等部分，各个项目对民间投资的作用具有两面性，如行政管理费支出，可能通过提高政府行政效率而对民间投资产生正面影响，也可能通过加重税负而抑制民间投资。在本节中，以上因素综合表现为政府消费性支出对民间投资的“挤出效应”。政府税外收入的系数β_o为-2.211，且在1%的显著性水平下显著，说明政府税外收入增加1单位，民间投资会相应下降2.211单位，税外收入极大地抑制了民间投资发展。在我国历年的官方统计中，税外收入也在政府财政收入中占有相当大的比重，其中大部分是由民间投资者负担，这意味着政府挤占了更多的民间资源，直接削弱了民间的投资能力及投资水平。不难发现，当$|\beta_G| < |\beta_o|$时，说明了即使政府将所有的税外收入用于投资，也不足以抵消税外负担给民间投资带来的负面影响，两者的合力为负。国债发行量的系数β_d为显著负（-1.25），这恰好印证了袁东和王晓锐（2000）的结论，我国的国债发行对民间投资产生不利的影响。原因同上，国债发行虽然使政府有更多的资金可用于投资，但是换个角度来讲，国债中的一部分由本国居民或企业购买，这意味着资金从国民向政府的转移；再者，政府借债最终仍由国民来买单，国民通过交税帮助政府偿还“政府欠他们的钱”。因此，国债发行同时挤占了国民当前和未来的可支配资

金，从而对当前和未来的民间投资产生“挤出效应”。此外，当 $|\beta_G| > |\beta_d|$ 时，意味着如果政府将新增的国债融资全部用于投资，那么发行国债对民间投资的负效应将被政府投资的正效应所抵消，且最终的净效应表现为正。货币发行量的系数 β_m 为 3.207，且在 5% 的显著性水平下显著，表明适度的货币发行有助于促进民间投资，该作用的产生一般有两个途径：其一，货币供应量的增加，可能致使资本市场产生盈余，融资成本下降，进而提高民间投资者的预期收益；其二，财政赤字的货币化激励政府进行更大规模的投资，刺激了社会总需求，最终体现为货币购买力的增加。

5.3 小 结

本章第 5.1 节利用 1993—2012 年的时间序列数据，以向量自回归（VAR）模型为研究框架，对我国的政府投资、民间投资和外商投资进行单位根检验、协整检验、因果关系检验和方差分解。结果得出，在 5% 的显著性水平下，民间投资和政府投资之间存在单向的同期因果关系和双向的异期因果关系。政府投资不是民间投资的“同期原因”，而是民间投资的“异期原因”。换言之，政府投资对民间投资的长期影响要比短期影响更加显著。因此，分析政府投资对民间投资的效应程度或方向，必须将其置于一个较长的时间段内，加总考虑政府投资的滞后效应。第 5.2 节基于世代交叠模型，分析 1979—2010 年我国政府投资对民间投资的影响，结果证实了“挤进效应”的存在性，政府投资每增加 1 单位，会引起民间投资相应增加 1.769 单位。

第6章

我国政府投资对民间投资效应的面板数据分析

受统计资料的制约，时间序列分析仅仅涵盖32年（1979—2010）的数据，数据点相对较少，由此得出的结论不具备足够的可信度。此外，政府投资和民间投资间的均衡关系往往是动态而非静态的，用时间序列对其进行解释不够充分。为了更加全面、准确地鉴定我国政府投资和民间投资的关系，接下来将采用面板数据进行分析。

6.1 挤进效应的验证及其区域差异性分析

6.1.1 模型设定

陈工和唐飞鹏（2010）通过理论和实证分析得出，我国民间投资行为的诱因包括地方政府的税收优惠政策（地方实际税率）及其提供的公共产品与服务（地方政府投资）。根据本书的概念界定，前者是间接性政府投资，后者是直接性政府投资，两者同属于政府投资范畴。由此可见，政府投资对民间投资行为具有重要的影响。但是，由于我国地方政府投资的主要资金来源是税收收入，考虑到研究目的以及变量相关性问题，在面板模型中只引入地方政府投资作为解释变量，而摒弃地方实际税率。

民间投资行为还受到地区特定流动性条件的影响。地区特定流动性越强（小），企业的迁移成本越低（高），投资者就可能（很难）迁移至其他地区。F. Carlsen et al.（2005）采用地区间利润变动性（Geographic Profit Variability）作为地区特定流动性的代表变量。其逻辑是，如果地区流动性较强，由于资本市场的充分竞争，当地的投资利润率与外界应该趋于一致。本章也采用类似方法估计我国各省的特定流动性条件。

地方政府效率也是影响民间投资行为的一个重要因素。在一个市场经济的框架下，政府行政效率是投资软环境的重要组成部分，政府的行政效率越高，地区的引资能力就越强。世界银行东亚与太平洋地区副行长詹姆斯·亚当斯（2006）曾说过，落后城市只要提高地方政府工作效率，增加透明度，就可以吸引大量的资本流入（王健生，2006）。杨雷（2008）利用2003—2006年92个样本国家和地区的数据进行实证分析，结果得出政府效率对投资率具有显著的正效应，提高政府效率是促进民间投资的长久之道。

除此之外，通过多次的尝试回归和修正，在目标模型中引入上一期的民间投资资本存量，用于隔离民间投资的滞后效应，引入地方政府投资和地区特定流动性条件、地方政府效率的交互项，用于克服可能产生的多重共线性和变量间内生性问题。Kahai（2004）以1998—2000年55个发展中国家的数据研究发现，经济自由度越高、贸易障碍越少、宏观经济环境越好的国家，企业投资的交易成本越低，能吸引更多的投资。所以，目标面板模型的解释变量除了地方政府投资、地区特定流动性条件、地方政府效率、上一期民间投资资本存量和部分变量的交互项，还包括职工实际平均工资等控制变量。实证模型设为：

$$I_{i,t} = \beta_0 + \beta_1 G_{i,t} + \beta_2 M_{i,t} + \beta_3 E_{i,t} + \beta_4 C_{i,t-1} + \beta_5 G_{i,t} M_{i,t} + \beta_6 G_{i,t} E_{i,t} + \beta_7 CON_{i,t} + \mu_i + \lambda_t + v_{i,t} \quad (6-1)$$

我们可用上述回归方程研究我国政府投资对民间投资的影响。其中，下标 i 代表省份，t 代表年份，I 为取对数后的人均民间投资额，G 为取对数后的人均地方政府投资额，M 为地区特定流动性条件，E 为地方政府效率，C_{t-1} 为上一期的民间投资资本存量，GM、GE 为对应的交互项。CON 是其他控制变量，包括取对数后的职工实际平均工资 WAG，进出口总额占GDP的比例 IMP，非国有企业总产值占工业总产值的比例 SOE，取对数后的人均实际国内生产总值 PER，μ_i 代表不同地区之间所存在的不可观测地区效应，这些异质性由自然、地理、历史、社会等很多方面的原因造成，它不随时间变化而变化。λ_t 代表所有和时间有关却没有包括在回归模型中的效应，即不可观测的时间效应，它不随省份不同而变化。$v_{i,t}$ 代表随机扰动项。

6.1.2 数据说明

（1）我国民间投资的规模发展起步于改革开放，为保证数据的代表性和可获得性，将面板数据的时间跨度限定为1980—2009年。在地域选择上，由于一些无法克服的客观原因，只采用全国29个省、自治区和直辖市[①]的经济数据，不考虑港、澳、台地区和海南省，并将四川省和重庆市合并，统一计算相关指标[②]。原始数据来自《中国统计年鉴》、CSMAR数据库及中经网，部

① 以下分析中，统称为“省”。

② 海南省于1988年才成立。重庆市于1997年从四川省脱离，单独成为直辖市。

分缺失年份为平滑估算值。

（2）在区域分析中，根据官方统一口径，将上述29个目标省份划分为东、中、西部三个地区。其中东部地区包括北京、天津、河北、辽宁、上海、江苏、浙江、福建、山东、广东、广西11个省；中部地区包括山西、内蒙古、吉林、黑龙江、安徽、江西、河南、湖北、湖南9个省；西部地区包括四川、贵州、云南、西藏、陕西、甘肃、宁夏、青海、新疆9个省。

（3）经验分析中各个变量数据的详细说明见表6－1。

表6－1　面板模型各变量数据的计算

变量	经济意义	计算方法	预期符号
I	民间投资水平	Σln（人均民间投资/固定资产投资价格指数）/3	
G	政府投资水平	ln（人均政府投资/固定资产投资价格指数）	不确定
M	特定流动性条件	根据 F. Carlsen et al.（2005）进行估计	不确定
E	政府的效率水平	利用产出导向的DEA进行估计	正
C_{t-1}	上一期的资本存量	永续盘存法估计值/固定资产投资价格指数	不确定
GM	两者的相互作用对民间投资的影响		不确定
GE			不确定
WAG	劳动力成本	ln（职工平均货币工资/职工货币工资指数）	不确定
IMP	对外开放的程度	进出口总额/GDP	正
SOE	市场化程度（制度创新）	非国有企业总产值/工业总产值	正
PER	经济发展水平	ln（人均GDP/GDP平减指数）	正

注：①符号ln表示取对数；②政府投资和民间投资的计算方法与表5－1相同；③计算人均值，是将总量除以从业人员数而不是总人口；④Σ/3表示对变量I取3年（本年及其后两年）的滑动平均值，这样模型的实际测算区间为1980—2008年，2008年的I值为2008—2010年的平均值；⑤所有的指数化调整均以1979年为基期；⑥采用永续盘存法估计上一期的资本存量，公式为：$C_t = C_{t-1}(1-\tau) + C_t^*$，其中基年民间投资资本存量计算方法、折旧率$\tau$的选取如张军和吴桂英（2004）的方法。

6.1.3　估计方法

观察经过处理的数据[①]可以发现，各个变量在不同年份间的变动很小，而在不同省份间的变动十分明显。为了更清晰地认识这一点，以虚拟变量为自

① 由于篇幅所限，不列出数据。

变量，对主要变量进行 OLS 回归，表 6－2 列出了相应的调整 R 平方值。

表 6－2　进行 OLS 估计的调整 R 平方值

因变量	包含时间虚拟变量，不包含地区虚拟变量	包含地区虚拟变量，不包含时间虚拟变量	包含地区虚拟变量，包含时间虚拟变量
I	0. 065	0. 425	0. 590
G	0. 043	0. 408	0. 456
M	0. 105	0. 768	0. 898
E	0. 085	0. 641	0. 752

资料来源：利用 Eviews 5. 0 回归得到。

注：截面数为 29，样本区间为 1979—2009 年。

从表中第二列可以看出，时间虚拟变量对各变量的拟合优度较差，意味着变量值不会因时间变化而发生大的变化。或者说，变量观测值在时间维度的方差较小。因此可将时间效应 λ_t 视为不变常数，以使回归更加简便（陈工、唐飞鹏，2011）。从表中的第三列可以看出，地区虚拟变量对各变量的拟合优度较强，说明变量值在不同地区间有很大变化。或者说，变量观测值在截面维度的方差较大。如何有效处理地区效应 μ_i，是模型回归时的一大难题。有不少学者在这方面做出了有益探索（陈工、唐飞鹏，2011）。

Arellano & Bond（1991）提出了一种广义矩估计方法（DIF－GMM），基本思路是先对（6－1）式取一阶差分，以消除 μ_i 的存在所可能引起的不一致性，然后用一组滞后 2 期或 3 期的解释变量作为差分方程中相应变量的工具变量，用以修正变量的内生性。然而，Blundell & Bond（1998）和 Bond et al.（2001）等的进一步研究认为，DIF－GMM 估计量较易受弱工具变量的影响而产生有限样本偏误。为克服这一问题，Arellano & Bover（1995）和 Blundell & Bond（1998）提出了另一种 GMM 估计量，即 SYS－GMM 估计量，它结合了（6－1）式的差分方程和水平方程，此外还增加了一组滞后的差分变量作为水平方程相应变量的工具变量。相对来说，SYS－GMM 估计量具有更好的有限样本性质。当变量观测值相对较少且在不同截面单元间存在较为明显的变化时（从一个地区到另一个地区会发生很大的变化），SYS－GMM 的估计结果要比 DIF－GMM 更加有效。本章将主要报告 SYS－GMM 估计结果（陈工、唐飞鹏，2011）。

6.1.4 回归分析

1. 各地区特定流动性条件的估计

根据 F. Carlsen et al.（2005），一个地区的流动性条件越强，当地投资利润率与外界的差距就越小；反之，地区流动性条件越差，利润率差距越大，两者呈反比关系，因此可将我国省际利润率变动性作为各省特定流动性条件的代表变量。首先，选择煤炭开采、石油及天然气开采等 24 个代表性行业，用下标 s 表示，下标 i 和 t 分别代表省份和时间。找出 1980—2009 年全国及 29 个省份 24 个代表性行业的“资产合计”和“利润总额”指标数据，分别表示为 $C_{i,t,s}$ 和 $R_{i,t,s}$。那么 i 地区的 s 行业在 t 时期的利润率 $p_{i,t,s} = R_{i,t,s}/C_{i,t,s}$。其次，令 $|\bar{p}_{i,t,s}|$ 为利润率 $p_{i,t,s}$ 的离差绝对值，则 $|\bar{p}_{i,t,s}| = |p_{i,t,s} - p^{*}_{t,s}|$，其中 $p^{*}_{t,s}$ 为当年 s 行业的全国统一利润率，满足 $p^{*}_{t,s} = \sum_{i=1}^{29} R_{i,t,s} / \sum_{i=1}^{29} C_{i,t,s}$。这样的话，$i$ 地区在 t 时期的利润率变动性 $GPV_{i,t}$ 等于各个行业利润率离差绝对值 $|\bar{p}_{i,t,s}|$ 的加权平均，权重为各个行业所占的资本份额。用公式表示为：$GPV_{i,t} = \sum_{s=1}^{24} \frac{C_{i,t,s}}{C_{i,t}} * |\bar{p}_{i,t,s}|$。最后，由于利润率变动性 $GPV_{i,t}$ 与地区特定流动性 $M_{i,t}$ 呈反比关系，故而进行倒数运算 $M_{i,t} = 1/GPV_{i,t}$。

2. 地方政府效率的估计

地方政府效率是指政府的投入与产出之比。如果一个政府用较少的投入获得较大的产出，那么可以认为该政府是高效率的。也有部分学者把地方政府效率理解为政府的成本—收益比值，其实原理是一样的。陈工和唐飞鹏（2010）利用 Charnes、Cooper、Rhodes（1978）提出来的数据包络分析 DEA 法，估算出了 1980—2009 年我国各地方政府的行政效率。这里将主要报告他们的研究成果。

DEA 方法的基本思路是运用线性规划方法来构建一个有效的非参数效率前沿，再以此前沿面为参照来测度各决策主体投入产出的相对效率。陈工和唐飞鹏（2010）的估算方法是对产出导向 DEA（解垩，2007）的扩展，即对下面的线性规划问题求解：

$$\max_{\lambda\Phi} \Phi_i$$

$$s.t. \sum_j \lambda_j y_{mj} \geqslant \Phi_i y_{mi}, \forall m \in M; \sum_j \lambda_j x_{nj} \leqslant x_{ni}, \forall n \in N; \lambda_j \geqslant 0, \forall j \in J, \sum_j \lambda_j = 1.$$

在上式中，有 N 种投入，M 种产出，$n \in N$，$m \in M$，x、y 分别代表某种投入和产出的数量。有 J 个地方政府，$j \in J$，其中 i 特指某一目标地方政府。可知，Φ_i 值越大，该地方政府的相对效率就越低，所以用值 $E_i = 1/\Phi_i$ 代表它的相对效率值。为使结果更具代表性，选用每百人拥有的固定电话数、每千万人拥有的高校数、每万人拥有的医疗机构床位数、每千人对应的医生数、全年人均发电量、铁路密度、公路密度这些以政府导向为主的基础设施作为产出变量，以政府人均公共支出作为投入变量，以产出导向的 DEA 模型为基础进行政府相对效率的估计。出于简便的考虑，表6－3 仅给出 1980—2009 年我国东、中、西部地区政府效率的平均值。从表中可看出，我国地方政府效率大致呈现出逐年递增的趋势，在地区分布上，则是由东部沿海向中、西部递减。

表6－3　1980—2009 年我国东、中、西部地区政府效率的估计

年份	东部	中部	西部	年份	东部	中部	西部
1980	0.686 8	0.630 1	0.548 8	1995	0.752 2	0.692 9	0.671
1981	0.681 7	0.641 0	0.551 7	1996	0.751 2	0.709	0.674 9
1982	0.699 8	0.652 7	0.560 6	1997	0.759 9	0.698	0.694 4
1983	0.691 2	0.654 1	0.572 2	1998	0.778 9	0.710 1	0.68
1984	0.693 3	0.659 0	0.569 6	1999	0.775	0.704 9	0.673 3
1985	0.700 3	0.662 9	0.580 2	2000	0.789	0.708 6	0.663 1
1986	0.713 1	0.662 2	0.583 1	2001	0.832 8	0.717 4	0.692 5
1987	0.709 0	0.669 5	0.589 1	2002	0.803	0.705 8	0.685 6
1988	0.710 2	0.661 0	0.580 9	2003	0.819 5	0.708 8	0.681 5
1989	0.714 9	0.677 7	0.595 0	2004	0.815 6	0.701 5	0.709
1990	0.721 7	0.676 1	0.592 9	2005	0.824 3	0.709 9	0.713 7
1991	0.720 9	0.681 1	0.603 3	2006	0.822 6	0.700 3	0.718 6
1992	0.738 0	0.682 0	0.609 2	2007	0.830 1	0.721 5	0.711 9
1993	0.733 3	0.689 3	0.662 3	2008	0.834 5	0.720 9	0.700 1
1994	0.743 9	0.690 0	0.667 0	2009	0.840 1	0.720 0	0.711 2

资料来源：估计得到（陈工、唐飞鹏，2010）。

3. 模型的识别与分析

为了区别分析我国不同时期政府投资对民间投资的效应，避免可能出现的样本断裂点，依据我国所实施的不同财政政策，将面板数据分为五个不同的时期（子样本）：1982—1987、1988—1993、1994—1998、1999—2003、

2004—2008①。对（6-1）式进行 SYS-GMM 估计，结果见表 6-4。Sargan or Hansen's test 和 AR（1）test、AR（2）test 得出，SYS-GMM 回归所使用的工具变量是有效的，误差项不存在序列相关（陈工、唐飞鹏，2011）。

表 6-4　模型（6-1）的 SYS-GMM 估计结果

样本区间	1980—2009	1982—1987	1988—1993	1994—1998	1999—2003	2004—2008
财政政策类型		宽松	紧缩	适度从紧	积极	稳健
β_0	-3.67*** (0.81)	-5.07*** (1.73)	-5.49*** (0.28)	-4.7*** (1.27)	-3.81*** (1.09)	-2.29*** (0.89)
G	0.71*** (0.14)	0.87*** (0.28)	0.33*** (0.09)	0.46** (0.22)	1.02* (0.52)	0.74* (0.38)
M	0.02*** (0.00)	-0.04* (0.02)	0.04 (0.03)	-0.03 (0.02)	0.05* (0.03)	0.08** (0.04)
E	1.65* (0.84)	1.57** (0.78)	1.38* (0.7)	1.22** (0.61)	1.66* (0.84)	1.79*** (0.77)
C_{t-1}	1.27*** (0.12)	1.14* (1.07)	1.28*** (0.21)	2.01* (1.01)	2.2*** (0.57)	2.08* (1.04)
GM	-0.25* (0.13)	-0.4*** (0.09)	0.21 (0.13)	0.19 (0.18)	-0.61** (0.31)	-0.38* (0.2)
GE	0.61** (0.29)	0.38*** (0.06)	0.49* (0.25)	0.52* (0.27)	0.61** (0.3)	0.78*** (0.14)
WAG	1.36* (0.71)	-0.52*** (0.19)	-0.02 (0.05)	0.66*** (0.19)	1.4** (0.69)	1.9*** (0.51)
IMP	1.42*** (0.19)	-0.63 (0.36)	-0.09 (0.06)	-0.05 (0.11)	1.51*** (0.36)	1.56 (1.35)
SOE	1.35*** (0.22)	1.88*** (0.3)	1.92** (0.95)	1.75*** (0.47)	0.92* (0.48)	0.8* (0.42)
PER	1.72*** (0.21)	2.08*** (0.09)	2.21*** (0.22)	2.2*** (0.59)	1.68** (0.82)	1.44* (0.75)

① 1980—1981 年，我国实施的是“促进国民经济调整的财政政策”，2008 年 12 月至 2009 年为“积极财政政策”，但由于样本区间过短，不再单独列为子样本。

（续上表）

样本区间	1980—2009	1982—1987	1988—1993	1994—1998	1999—2003	2004—2008
时间虚拟变量	Yes	Yes	Yes	Yes	Yes	Yes
Sargan or Hansen's test	[0.224]	[0.163]	[0.11]	[0.394]	[0.611]	[0.395]
AR（1）test	[0.003]	[0.001]	[0.000]	[0.003]	[0.000]	[0.000]
AR（2）test	[0.482]	[0.439]	[0.28]	[0.191]	[0.334]	[0.676]

注：①圆括号内为估计系数的标准差；②*、**和***分别表示在10%、5%和1%的显著性水平下显著；③方括号内为对应假设检验的p值。

实证结果显示，在任何时期，地方政府投资的系数均在10%的显著性水平下显著为正。在全样本1980—2009中，系数估计值为0.71，意味着政府投资每增加1%，就会带动民间投资0.71%的增长，我国政府投资对民间投资的综合作用表现为“挤进效应”。如果以2009年的投资数据为基数进行折算，可得政府投资每增加1单位，民间投资会相应增加1.55单位。这与时间序列的分析结果十分接近。但是我们必须清楚地知道，本书实证部分的意义在于证实了我国政府投资对民间投资是存在“挤进效应”而非“挤出效应”，而对于具体的效应强度仍存在疑虑。不管是时间序列分析（1.769）还是面板数据分析（0.71%），都只是度量了政府投资对民间投资的3期（本年及其后两年）影响。而第5章的方差分解表明，政府投资对民间投资的长期影响显著大于短期影响，这样，我们便很难准确地估计政府投资对民间投资的“总挤进效应”。简而言之，本章结果是对上述效应的一个“低估”。

通过比较系数估计值不难发现，在不同子样本里，政府的财政政策越宽松（紧缩），政府投资对民间投资的“挤进效应”越强（弱）。1982—1987年，为了阻止国民经济的下滑趋势，我国实行宽松的财政政策，不断扩大政府投资规模，增加有效供给，缩小总供给与总需求之间的差距。政府投资对民间投资的“挤进效应”较为显著，相应的系数估计值为0.87。1988—1993年，由于经济过热、物价上涨、投资消费高速增长等一系列问题，我国推行紧缩的财政政策，紧缩中央财政开支，大力压缩政府投资规模，以控制社会消费需求的增长。由于政府投资受到限制，它对民间投资的影响相对较小（0.33）。1994—1998年，为了挤压经济泡沫，实现经济“软着陆”，促进国民经济的“高增长、低通胀”，我国实行了适度从紧的财政政策，进行财政体制和税收体制改革，规范政府投资的资金来源，此时政府投资对民间投资的影响系数为 0.46。1999—2003 年，受亚洲金融危机的影响，我国开始实行积极的财政政策。作为一个重要的宏观调控工具，政府投资的作用得到充分发挥，主要投资领域为基础设施建设、社会保障、科教等。在这一时期，政府投资对民间投资的递增的边际（正）效应逐步显现（1.02）。2004—2008 年，在扩大内需取得显著效果后，宏观经济中开始暴露出一些新问题，如投资需求过度膨胀，通货膨胀压力加大，农业、交通、能源等薄弱行业投入严重不足等。顺应宏观经济形势的要求，我国适时实施稳健的财政政策，对政府投资政策进行相应调整，主要内容包括：国债投资规模调减调向；推后预算内建设性投资的时间；有保有控，在投资总量适度控制下进行结构性调整。虽然政府投资的发展势头有所缓和，但是结构更加合理，其对民间投资的影响系数仍高达 0.74。

我们可以从以下三个方面来分析我国政府投资总体上对民间投资产生“挤进效应”的原因：

（1）政府投资对民间投资具有很强的引致作用。

30 年来，我国的政府投资快速增长，2009 年的投资额已近 6.4 万亿元，由此形成了规模庞大的公共资本存量（陈志国，2005），不仅带动了经济增长（索洛模型），积累了知识和经验（干中学和知识外溢模型[①]）；还由于自身的基础性，形成了巨大的生产力，在发展基础产业、完善基础设施、改善投资环境等方面作用显著，从而对民间投资产生了显著的正外部性。

（2）政府投资对民间投资的直接替代作用较小。

首先，在较长的一段时期，我国配套实施了相对宽松的货币政策，货币供应充足，使得政府投资不再单纯地依靠税收收入（还依靠增加货币、国债），民间投资者的贷款融资也得到有力保障。更何况，民间资金其实并不短缺，相反地，据统计我国有 14 万亿元的民间储蓄由于缺乏投资渠道而处于闲置状态。所以说政府投资并没有挤占民间投资的资金来源。其次，长期以来，我国的政府投资更多地投向基础设施建设、“三农”、民生工程等社会性事业，这些领域一般是社会效益高于经济效益、市场机制难以充分发挥作用，民间投资较少涉入，从某种程度上说，政府投资并没有挤占民间投资的时机和空间。

（3）政府投资对民间投资的间接替代作用不存在。

凯恩斯主义者认为，政府投资会推动金融市场利率上升，进而使民营企

---

① 在干中学和知识外溢模型中，无意的知识或经验积累被认为是资本投入的一个副产品。

业的借贷成本上升，导致民间投资萎缩，即存在“政府投资—利率—民间投资”的因果关系。然而从附表5可以看出，我国并不存在政府投资导致利率上升的情况，这意味着货币市场价格机制（利率机制）的失效，政府投资需求的扩张不会带来货币价格（利率）的上升。因此，政府投资不会通过利率这一媒介对民间投资产生“挤出效应”，原因在于我国经济的市场化程度还不高，金融市场不完善，利率作为货币的价格并没有完全市场化。利率水平高低不取决于货币市场的供求水平，而是由中央银行根据市场变化和经济需要统一制定的。另外，我国民间投资资金主要来自自有储蓄，就算利率上升，民间投资成本也不会有多大改变，这又意味着由利率到民间投资传导环节的失效。综上可知，我国的政府投资是“与民兴利”而不是“与民争利”，政府投资的扩张不但不会引起民间投资的缩减，反而会显著地“挤进”民间投资。

其他需要说明的结论：

（1）M 的系数估计值有正有负，显著性也较差。

因为如果某地区流动性条件较好，便意味着该地区企业的迁移成本较低，则民间投资很可能迁移至其他税率较低或公共服务较好的地区，但也有可能从其他税率较高或公共服务较差的地区迁移到本地区，因此其符号不确定。

（2）E 的系数代表了地方政府效率对当地民间投资的影响。

它有我们所预期的符号（+），而且通过了10%的显著性检验。这说明了我国的民间投资对目标地区的政府效率十分敏感，地方政府效率越高，该地区的引资能力越强。以1980—2009年为例，地方政府效率每增加1单位，就会促使民间投资增长1.65%。

（3）C_{t-1} 的系数衡量了上一期的民间资本存量与当期的民间投资的相关性。

其估计值均显著为正，表明了我国民间投资存在一定程度的“惯性效应”和“趋同效应”（陈工、唐飞鹏，2010），民间投资者会根据自己或他人上一期的投资情况来进行投资决策。

（4）GM 是政府投资和地区特定流动性条件的交互项。

之所以要引入该项，是因为我国政府投资有相当一部分是投向交通基础设施建设，如公路、铁路和机场等，这样政府投资便正向影响着地区流动性；反过来，当一个地区的流动性增强，政府由于担心资本外流，会选择降低税负，削减财政收入，进而压缩政府投资。所以，政府投资和地区特定流动性条件之间存在循环的互动效应，其中存在一个均衡点，反映两者的均衡关系，这由交互项 GM 衡量。在全样本中，该项的系数估计值显著为负（-0.25）。

（5）GE 是地方政府投资和地方政府效率的交互项。

根据陈工和唐飞鹏（2010）的研究，财政竞争（地方政府实际税率）和企业投资的关系取决于地方政府效率，因此引入该项。在本模型中，它的系数估计值始终为正，并在10%的显著性水平下显著，说明地方政府投资和地方政府效率的相互作用对因变量 *I* 产生了正面影响。

（6）*WAG* 项的系数。

其估计值在1982—1993年中小于0，说明了职工平均实际工资的增加，会提高民间投资的劳动力成本，从而抑制民间资本的流入。而在其他子样本和全样本中，相应的系数估计值却大于0，对此可以从两个方面加以解释：①间接投资开始从劳动密集型产业转向资本、技术密集型产业，投资者不再那么重视劳动力成本的最小化，转而注重技术创新和对优秀技术人才的追逐等；②根据效率工资理论，投资者向员工支付高工资，可以减少就业的“逆向选择”，提高劳动者素质，从而提高生产率。

（7）*IMP* 的系数反映了地区对外开放的程度对民间投资行为的冲击。

回归结果显示，1980—2009年间，我国地方开放程度和民间投资存在显著（1%）的正相关关系。

（8）*SOE* 的系数估计值均为正数，且在10%的显著性水平下显著。

这说明我国地方的市场化程度越高，市场经济体制越健全，越有利于民间投资的引入。

（9）*PER* 代表一个地区的经济发展水平。

其系数符号与设定模型时的预期相一致，而且通过10%的显著性检验，表明经济发展水平对民间投资有很强的吸引作用，民间投资者在进行投资决策时，往往会更青睐宏观经济环境较好的地区。

基于以上研究，为了进一步检验我国政府投资和民间投资的关系是否存在区域差异性，下面将分别针对我国东部、中部和西部地区，对模型（6-1）再次进行回归，然后进行比较分析。表6-5报告回归结果，表中 Sargan or Hansen's test 和 AR（1）test、AR（2）test 表明了区域 SYS-GMM 回归所使用的工具变量是有效的，而且误差项不存在序列相关。

表6-5 我国政府投资和民间投资关系的区域差异性

因变量	全国	东部	中部	西部
β_0	-3.67*** (0.81)	-4.22*** (1.01)	-5.5*** (1.99)	-5.77*** (1)
G	0.71*** (0.14)	0.96*** (0.31)	0.48*** (0.09)	0.21* (0.11)

（续上表）

因变量	全国	东部	中部	西部
M	0.02*** (0.00)	1.12*** (0.07)	0.1*** (0.03)	-0.17* (0.09)
E	1.65* (0.84)	1.16*** (0.17)	1.75** (0.87)	1.94* (0.89)
C_{t-1}	1.27*** (0.12)	2.09* (1.1)	2.28*** (0.62)	-0.08 (0.09)
GM	-0.25* (0.13)	0.38 (0.23)	0.29 (0.21)	-0.09 (0.11)
GE	0.61** (0.29)	-0.21* (0.11)	0.64* (0.33)	1.82*** (0.32)
WAG	1.36* (0.71)	2.68*** (0.62)	1.02** (0.05)	-1.66*** (0.22)
IMP	1.42*** (0.19)	1.63* (0.82)	0.79 (0.44)	1.44*** (0. 34)
SOE	1.35*** (0.22)	1.71*** (0.52)	1.88* (0.95)	1.22 (0.97)
PER	1.72*** (0.21)	2.21*** (0.27)	2.04*** (0.19)	1.02 (0.69)
时间虚拟变量	Yes	Yes	Yes	Yes
Sargan or Hansen's test	[0.224]	[0.155]	[0.269]	[0.371]
AR（1）test	[0.003]	[0.005]	[0.005]	[0.008]
AR（2）test	[0.482]	[0.239]	[0.338]	[0.473]

注：①为了便于比较，表中第二列显示了全国范围内的回归结果，同表6-4第二列；②***、**、*分别表示在1%、5%、10%的显著性水平下显著；③本部分的回归统计量仍然为SYS-GMM。

观察表6-5可知，不论是在东部还是在中、西部地区，我国的政府投资均对民间投资产生显著（10%）的“挤进效应”，而且，挤进效应乘数从东部地区到中、西部地区递减，分别是0.96、0.48、0.21。可见我国政府投资和民间投资的关系存在明显的区域差异性，“挤进效应”强度从东部到中、西部逐渐递减。在东部地区，政府投资对民间投资的“挤进效应”体现得最为充分和高效，前者的1%变动，会引起后者同向变动0.96%。这是由于东部地区长期以来享有一系列的发展优惠政策，形成了较好的经济发展基础，经济增长的质量也相对较高，在引资方面具有中、西部地区所无法比拟的优势，如优越的宏观经济环境和投资环境、充裕的民间储蓄、较高的投资效率、健全的基础配套设施、相对完善的制度和政策等，所以政府投资对民间投资的引导机制十分灵敏。在中部地区，政府投资每增加1%，民间投资会相应增加0.48%；在西部地区，政府投资每增加1%，民间投资的增幅最小（仅为0.21%）。其原因在于：①中、西部地区尤其是西部地区的经济发展和技术管理水平与东部差距较大，投资环境十分恶劣，民间投资信心和投资意愿普遍低迷，政府投资不足以构成民间投资行为的诱因。②市场壁垒的存在，使得政府投资对民间投资的带动作用并不明显。中、西部的许多重要投资领域，如建设性、资源性领域，政策大多规定只准许政府投资进入，民间投资不得参与；另外，就算是政策允许民资进入的其他投资领域，也有一些刻意（如地方保护主义）或无意（如自然垄断）制造的进入壁垒束缚着民间资本，使得民间投资难有作为。③中、西部政府投资的方向主要是基础设施，如修建铁路，其产业链相对较短，产业关联度小，除了能增加水泥、钢铁等投资品需求外，对其他行业的辐射效应有限，因此制约了政府投资对民间投资的带动效应。④相比东部地区，中、西部可用于投资的民间财富要少得多，金融市场和金融服务也相对落后，致使中、西部民间投资的资金来源极度匮乏，所以不管政府投资如何，中、西部的民间投资都很难有所作为。

对于其他变量：①M的系数估计值在全国及东、西部地区显著为正，而在中部地区显著为负，说明地区特定流动性条件对东部和西部地区的民间投资产生积极影响，对中部地区的民间投资产生消极影响。②E的系数估计值在东、中、西部地区分别为1.16、1.75、1.94，均显著大于0，由此可见，地方政府效率和民间投资呈正比关系，地方政府效率越高（低），民间投资者就会选择进入（退出）该地区。对于处于竞争劣势的中、西部地区，提高政府效率或许是吸引民资的有效手段。③C_{t-1}的系数估计值符号在东部和中部地区为正，而在西部地区为负，而且是不显著的。在经济未实现充分发展时，西部地区的民间投资很难持续稳定地增长，而是呈现出断点式、周期式增长，这是经济落后地区的普遍现象。原因之一是资金限制。民间自有资金规模小，借贷能力也很有限，每次投资都是以牺牲未来几年的投资机会为代价，因此使民间投资难以持续。原因之二是资本容量有限。西部地区经济水平低，可投资空间相对狭窄，能够吸引资本进入的基本上是一些基础性、能源性的传统领域，而这些领域又往往被国有资本所垄断，且是受到政策保护无法动摇的，民间资本很难占有一席之地。因而民间投资的可作为空间很小，一旦今年发生投资，可能就会出现饱和，意味着未来几年都不再需要类似投资。正是上述两个原因使得在西部地区回归结果中，上一期资本存量增加会导致本期民间投资的小幅缩水。

6.2 政府投资和民间投资的经济增长效应

在政府投资和民间投资的关系中，经济发展是一个重要的中间变量。要想厘清政府投资和民间投资的内在关系，必须将经济变量考虑在内，综合研究三者之间的作用机制。本节将利用面板数据的单位根检验法、协整检验法、误差修正模型和脉冲响应等计量方法，研究政府投资和民间投资的经济增长效应及其差异性，以期为今后我国投资政策的方向定位提供理论参考。

6.2.1 数据采集

本部分使用1990—2012年我国30个省份①的面板数据。政府投资和民间投资的计算方法不变（同表5－1）。同样地，为了提高计量检验的稳健性，对相关变量原始数据进行必要的尝试调整，如指数化、人均值、对数化、平滑化等。与原稿不同，这里只对政府投资G、民间投资I、国内生产总值E三个变量的原始数据进行简单的指数化，而且选用的均是以1990年为基期的固定资产投资价格指数。对个别年份缺失的数据，如海南省1990—1992年的GDP数据，用平滑估计值或极大似然估计值近似替代。原始数据均来自《中国统计年鉴》。

6.2.2 单位根检验

为了保证结果的稳健性，我们分别利用 Levin，Lin & Chu；Im，Pesaran and Shin W－stat；ADF－Fisher Chi－square；PP－Fisher Chi－square 四种方法对变量G、I、GI、E的面板数据进行平稳性检验。其中GI为政府投资和民间投资的交互项。检验结果见表6－6。从表中可以看出，四种检验得到的结论是一致的，即变量G、I、GI、E都是非平稳的，为I（1）或I（2）过程。

① 增加考虑海南省。重庆市计入四川省，不考虑港、澳、台地区。

表6-6 变量 G 、I 、GI 、E 的单位根检验

变量	检验方法			
	Levin, Lin & Chu	Im, Pesaran and Shin W - stat	ADF - Fisher Chi - square	PP - Fisher Chi - square
G	14.184 7	15.807 9	6.122 4	3.175 7
I	33.375 2	27.832 5	0.245 7	0.204 3
GI	36.955 2	29.607 0	0.470 2	0.276 1
E	27.306 7	25.245 2	0.028 1	0.001 4
DG	-4.867 8	-5.551 3***	154.764***	221.348***
DI	12.020 8	9.897 9	24.863 4	61.921 3
DGI	19.887 4	12.153 5	34.593 8	84.681 4**
DE	3.300 9	6.184 0	16.255 6	41.153 8

资料来源：利用 Eviews 软件估计得到。

注：D 表示一阶差分。

6.2.3 协整检验与误差修正模型

协整理论的基本思想：非平稳变量间的某个线性组合有可能是平稳的，这些变量之间存在长期稳定的均衡关系（达摩达尔·N. 古扎拉蒂，2011）。表6-6说明变量 G 、I 、GI 、E 是非平稳的，现在可以运用协整检验来考察它们之间的长期因果关系。检验结果（见表6-7）表明，变量 G 、I 、GI 、E 之间存在唯一一种协整关系。(6-2）式为对应的协整方程，它反映了我国政府投资、民间投资以及两者间相互作用对经济的长期动态影响，三个解释变量的系数分别为2.994 5、-0.906、-0.152 4，表明了在长期中政府投资和民间投资对我国经济的贡献率存在显著差异性。政府投资对经济的直接贡献比较大，且是十分显著的。但是民间投资与交互项的系数却为负，这不是理想的结果。

表6-7 变量 G 、I 、GI 、E 的协整检验

协整关系方程个数 r	特征值	迹统计量	p 值	临界值（5%）
$r=0$	0.132 7	91.256 7	0.000 0	47.856 1
$r\leq 1$	0.044 8	22.906 0	0.250 7	29.797 1
$r\leq 2$	0.001 8	0.919 0	1.000 0	15.494 7

长期均衡方程：$E = 2.9945G - 0.906I - 0.1524GI$ (6-2)

$(0.7542)\ (0.9231)\ (0.1459)$

资料来源：估计而得。括号中是系数估计的标准差。

鉴于长期分析是各种影响综合作用的结果，存在利用最终结果掩盖某些问题的可能（尹贻林、卢晶，2008），下面估计一个误差修正模型，考察政府投资和民间投资与经济增长的短期因果关系，以弥补长期分析中的不足。得到修正方程如下：

$$\Delta E_{it} = -0.1061^{***}\varepsilon_{it-1} + 1.3453C - 0.1607\Delta E_{it-1} + 0.0187\Delta E_{it-2} + 0.0656\Delta E_{it-3} + 0.1156\Delta G_{it-1} + 0.2993\Delta G_{it-2} - 0.6709\Delta G_{it-3} + 0.0896\Delta I_{it-1} + 0.1943\Delta I_{it-2} + 0.6755\Delta I_{it-3} + 0.0411\Delta GI_{it-1} + 0.0205\Delta GI_{it-2} + 0.0316\Delta GI_{it-3} \quad (6-3)$$

从式中可以看出，误差项 ε_{it-1} 的系数为 -0.106 1，且在1%的显著性水平下显著，证实了各变量之间确实存在着长期的均衡关系。

（6-3）式还表明，政府投资和民间投资的经济增长效应存在显著差异性。政府投资变量的第1期和第2期系数估计值分别为0.115 6和0.299 3，表明政府投资每增加1%，经济变量将增加0.115 6%和0.299 3%。但在第3期，系数估计值变成-0.670 9，这说明政府投资对经济增长的作用主要体现在短期内。民间投资对经济增长也有促进作用，但是短期效应不如政府投资明显，前两期对应的系数估计值分别为0.0896和0.1943，其原因可能包括：①实证研究的时间跨度为1990—2012年，其中相当长的时间内，政府投资的相对规模大于民间投资的相对规模，这样，政府投资的短期经济（乘数）效应自然也要强于民间投资。②近年来，虽然政府不断地给民间投资“松绑”和“解禁”，拓宽了民间资本的发展空间，然而政府投资在矿产、铁路等关系国民经济命脉的行业中仍占据主导地位，这些行业往往是经济增长的主要来源。尽管民间投资的短期经济效应弱于政府投资，但其长期经济效应还是要远远强于政府投资。另外还可以看到，从第1期至第3期，政府投资和民间投资的相关性对经济变量均有显著的正面影响，对应的显著性水平为1%。这说明政府投资可能通过“挤进”民间投资来促进经济发展。

6.2.4 脉冲响应分析

现在借助脉冲响应函数，进一步研究我国政府投资和民间投资的经济增长效应的强度和周期。脉冲响应函数用于衡量来自随机扰动项的一个标准差冲击对内生变量当前和未来值的影响。图6-1、图6-2、图6-3是基于Cholesky分解方法的脉冲响应图，分别表示了政府投资、民间投资以及交互项的冲击对经济变量当前和未来各期取值的动态影响轨迹。横轴代表滞后阶数，纵轴代表响应程度。

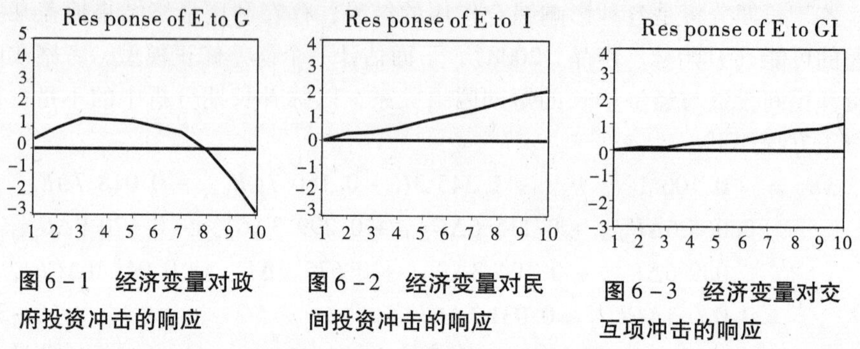

图 6－1　经济变量对政府投资冲击的响应

图 6－2　经济变量对民间投资冲击的响应

图 6－3　经济变量对交互项冲击的响应

观察图 6－1：在 1～8 期，政府投资的正冲击经传递，对经济变量产生正向效应。在第 3 期响应幅度达到最高点，之后持续下降，并在第 9 期转为负效应。这说明我国政府投资在一定时期内对经济增长有积极影响，而在长期中可能产生消极影响。

观察图 6－2：给予民间投资一个标准单位的正冲击后，经济变量产生积极的响应，并在长期中表现为一个相对平稳的调整过程，且始终为正。这表明了我国民间投资对经济增长具有长期可持续的正面效应。

观察图 6－3：经济变量对交互项冲击的响应与图 6－2 大致相同，稳定保持在一个正水平，响应程度相对较弱。这说明政府投资和民间投资的相互作用对我国经济具有一定的增长作用。

综上所述，我国政府投资只在有限时期内对经济有刺激作用，具有不可持续性；在长期中，政府投资对经济的作用主要通过直接或间接地带动民间投资，进而满足市场经济发展的需求，促进经济发展。民间投资不管是在短期内还是在长期中，均对经济有显著贡献，其短期贡献率虽然低于政府投资，但是长期贡献率远远高于政府投资。上述结论与先前的分析结果相一致，即民间投资才是市场经济发展的内生动力。

当然，就目前而言，政府投资仍是我国宏观经济调控、“保增长、调结构”的重要手段。每次经济遭遇风险，以扩大政府投资为主要内容的积极财政政策总会成为政府的首要选择。但是根据以上分析，政府投资刺激经济具有短期化特征。由于国家财力有限，难以维持长期高水平的政府投资。因此，长期中经济能否真正复苏，复苏多少，并不取决于政府投资有多少，而取决于政府投资是否有效地带动民间投资。如若民间投资持续低迷，待到政府投资难以为继及其短期效应退去之时，我国又将陷入经济增长乏力的困境。

当前，我国中央政府投资迅速膨胀，但是由于财力不足，地方政府投资已显得力不从心，不少地方面临着有项目无资金的尴尬局面。尽管如此，出于对政绩的追求，地方政府不断地硬上项目，至于钱从何来，似乎从来不用担心。但是可以肯定的是，政府投资盲目扩张遗留下来的地方债务，最终要由纳税人买单。这样就挤占了更多民间投资者的可用资金，同时还承接了原本可能属于民营企业的投资项目，结果是地方政府投资“挤出”了民间投资。这使政府投资的经济效应大打折扣。要实现经济效应最大化，政府投资应充分发挥其对民间投资的杠杆效应，“挤进”民间资本并使之长期服务于经济。

实践早已证明，单凭政府投资难以支撑我国经济的持续健康发展。我国当务之急是要尽快让民间投资来“接力”。但是根据理性预期学派的理论（孙旭、罗季，2004），“在市场经济中，民间投资主体在进行投资决策时，一般会根据过去和当前的经济情况做出预测来决定自己的投资行为”。民间投资者的谨慎心态和逐利心理，又兼当前复杂多变的经济大环境，决定着他们会更多地选择观望或等待（谭浩俊，2009）。所以，这就形成了一个“连环套”，即经济的复苏需要民间投资的快速跟进，民间投资的跟进又取决于经济复苏的程度（谭浩俊，2009）。只有处理好这一问题，才能实现民间投资与经济发展之间的良性互动。政府需要做的是，在制度上提出更有建设性和突破性的政策措施，改善民间投资者对经济前景和投资收益的心理预期，促使他们自发、自觉地参与到社会投资活动中去。

6.3 小 结

本章第6.1节构建了一个包含民间投资、政府投资、地方特定流动性条件和地方政府效率等变量的动态面板模型，并利用1980—2009年29个省市的面板数据进行SYS－GMM回归，研究结果表明我国政府投资对民间投资总体上产生“挤进效应”，而且存在显著的区域差异性，“挤进效应”的强度从东部到中、西部递减；第6.2节利用相关面板数据的单位根检验、协整检验、误差修正模型和脉冲响应，探讨了1990—2012年我国政府投资和民间投资与经济发展的关系及其表现形式，结果得出政府投资对经济有强有力的拉动作用，但是该作用是短暂的，在长期中政府投资主要靠激活民间投资来影响经济；民间投资的经济促进作用具有长期滞后性。

第7章

我国政府投资和民间投资关系的结构分析

本书第5章和第6章对我国政府投资和民间投资的关系进行了总量分析。为使研究更加完整，进一步深化对两者间关系的认识，本章将在现有（总量）研究的基础上作一个有益的补充，从三个角度对我国财政政策执行过程中的政府投资和民间投资进行结构分析。

1. 主体结构

在现实的经济活动中，投资主体多种多样，大到政府、企业，小到家庭、个人，不同投资主体在投资总量中的比例关系，即投资主体结构，对投资效率和社会经济会产生不同的影响。投资主体结构是否合理直接关系到能否有效利用社会各方资源共同促进经济发展。一般认为，在社会投资总量保持不变的前提下，优化投资结构可以显著提高投资效益，进而促进经济增长。所以在研究投资支出行为时，结构问题是一个不容忽视的重大课题。第7.1节将探讨我国社会总投资的主体结构最优化问题——政府投资和民间投资的最优比重。这其实也是政府与市场在经济领域的合理界限问题，具有较大的现实意义。

2. 行业结构

社会投资一般被分配到国民经济中的各个行业，各行业容纳（占有）的资本比重即是社会投资的行业结构，它代表着社会经济资源在不同行业或领域的配置。行业结构越合理，说明资源配置越有效率，经济资源得到充分利用并实现最大增值。资源配置根据配置主体（系统）的不同分为政府配置和市场配置，两者均不可或缺。其中政府配置作为市场配置的补充，要合理有度，不能对市场配置造成挤压或干扰。在本书中，政府投资属于政府配置范畴，民间投资属于市场配置范畴。第7.2节将研究我国不同领域中政府投资对民间投资的影响差异，这一研究将为我国政府如何发挥好资源配置职能提供很好的理论依据。

3. 地区结构

与行业结构一样，地区结构是指社会投资在不同地区的分布状况，代表着社会经济资源在不同地区的配置。由于社会、经济、财力、地理、资源等方面的原因，不同地区的投资水平存在明显差别，在我国尤其如此。另外根据已有的研究文献显示，中央政府和地方政府的投资行为有所区别，对后者的研究也是极其重要的。基于上述两点理由，第7.3节将以位于经济发展前沿的广东省为研究对象，分析该地区政府投资和民间投资的变化情况，以及地方政府投资对当地民间投资的影响效果。这一部分是本书主题在区域经济研究领域的延伸，具有一定的理论意义。

7.1 我国政府投资和民间投资的最优比重分析

7.1.1 理论推导——基于总量生产函数的动态最优化

Barro（1990）在内生经济增长模型中讨论最优税收结构的框架，分析经济增长中的最优财政支出结构。该模型在相关领域被广泛借鉴和运用，如孙长清（2004）、曾娟红（2005）、何继善（2006）、毛加强（2009）等学者，均在Barro（1990）研究的基础上对中国财政支出结构问题进行实证分析。这一方法也可用于分析政府投资和民间投资的关系。本章研究是Barro（1990）的变形，假定一个封闭经济中有三个主体：无限寿命的家庭、同质且竞争性的企业、政府。家庭的目标是消费效用[①]最大化，企业使用劳动与资本两种生产要素并追求利润最大化，政府征收一次性的比例税。再假设人口不增加、社会资本总量外生固定且不存在折旧。

1. 家庭行为

代表性家庭在预算约束下最大化消费效用$u[c(t)]$的贴现量：

$$\max u[c(t)] = \int_0^\infty \left(\frac{c^{1-\sigma}-1}{1-\sigma}\right)e^{-\rho t}dt \tag{7-1}$$

其中，$c(t)$为人均消费，σ是消费者的跨时替代弹性的倒数，它决定着该成员将消费在不同期间转移的意愿，其值越小，说明他越愿意允许消费随着时间而变动。ρ为贴现率，它的值越大，意味着相对于现期消费，家庭对未来消费的估价越小。

令$k_p(t)$为私人资本存量，$\dot{k}_p(t)$为私人资本增量，$y(t)$为人均产出，τ为税率，那么消费者的预算约束可写成：$\dot{k}_p(t) = (1-\tau)y(t) - c(t)$，即将交税和消费后的剩余收入全部用于再投资。

2. 企业行为

考虑到研究目的，我们对“新古典学派”的总量生产函数（拓展的C-D

① 不考虑闲暇对劳动的替代。

生产函数）进行修正。将社会产出视为要素投入的函数：$Y = AF(L,K,G)$ 。其中 Y 为实际产出，A 代表技术水平①，L 代表劳动力，K 代表资本存量，G 代表政府支出。为了区分不同资本对产出的贡献，将资本存量 K 分为三部分，分别是公共资本存量 K_g ，由政府投资形成；民间资本存量 K_p ，由民间投资形成；外商资本存量 K_f ，由外商投资形成。三者的投资—资本比相等，均为常数 a②。相应地，变量 G 表示政府消费性支出。生产函数变为：$Y = AF(L,K_g,K_p,K_f,G)$ 。再假设生产函数为规模收益不变，方程两边同时乘以 $1/L$ ，可得：

$$\frac{Y}{L} = AF(1,\frac{K_g}{L},\frac{K_p}{L},\frac{K_f}{L},\frac{G}{L}) \Rightarrow y = Af(k_g,k_p,k_f,g) = Ak_g^{\alpha}k_p^{\beta}k_f^{\chi}g^{\gamma} \qquad (7-2)$$

式中 y 、k_g 、k_p 、k_f 、g 分别为人均产出、人均公共资本存量、人均民间资本存量、人均外商资本存量、人均政府消费性支出。α 、β 、χ 、γ 为相应的产出弹性，满足 $0 < \alpha,\beta,\chi,\gamma < 1$，$\alpha+\beta+\chi+\gamma = 1$ 。令 m 、n 、s 分别表示公共资本、民间资本和外商资本占社会总资本的比例，$0 < m,n,s < 1$，$m+n+s = 1$。

企业的行为目标是实现利润最大化：$\max\limits_{k,l}[(1-\tau)y - rk - w]$ ，其中 r 为资本的利率，w 为工资率，对 k 求导后得到 $r = (1-\tau)\partial y/\partial k_p$ ，表明了当资本的边际成本（利率）等于资本的边际收益（税后的边际产出）时，厂商利润达到最大。

3. 政府行为

政府按照税率 τ 征税，并将所有税收收入用于投资性支出和消费性支出，方程如下：

$$ak_g + g = \tau y = \tau Ak_g^{\alpha}k_p^{\beta}k_f^{\chi}g^{\gamma} \qquad (7-3)$$

4. 均衡状态

利用修正的生产函数，消费者预算约束可变形为：$\dot{k}_p = (1-\tau)Ak_g^{\alpha}k_p^{\beta}k_f^{\chi}g^{\gamma} - c$ 。参考孙长清等（2004）③、曾娟红等（2005）④、何继善等（2006）、毛加强等（2009）的做法，为了寻找宏观经济均衡，我们转而求解一个最优化问题，以

① A 代表知识进步、技术创新等因素，又称为全要素生产率，在本模型中设为常量，原因有二：一、技术知识因素对经济的增长效应常常具有较长的时滞；二、一国的技术知识水平主要取决于人力资本和研发资本的投入量。当前我国的教育和科技经费主要由财政供给，故而将 A 的经济效应归入 K 的变化中去。

② 该假设意味着，“1 单位政府投资所能形成的公共资本量” = “1 单位民间投资所形成的民间资本量” = “1 单位外商投资所能形成的外商资本量”，公共资本、民间资本和外商资本的两两比值等于政府投资、民间投资和外商投资的对应比值。

③ 孙长清等（2004）认为，在这种分权经济中，企业与家庭面临同样的利率和工资率，经济实现供给与需求平衡，代表性家庭的最终债务为零，所以根据家庭问题及企业追求利润最大化及零利润条件，此时的宏观经济均衡表示为（7-4）式。

④ 曾娟红等（2005）认为，对于每个家庭来讲，它的问题就是在自己的预算约束下选择它的消费路径、资本存量路径和劳动力供给路径来极大化它的效用。在人均化的模型中等价于选择人均消费路径和人均资本路径来极大化它的效用。

上式为预算约束，最大化目标函数 $u(c)$，即求解（7－1）式。对应的 Hamilton 方程如下：

$$H = u(c) + \lambda[(1-\tau)Ak_g^{\alpha}k_p^{\beta}k_f^{\chi}g^{\gamma} - c] \tag{7-4}$$

其中 λ 为 Hamilton 乘子，反映财富的现值影子价格，取决于由边际资本所带来的更多效用流的现值。通过求导可得最优条件如下：

$$\partial H/\partial c = u'(c) - \lambda = 0 \tag{7-5}$$

$$\dot{\lambda}/\lambda = (\rho\lambda - \partial H/\partial g)/\lambda = \rho - (1-\tau)Ak_g^{\alpha}k_p^{\beta}k_f^{\chi}\gamma g^{\gamma-1} \tag{7-6}$$

横截性条件为：$\lim\limits_{t\to\infty} e^{-\rho t}\lambda g = 0$，又由（7－5）式可得：

$$\dot{\lambda} = u''(c)c \tag{7-7}$$

把（7－5）、（7－7）式代入（7－6）式可得：

$$\frac{u''(c)c}{u'(c)} = \rho - (1-\tau)Ak_g^{\alpha}k_p^{\beta}k_f^{\chi}\gamma g^{\gamma-1} \tag{7-8}$$

根据（7－1）式，效用函数的一阶和二阶导数分别为：$u'(c) = c^{-\sigma}$，$u''(c) = -\sigma c^{-\sigma-1}$，代入（7－8）式可得调整后的欧拉方程，即消费增长率方程。又由于处于均衡状态时，消费增长率 $\dot{c}/c$ 等价于经济增长率 e，故而有：

$$e = \dot{c}/c = \frac{1}{\sigma}[(1-\tau)Ak_g^{\alpha}k_p^{\beta}k_f^{\chi}\gamma l^{\gamma-1} - \rho] \tag{7-9}$$

又因为 $k_g = mk$，$k_p = nk$，$k_f = sk$，所以上式可化为：

$$e = \frac{1}{\sigma}[(1-\tau)A\gamma g^{\gamma-1}(mk)^{\alpha}(nk)^{\beta}(sk)^{\chi} - \rho] \tag{7-10}$$

可见，经济增长受到税率和资本结构的影响。一国在资本总量不变的情况下，调节资本结构可能实现经济的更快增长。为了得到能使经济增长最大化的最优资本结构，在 $m + n + s = 1$ 的条件下，引入 Lagrange 函数：

$$L = \frac{1}{\sigma}[(1-\tau)A\gamma g^{\gamma-1}(mk)^{\alpha}(nk)^{\beta}(sk)^{\chi} - \rho] + \phi[1 - m - n - s] \tag{7-11}$$

ϕ 为 Lagrange 乘子。上式分别对 m、n 和 s 求导，并令导数值为 0，经过推导①可得最优资本结构为：

$$m^* = \frac{\alpha}{1-\gamma},\ n^* = \frac{\beta}{1-\gamma},\ s^* = \frac{\chi}{1-\gamma} \tag{7-12}$$

或者 $$m^* = \frac{\alpha}{\alpha+\beta+\chi},\ n^* = \frac{\beta}{\alpha+\beta+\chi},\ s^* = \frac{\chi}{\alpha+\beta+\chi} \tag{7-13}$$

① 具体推导过程与何继善等（2006）相似。

在（7－12）式和（7－13）式中，分母 $(1-\gamma)$ 和 $(\alpha+\beta+\chi)$ 是总资本的产出弹性，分子 α、β、χ 为三种资本各自的产出弹性。这说明只要公共资本、民间资本和外商资本的比重与它们的边际生产力相一致，就能实现最优化，最大限度地促进经济增长。由于我们的一个重要假设——公共资本、民间资本和外商资本的投资—资本比为相同的常数 a，投资 $i = ak$，所以上式也反映了政府投资、民间投资和外商投资的最优比例等于单项投资的产出弹性与总投资产出弹性之比。这一规则可用于判定一个经济社会的投资结构是否处于最优水平。如果实际结构有所偏离，经济增长率就不可能达到最优。

以上通过最优化的模型推导得出一国经济的最优投资结构，为下一步的定量分析提供理论依据。但是也要看到，理论模型存在三个明显缺陷：①模型假定私人资本由民间投资形成，公共资本由政府投资形成，这与我国的实际情况不相符。在我国，民间投资已经获准进入部分公共领域，政府投资也时常“越位”，介入竞争性领域。②模型假定经济产出只由政府投资、民间投资、外商投资和政府消费性支出形成，四者的产出弹性相加恰好为1，这一假设过于绝对，忽略了其他因素对经济的贡献。③模型假定政府投资、民间投资和外商投资的投资—资本比为相等的常数；而现实经济中，它们的投资—资本比一般是不等的，甚至可能是非线性的。在下面的实证分析中，前两个缺陷将得到一定程度的修正：对于①，根据资本的所有制性质来搜集投资数据，从而将公共领域的民间投资划入“民间投资”范畴，将竞争性领域的政府投资划入“政府投资”范畴；对于②，根据（7－9）式，在经济增长模型中引入地方政府实际税率作为控制变量。经过以上处理，我们的模型更加贴近现实，更能解释我国经济中政府投资和民间投资的关系问题。但是，对于第三个缺陷，我们却无能为力，因为在我国，至今没有公共资本存量、私人资本存量等变量的直接数据。尽管有些学者尝试着用永续盘存法进行估计，但由于选取的折旧率和基年数据不同，估计结果相差很大，如 Chow（1993）、贺菊煌（1992）、王小鲁和樊纲（2000）以及张军和章元（2003）。数据的缺乏，导致无法对（7－2）式进行直接回归。对此，国内学术界的普遍做法是用投资数据近似地代替资本数据。本文则是假设各类投资和资本具有同比性（比值为 a），得出的结论也许不是十分精确，但足以为我国社会投资的结构问题提供一个近似参考。

7.1.2 实证分析

1. 模型设定与数据

基于以上分析，我们设定初始的经济增长模型如下：

$$y_{it} = c + \beta_1 I_{git} + \beta_2 I_{pit} + \beta_3 I_{fit} + \beta_4 e_{it} + \beta_5 \tau_{it} + \beta_6 A_{it} + \mu_i + \lambda_t + v_{i,t} \quad (7-14)$$

其中下标 i 代表我国 30 个省市①，t 代表样本区间：1995—2012 年②。y 为人均 GDP 的 3 年（本年及其后两年）滑动平均值③，I_g 为人均政府投资，I_p 为人均民间投资，I_f 为人均外商投资，e 为人均政府消费性支出。以上变量沿用前面章节的统计口径。τ 为地方政府实际税率，等于地方财政一般预算收入与当年 GDP 的比值。A 为人均 R&D 支出，代表生产函数中的技术因素。μ_i 表示不可观测的地区效应，λ_t 表示不可观测的时间效应，$v_{i,t}$ 为随机扰动项。原始数据来自 CSMAR 数据库及中经网。

同样地，为了得到一个较为理想的回归结果，对所有（原始、中间）数据进行试验调整，如对数化、指数化、平滑化等。通过反复试验和比较，最终确定对 y 、I_g 、I_p 、I_f 、e 、A 六个变量的原始数据先后进行“人均化→指数化→对数化”。其中人均化是指将变量数据除以“年末从业人员数”；指数化是指将变量数据除以“以 1990 年为基期的固定资产投资价格指数”④；对数化是指将变量数据套用函数“ln（＊）”。对个别缺失的数据，如 2004 年各省的外商投资数据等，采取平滑均值近似衡量。

利用上述处理后的数据，对模型 7-14 进行 GMM 回归，结果发现解释变量 e 、τ 、A 在大多数情况下是统计不显著的；即使个别显著，也会对核心解释变量 I_g 、I_p 、I_f 的系数估计值产生干扰。为了使模型回归更加有效，根据逐步回归法的思想，将经济增长模型简化成以下形式：

$$y_{it} = c + \beta_1 I_{git} + \beta_2 I_{pit} + \beta_3 I_{fit} + \mu_i + \lambda_t + v_{i,t} \quad (7-15)$$

之后将报告该模型的回归结果并进行必要的分析。

2. 回归结果与分析

在进行回归之前，将样本分为东、中、西部三大区域，以便考察我国最优投资结构的区域差异性。接下来确定模型的形式，在方程（7-15）中，如果假设 μ_i 和 λ_t 是固定的待估参数，且随机扰动项服从 $v_{i,t} \sim ID\sigma_{v^2}$ ，计量模型

---

① 新增海南省的截面数据。

② 之所以将样本起点选为 1995 年，是因为大部分省市对外商投资的统计始于该年。

③ 由于投资变量对经济增长存在时滞效应，投资的经济作用不完全在当期表现出来，即资本的投资期和收益期不一致。这样的话，样本区间就缩短为 1995—2010 年，共 480 个数据点。

④ 对变量 y 的指数化应当用 GDP 平减指数，对变量 e 和 A 的指数化应当用 CPI。但是这里出于简便的目的，全部用固定资产投资价格指数近似替代，也许并不十分精确。这一点有待后续完善。

就是一个固定效应模型；如果残差项的三个因子都是随机的，并且 μ_i 和 λ_t 都与每一个解释变量不相关，它就相当于一个随机效应模型。由于在理论上无法直接判断，我们需要对模型进行检验，如果 LM 检验结果拒绝了采用 OLS 的原假设，则接受固定效应模型与随机效应模型的备择假设。进一步地，Hausman 检验得出的 p 值为 0，表明模型对全国以及东、中、西部地区的变量均支持固定效应。回归结果如表 7－1 所示。

表 7－1　我国的最优投资结构——基于东、中、西部地区划分的区域差异性分析

因变量	全国	东部	中部	西部
c	3.120 7*** (0.048 7)	3.022 8*** (0.083 3)	3.044 2*** (0.058 1)	2.814 5*** (0.074 4)
I_g	0.181 6*** (0.025 1)	0.204 7*** (0.040 9)	0.231 8*** (0.032 1)	0.302 4*** (0.035 9)
I_p	0.359 3*** (0.012 9)	0.432 6*** (0.022 0)	0.331 1*** (0.014 7)	0.255 5*** (0.018 8)
I_f	0.040 4*** (0.012 9)	0.026 3 (0.028 2)	0.002 1 (0.013 8)	0.065 9*** (0.014 7)
调整的 R 平方	0.975 3	0.963 4	0.984 9	0.975 8
政府投资的最优比重 m^*	31.25%	30.84%	41.04%	48.48%
民间投资的最优比重 n^*	61.80%	65.19%	58.60%	40.96%

注：①***、**、*分别表示在1%、5%、10%的显著性水平下显著；②考虑理论模型的初始假设 $m+n+s=1$，表中政府投资和民间投资的最优比重是根据（7－13）式而不是（7－12）式求得，以确保得出的政府投资、民间投资和外商投资的最优比重之和等于100%。

在表 7－1 中，根据拟合回归的结果和（7－13）式，可以大致推算出我国以及东、中、西部地区的政府投资和民间投资占社会总投资的最优比重。在全国范围内，民间投资的最优比重是 61.8%，政府投资的最优比重是 31.25%。只有达到这一水平，才能使社会投资的经济总效应实现最大化。这也从侧面反映了，民间投资在我国经济中发挥了更为重要的作用，鼓励民间投资发展对经济增长是有利的。在各个地区间，东部地区政府投资的最优比重最低（30.84%），民间投资的最优比重最高（65.19%），这并不难理解。长期以来，东部地区政府投资的实际比重低于中、西部地区，因此它对经济增长的贡献比例相对较小；另外，受益于经济体制改革的先行先试，以及在基础设施、技术、人才、资金等方面的先天优势，东部民间投资极为活跃，经济贡献力度不断增强，使得东部地区经济对民间投资的依赖程度大于中、西部地区。与东部地区相反，西部地区政府投资的最优比重最高（48.48%），民间投资的最优比重最低（40.96%）。由于恶劣的自然条件和明显的“体制落差”[①]，西部经济发展远远落后于其他地区。天生的逐利性促使民间资本更偏好获利巨大、经济区位势优的东部地区，从而进一步拉大东西差距，形成“马太效应”式的恶性循环。所以西部地区民间资本的经济贡献率相对较低，由此计算出的最优比重自然也较低。而且自20世纪90年代初，为了控制地区经济发展的不平衡，我国政府有意识地加大对西部地区的投资[②]，成功地促进了当地经济发展，西部地区经济因此表现出对政府投资的严重依赖。因此，计算得出的政府投资最优比重自然较高。在中部地区，政府投资和民间投资的最优比重水平介于东部和西部地区之间，分别是41.04%和58.6%。可将中部地区看成西部与东部地区之间的一个“过渡性情况”。

当然，上述政府投资和民间投资最优比重的估计结果，并不是绝对精确的。其一，但凡实证分析中的计量结果，都是来自对历史数据的统计回归。而实际上，由于面临形势或外界环境的不同，历史数据并不总能有效地解释当前问题。表7-1中政府投资和民间投资的最优比重，是基于1995—2012年的经济数据统计而得。而随着经济体制的转轨，我国社会投资结构在不断变化。民间投资在2002年之前只占较小比重，它的经济影响力还未完全显现，因而上述民间投资最优比重的估计结果可能偏低（相对于“真实值”）；政府投资的经济效应有部分是通过“挤进”民间资本得以体现的，也就是说，政府投资和民间投资的交互项的经济影响被计入政府投资变量。因此，上述政府投资最优比重的估计结果可能偏高（相对于“真实值”）。其二，由第6章第6.2节分析得出，民间投资对经济变量的影响存在长期滞后性。虽然本节模型估计时，因变量y选取的数据是3年平滑均值，但是实际上民间投资的经济影响远远超过3期。从这一角度也可认为，上述对民间投资最优比重的估计值可能偏低。综上所述，表7-1中的政府投资最优比重是一个“高估”，民间投资最优比重是一个“低估”。因此，它只能提供一个关于社会投资最优结构的经验认识，并不能作为确定具体投资结构水平的准确依据。

---

① 改革开放以来，我国东部地区凭借其率先改革带来的体制创新优势，经济发展十分迅速；而西部地区则在整体上改革滞后，与东部地区相比存在着一个“制度差距”，从而制约了西部地区的经济发展。

② 见附表3。

表 7－2 1993—2009 年我国及各地区政府投资和民间投资占当地总投资的比重

年份	全国		东部地区		中部地区		西部地区	
	政府投资（%）	民间投资（%）	政府投资（%）	民间投资（%）	政府投资（%）	民间投资（%）	政府投资（%）	民间投资（%）
1993	60.63	33.37	57.50	42.50	69.69	29.77	73.47	26.53
1994	56.42	32.38	53.72	46.28	66.34	33.19	69.62	30.38
1995	54.44	34.43	47.27	38.35	62.81	30.29	65.69	30.03
1996	52.40	35.77	45.72	38.54	58.85	34.76	63.15	32.07
1997	52.49	35.91	46.41	37.79	56.21	37.19	63.14	33.33
1998	54.11	35.43	47.16	38.10	57.83	36.77	66.02	30.74
1999	53.42	37.70	47.01	40.57	58.31	37.33	62.70	34.13
2000	50.14	41.94	44.30	44.59	54.99	40.98	57.07	39.88
2001	47.31	44.63	40.56	47.65	53.00	43.32	55.09	42.49
2002	43.40	48.67	36.15	52.50	48.96	46.89	52.41	44.72
2003	38.98	52.18	33.19	54.33	44.64	50.93	48.89	48.61
2004	35.51	54.60	29.50	70.50	40.33	59.67	45.96	54.04
2005	33.42	57.09	27.28	59.41	37.80	57.18	43.99	52.60
2006	29.97	60.16	23.48	62.40	33.93	61.09	41.76	54.71
2007	28.19	62.09	21.97	63.97	30.97	64.16	38.56	57.15
2008	26.88	64.01	21.96	64.89	29.41	66.13	38.90	56.96
2009	29.21	63.71	24.11	65.50	30.46	65.86	42.44	54.31

资料来源：根据《中国统计年鉴》数据整理得。表中第二、三列分别与表 3－1 和表 3－2 中相关数据一致。

表 7－2 给出了 1993—2009 年我国及东、中、西部地区社会投资结构的变化情况。将其与表 7－1 测得的政府投资和民间投资的最优比重进行对比分析：

（1）就全国而言，社会总投资的最优结构为（31.25%，61.8%）。

这说明了从 20 世纪 90 年代初至今，民间投资是我国经济持续发展的主要贡献因素，从而要求在总投资中占有更大比重。表 7－2 显示，目前的社会投资结构与最优水平较为接近。但是考虑到民间投资最优比重有被“低估”的可能，以及现实中民间资本发展经济的潜力还未完全释放，我国当前仍有必要做好“三民”工作，即有效调动民间投资者的积极性，大力支持和鼓励民间投资行为，充分利用民间闲置资金。而且，政府投资也要适当让位于民间投资，避免可能引起的“挤出效应”，这也是我国近年来出台一系列促（民）资政策的意图所在。

（2）东部地区社会投资的实际结构与最优结构相差不大。

尽管如此，吸引民间资本流入也是十分必要的。只有继续发挥民间投资的经济增长作用，才能实现当地经济的最快增长。这是因为东部地区经过较长时期的发展，公共资本存量相对饱和，已经处于边际报酬递减的水平，其增长作用已经大不如前；而以市场为载体、以利润最大化为目的的民间资本仍处于边际报酬递增的水平，对经济的贡献率更大。因此根据微观经济学中的边际相等原则，要提高社会总投资的经济效率，就必须扩大民间资本存量。

（3）在中部和西部地区，社会投资的实际结构与最优结构有较大差距。

以2009年为例，中部和西部地区政府投资的实际比重分别为30.46%和42.44%，远远低于最优比重41.04%和48.48%，这意味着政府投资存在“缺位”的现象，政府投资水平不足以满足当地经济发展的需要。民间投资的实际比重则远远高于最优比重，但这并不代表民间投资是多余的。随着市场经济体制的完善，民间投资在中、西部地区的经济增长作用将不断增强。

综上所述，我国目前的社会投资结构尚算合理。为了实现社会投资的经济效应最大化，下一步的改进方向有两个：一是在全国范围内，加大力度鼓励民间投资发展，挖掘民间资本的增长潜力；二是调整政府投资的方向，适当向中、西部地区（特别是西部地区）倾斜，发挥政府投资对当地经济的短期刺激作用和对民间投资的长期挤进作用。

需要注意的是，要实现投资结构的最优化，不能直接地扩大或者压缩政府投资规模，而是应当在投资总量稳定增长的前提下，通过不断地调节政府投资增速、区域和产业结构，挤进更多或更少的民间资本，最终使各项投资保持一个最优比重；反过来，如果为了优化投资结构而贸然地减少政府投资，不仅会限制政府投资在短期内对经济的拉动作用，还会制约政府投资对民间投资“挤进效应”的发挥。

此外，本章理论模型的推导可以扩展到更多类型投资的情况：若有J种投资，各自产出弹性为φ_i，占总投资比重为δ_i，那么最优投资结构的公式可由（7－13）式延伸为：$\delta_i = \varphi_i / \sum_{j=1}^{J} \varphi_j \ , i,j = 1,2,\cdots,J$。利用这一结论，可进一步研究我国不同领域政府投资的最优比例问题，如我国政府支农投资、政府研发投资、政府教育投资和基础设施领域政府投资的最优比重等。

7.2 主要领域中政府投资对民间投资的影响

Aschauer（1989）曾指出，“当考察财政支出效应时，仅仅考虑总量水平是不够的，更重要的是进行分类区分”。为此，本节将致力于研究我国不同领域政府投资和民间投资的关系，并在此基础上探寻我国各项政府投资对民间投资产生“挤进效应”或“挤出效应”的原因。这一研究有助于我们分辨出政府投资的“缺位”领域（政府投资不足，对民间投资有“挤进效应”）和“越位”领域（政府投资过多，对民间投资有“挤出效应”），并在此基础上确定政府投资应当优先进入和不应进入的领域，及时调整政府投资方向，以提高政府投资效率和促进社会经济健康发展。

7.2.1 模型设定

Agosin 和 Mayer（2000）把一国的总投资分成国内投资与国外投资（FDI）两种，并假定 FDI 的外生性构建了总投资模型，用以分析国外投资（FDI）对国内投资的“挤进效应”或“挤出效应”。该模型被国内学者广泛采用，如杨柳勇和沈国良（2002）、蔡笑（2008）、李竹宁（2003）、缪世国（2005）、李晓峰和唐丹丹（2010）等，他们均使用该模型研究我国 FDI 对国内投资的“挤进效应”或“挤出效应”。

在这里，我们引入上述总投资模型并进行适当修改，将其用于研究各个领域政府投资对民间投资的影响。考虑到无法获取部分领域的民间投资数据，本节拟建立一个不包括民间投资变量的总投资模型。假定我国 t 时期的总投资 I_t 包括政府投资 G_{gt}、民间投资 I_{pt} 和外商投资 I_{ft} ①。首先来表示民间投资的动态调整过程，令 K_{pt} 表示实际的私人资本存量，K_{pt}^* 表示均衡状态下的私人资本存量，则有：

$$K_{pt} - K_{pt-1} = \beta(K_{pt}^* - K_{pt-1}) \tag{7-16}$$

另外，民间投资 I_{pt} 形成实际私人资本存量，两者之间存在积累关系，令 σ 表示折旧率，则有：

$$K_{pt} = K_{pt-1}(1-\sigma) + I_{pt} \tag{7-17}$$

根据（7-16）式和（7-17）式可得：$I_{pt} = \beta K_{pt}^* + (\sigma - \beta)\sum_{n=1}^{\infty}(1-\sigma)^{n-1}I_{pt-n}$。该式为典型的几何分布滞后形式。对其进行广义差分，变为

① 自20世纪90年代初期以来，我国外商投资的比重在（7.08%，11.83%）区间内浮动。相比政府投资和民间投资，外商投资总体上变化较小，占比较低，影响力也很有限。故而在本模型中，外商投资仅仅作为一个自变量存在。

如下形式：

$$I_{pt} = \beta K_{pt}^{*} - \beta(1-\sigma)K_{pt-1}^{*} + (1-\beta)I_{pt-1} \tag{7-18}$$

由于政府投资从投入到形成实际投资存在一定的时滞，我们进一步假设 t 期的政府投资不仅取决于当期的实际投资额，还依赖于过去的投资额，所以，真实的政府投资可以表示成当期和邻近各期政府实际投资额的线性组合。此外，政府进行投资大多是为了稳定总投资，熨平经济波动，故而假定政府的投资决策会依据过去一期总投资的变化情况而调整。令 I_{gt} 为实际的政府投资额，ω 为调整因子，p 为滞后期数，那么有：

$$G_{gt} = m_0 I_{gt} + \sum_{i=1}^{p} m_i I_{gt-i} + \omega(I_{t-1} - I_{t-2}) \tag{7-19}$$

结合（7－18）式和（7－19）式，可得总投资函数为：

$$\begin{aligned} I_t = I_{pt} + G_{gt} + I_{ft} = \beta K_{pt}^{*} - \beta(1-\sigma)K_{pt-1}^{*} + (1-\beta)I_{t-1} + \omega(I_{t-1} - I_{t-2}) + \\ m_0 I_{gt} + \sum_{i=1}^{p}[m_{i+1} - (1-\beta)m_i]I_{gt-i} + I_{ft} \end{aligned} \tag{7-20}$$

现在选取 C－D 生产函数。在最优增长路径下，资本存量由资本的边际产出和边际成本（利率）决定。由于市场是完全竞争的，资本投资利润为零，所以最优资本存量的边际产出等于利率：$\partial Y / \partial K_p^{*} = r$，其中 Y 为经济产出，r 为利率。由于我国金融市场不成熟，投资行为不受利率约束，所以最优私人资本存量只由产出决定，将上式简化为：$K_p^{*} = \alpha Y$，$\alpha > 0$ 为私人资本产出弹性的倒数。那么（7－20）式变为（Manuel R. Agosin and Ricardo Mayer, 2000；杨柳勇、沈国良，2002）：

$$\begin{aligned} I_t = \beta_0 + \beta_1 Y_t + \beta_2 Y_{t-1} + \beta_3 I_{t-1} + \beta_4 I_{t-2} + m_0 I_{gt} + m_1 I_{gt-1} + \cdots + m_p I_{gt-p} + \\ \lambda I_{ft} + \nu_t \end{aligned} \tag{7-21}$$

其中 $\beta_1 = \alpha\beta > 0$，$\beta_2 = -\alpha\beta(1-\sigma) < 0$，$\beta_3 = 1 - \beta + \omega > 0$，$\beta_4 = -\beta < 0$。令 $E = \sum_{j=3}^{4}\beta_j + \sum_{j=0}^{p} m_j$，则 E 的值代表着政府投资对民间投资的影响：如果 $E > 1$，表明政府投资每增加 1 单位，社会总投资的增加额大于 1 单位，政府投资对民间投资产生"挤进效应"，挤进的民间投资额为 $(E-1)$；如果 $0 \leqslant E < 1$，表明增加 1 单位的政府投资，总投资相应增加小于 1 单位，政府投资对民间投资产生"挤出效应"，挤出的民间投资额为 $(1-E)$；如果 $E = 1$，表明政府投资每增加 1 单位，就变成 1 单位的总投资，政府投资与民间投资不相关。

7.2.2 数据说明

选取样本区间为1980—2009年，根据研究需要，确定农业、制造业、房地产业、研发业、公共基础设施、教育六个行业为目标领域。各个领域的投资数据来自历年《中国统计年鉴》中的对应项目指标，个别年份的数据来自中经网和CSMAR数据库。需要特别指出的是，农业的对应项目为“农、林、牧、渔业”，研发领域的对应项目为“研究与试验发展”，公共基础设施的对应项目为“水利、环境和公共设施管理业”和“交通运输业”①。变量I、I_g、I_f均取人均实际值，用固定资产价格指数（基期为1979年）进行调整；变量Y对应数据为人均实际GDP，用GDP平减指数（基期为1979年）进行调整。然后尝试对四个变量数据进行对数变换。此外，对于个别年份缺失的数据，采用均值插补、回归替换（Stata）等方法近似度量；对于个别数据异常点，根据经验适当调整值的大小，以部分消除它对模型回归一致性的负面影响。

7.2.3 回归分析

利用经验法，将（7－19）式中的滞后期数p确定为2，那么（7－21）式变为：

$$I_t = \beta_0 + \beta_1 Y_t + \beta_2 Y_{t-1} + \beta_3 I_{t-1} + \beta_4 I_{t-2} + m_0 I_{gt} + m_1 I_{gt-1} + m_2 I_{gt-2} + \lambda I_{ft} + \nu_t \qquad (7-22)$$

基于上述回归方程，对六个目标领域分别进行估计。为了克服可能存在的异方差和序列自相关，我们采用广义最小二乘法（GLS）估计。而且，根据逐步回归法的思想②，反复调整解释变量的个数，直到所有变量系数都在10%的显著性水平下显著为止。表7－3给出了六个总投资模型的部分回归结果③。

表7－3 六个总投资模型的回归结果

领域	系数							
	β_3	β_4	m_0	m_1	m_2	E	Wald检验p值	结论
农业	2.844*** (0.154)	-1.87* (0.951)	5.128*** (0.071)	-1.059*** (0.088)	-3.028* (1.571)	2.015	0.000	挤进
制造业	4.27*** (1.005)	-2.971*** (0.92)	4.231*** (0.533)	1.117*** (0.176)	-5.918* (3.002)	0.729	0.000	挤出

① 交通运输业的对应项目为“铁路、道路、水上、航空、管道运输业”、“城市公共交通业”、和“装卸搬运和其他运输服务业”的加总。

② 目的是找出最优的回归方程，使回归结果更加精确。

③ 由于篇幅所限，表7－3并未列出系数β_0、β_1、β_2和λ的估计值。

（续上表）

领域	系数						Wald 检验 p 值	结论
	β_3	β_4	m_0	m_1	m_2	E		
房地产业	2.231*** (0.086)	-5.205*** (1.11)	6.994*** (1.523)	-2.722* (1.404)	-1.003* (0.508)	0.295	0.001	挤出
研发业	-0.177** (0.082)	-	1.937** (0.799)	-0.257* (0.131)	-	1.503	0.002	挤进
公共基础设施	4.978*** (0.777)	-4.226*** (1.2)	7.271*** (1.556)	-3.008*** (0.958)	-5.02* (3.109)	-0.005	0.015	挤出
教育	0.866*** (0.096)	0.22* (0.108)	1.582* (0.812)	-1.391* (0.711)	-	1.277	0.002	挤进

资料来源：计算整理得到。

注：①括号内为估计系数的标准差；②***、**、*分别表示在1%、5%、10%的显著性水平下显著；③-表示被剔除的不显著系数；④E是由显著的系数估计值相加而得；⑤Wald检验的原假设为“$E=1$”，即政府投资和民间投资不相关；⑥“结论”是指政府投资对民间投资的净效应是挤进或挤出。

从表7-3中可以看出，除了教育和研发领域，其他领域中系数β_3、β_4都显示了正确的符号［见（7-21）式］，证明了所设定的总投资模型具有一定的合理性和适用性。对于我们所关心的参数E，相应的Wald检验显著地拒绝原假设“$E=1$”，说明在以上领域中，政府投资必然会对民间投资产生影响，只是影响方向和程度有所不同。以下将分领域进行说明：

在农业领域中，$E=2.015>1$，根据前文的定义可知，政府的支农投资对民间农业投资产生显著的“挤进效应”，政府支农投资增加1单位，会“挤进”1.015单位的民间农业投资。长期以来，我国农业基础设施薄弱，农村公共服务水平低下，农民生产生活条件落后，这与资金投入不足有莫大关系。近年来，我国中央财政持续加大对“三农”的投入力度，大量资金用于加强农村民生工程和农业基础设施建设，不仅发展了农村经济，也为农户农业投资和农村中小企业投资创造了良好的外部条件。

在制造业中，$E=0.729<1$，表明该行业的政府投资对民间投资的排斥作用大于带动作用，总体表现为“挤出效应”，新增1单位政府投资，会减少0.271单位的民间投资。制造业具有周期短、进入门槛低、市场化强等特点，是我国民间资本较为集中的领域。但是与国有企业相比，民营企业在规模、政策、资金、信息、人才、技术等方面都处于相对劣势地位，所以，当政府加大对制造业的投资时，民间投资者会相应改变对未来收益的预期并做出反

应，减少投资。

在房地产业中，$E=0.295<1$，表明政府房地产投资对民间房地产投资具有“挤出效应”，边际效应为0.705。一定时期内，可开发的土地资源是有限的，这决定了房地产业的政府投资和民间投资是此消彼长的关系，如果政府加大对房地产业的投资，民间资本必然会受到排挤。此外，房地产业由于技术性低、收益高，是民间投资者较为偏好的投资领域。据相关统计，2008年，我国房地产业的民间投资额高达25 478.561亿元，占全国民间投资36.1%（仅次于制造业的41.83%）。如此庞大的基数，更是放大了政府投资对民间投资的“挤出效应”。

在研发领域中，$E=1.503>1$，表明政府的研发投资有利于促进民间研发投资的发展，政府研发投资每增加1单位，会吸引0.503单位的民间研发投资。任何一个国家的创新体系中，政府部门都扮演了重要的角色，在我国同样如此。我国的政府研发投资大体上从三个方面影响着民间研发投资：其一，集中财力承担一些基础性的研究工作和工程开发工作，产生新的知识，这些知识大多具有正的外溢性；其二，作为测量、标准、测试和质量（MSTQ）基础设施的一部分，为企业提供技术服务；其三，成立专项资金，为研究人员提供培训。随着国家的发展，政府研发投资和民间研发投资的关系将越来越密切。

在公共基础设施领域中，$E=-0.005$，接近于0且小于1，表明政府公共设施投资会抑制民间公共设施投资，前者增加1%，后者会相应减少至少1%。原因有三：其一，公共基础设施大多具有准公共品的性质，盈利性低下，私人不愿投资，即使私人愿意投资，也是有心无力；其二，公共基础设施的投资项目一般周期较长，耗资巨大，而我国民间资本又比较分散，力量相对薄弱，无力承担这类投资项目；其三，我国政府对公共基础设施领域实行限制性的准入政策，民间资本在该领域的生存空间十分狭窄。基于以上原因，一旦政府加大投资，占领更多的市场份额，民间资本将被迫退出该行业，从而表现为政府投资对已有民间投资的“挤出效应”①。但是由于民间资本的基数很小②，“挤出效应”相对较弱。

在教育领域中，$E=1.277>1$，表明政府教育投资对民间教育投资有扩张效应。这是由于我国的政府教育投资具有生产性和外部正效应，能有效地改

① 学术界普遍认为，政府在公共基础设施领域的投资可以通过改善投资环境而“挤进”民间投资。本章结论与此并不冲突。本书认为，政府公共基础设施投资会“挤出”民间公共基础设施投资，而非全社会民间投资。

② 曾有学者统计得出，2009年我国87.72%的公共基础设施由政府进行投资，其中23%来自各级政府的财政资金，64.72%由国有企业出资，剩下部分来自民间资本（10.06%）和外商资本（2.22%）。

善教育软件和硬件设施，提高教育质量和效益，从而引导民间教育投资增加，实现整个社会教育事业的发展。但是，政府投资对教育投资的导向性较低下(0.277)。原因之一是市场准入。长期以来，我国国民教育基本是由国家财政供养，教育业还未完全对民间资本开放，有较高的进入门槛，对投资教育的资格审查极其严格。但近年来，随着新政策出台，民资进入教育领域重新受到重视。原因之二是教育制度的特殊性。由于历史原因，我国教育业具有明显的行政化特征，大部分教育机构如中小学校、高等院校都是政府开办和直属的（带有事业编制），体制内和体制外存在明显的界限，而这个界限对于民间资本来说是一条无法逾越的红线。原因之三是民间对教育投资的认识存在偏差。孙敏（2009）曾提到，国内大多数人都把教育看成一种即时消费，而非对未来的投资。根据西方经济学的内生经济增长理论（曼昆，2010），技术资本和人力资本是长期中经济持续增长的内生动力，两者的存量水平在很大程度上取决于教育投资规模。因此孙敏（2009）认为，教育具有典型的生产属性，只不过其收益的长期性与隐含性使社会忽视了这一点。总的来说，转变民间教育投资观念，可以强化政府教育投资对民间教育投资的扩张效应。

从上述分析可以知道，在我国，不同行业中的政府投资对民间投资会产生不同方向、不同程度的影响。一般而言，在市场性较强、民营资本较集中的经营性领域，政府投资会对民间投资产生显著的“挤出效应”，如制造业和房地产业；在民间资本限入或不愿进入的领域，政府投资同样会“挤出”民间投资，如公共基础设施领域；在投资基础薄弱、发展滞后的领域，政府投资会对民间投资产生显著的“挤进效应”，如农业、研发、教育领域。这一结论对我国政府投资的（产业）结构问题具有启示性的现实意义。相同规模的政府投资会由于结构的不同，而对民间投资产生不同的综合效应。

7.3 广东政府投资对民间投资的影响

广东省长期处于改革开放的前沿，经济总量已连续25年居于全国首位，在我国地方经济中极具代表性。因此本节将以广东为研究对象，探讨广东地方政府投资和当地民间投资活动的发展现状与问题，实证分析广东政府投资是否挤进或挤出了民间投资，并从中得到关于地方政府应如何（借助政府投资外部性）招商引资的启示。

7.3.1 广东政府投资的基本情况

如图7-1所示，1990—2013年广东政府投资的规模急剧增长，年均增长率高达15%。2013年政府投资5 394.2亿元，是1990年（272.2亿元）的近

20倍。尽管如此，政府投资占社会总投资的比重却呈下降趋势（图7-2），1990年、2000年、2010年三年占比分别是71.4%、40.1%、32%，而2013年只有23.6%。这与第3章中全国范围内的情况一样，即政府投资正不断让位于民间投资。

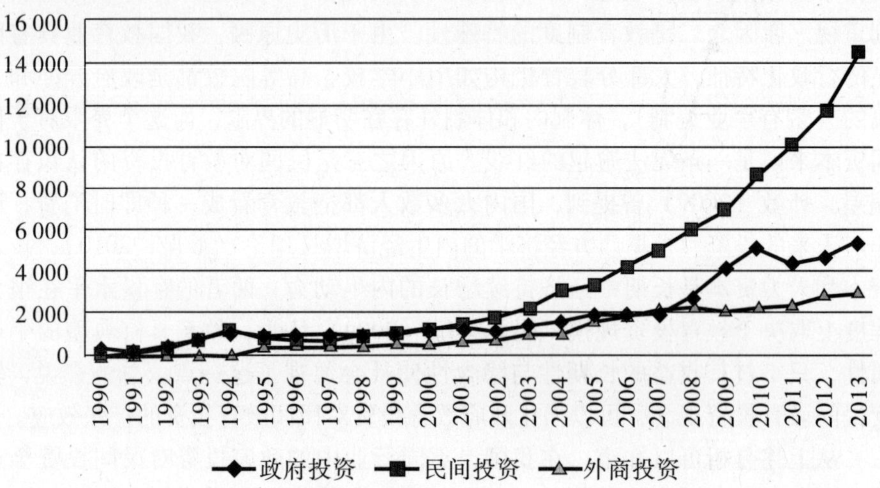

图7-1 1990—2013年广东政府投资、民间投资和外商投资的规模（亿元）[①]

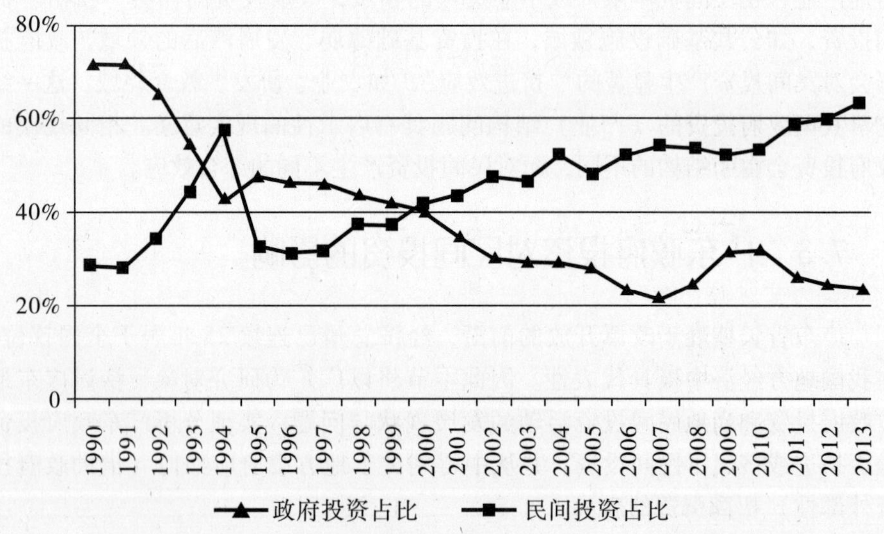

图7-2 1990—2013年广东政府投资和民间投资占社会总投资的比重（%）

① 图7-1、图7-2、图7-3的原始数据均来自附表6。

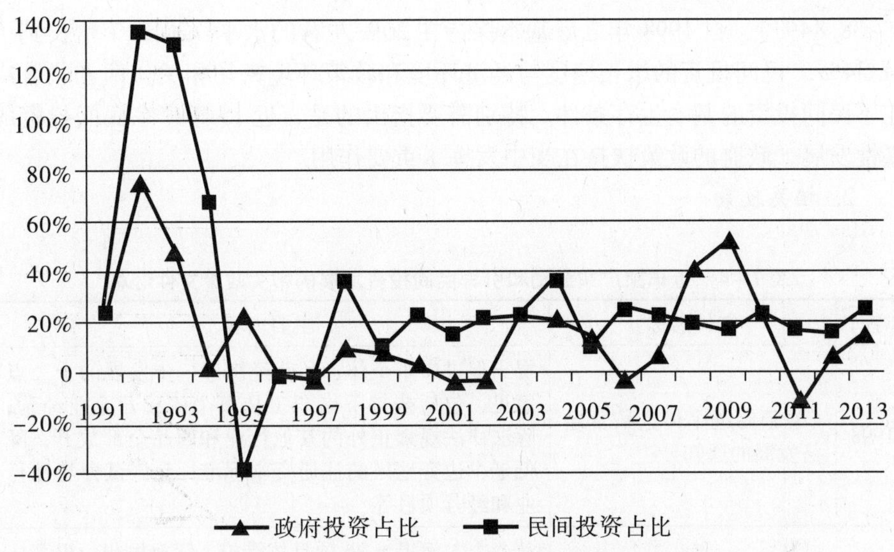

图 7－3　1991—2013 年广东政府投资和民间投资的增长速度（%）

细心观察图 7－3 还可发现，广东政府投资的增速有明显波动，1992 年和 1993 年高达 75.9% 和 48.4%，2003 年和 2004 年也增长到了 21.9% 和 20.9%。这两个时间段广东政府投资的畸形增长可能与当时经济过热有关，其典型特征是大规模货币投放、高通货膨胀、房地产泡沫、重复建设等。1998 年政府投资的增速突然上升（9.3%），2008—2010 年更是达到了 40.1%、52.1%、22.4%。这两个时间段广东政府投资的骤然增加，是由政府的战略性相机抉择造成的，因为政府投资是广东政府的一项重要调控工具，扩大其规模有助于消除外来经济危机对广东经济的负面影响。

7.3.2　广东民间投资的基本情况

1. 变化历程

作为我国经济改革的先行地区，广东的非公有制经济在过去 20 多年得到了长足的发展。据相关部门统计，早在 1999 年，广东非公有制经济便占全省国民经济总量的 40% 之多。在这一经济背景下，民间投资的规模迅速膨胀，如图 7－1 所示，1990 年广东民间投资仅有 109.3 亿元，经过 23 年的增长，2013 年达到 14 498.27 亿元。相应地，广东民间投资占社会总投资的比重也在不断增加，如图 7－2 所示，2013 年这一比重达到最高的 63.43%，已占社会投资的三分之二。总体来说，民间投资和政府投资占社会总投资比重的变化曲线呈“剪刀状”，这与图 3－1 相似。图 7－3 表明了广东民间投资的增速并不十分稳定：1992 年达到最高值（＋135.56%），1995 年又突然降入低谷

（-38.84%），自1998年之后基本保持在20%左右的水平，2013年增长到了24.34%。民间投资的增长速度与经济环境和政策环境密切相关，两者联合决定了民间投资的基本生存条件。特别需要指出的是，近15年广东民间投资的良性发展，政府的政策扶持在当中发挥了重要作用。

2. 相关政策

表7-4　近年来广东鼓励和引导民间投资发展的相关政策文件汇总

时间	文件名称	主要内容
1998	《关于促进个体、私营经济发展的通知》	提出促进广东个体、私营经济进一步发展的十二点意见，包括扶持下岗职工从事个体私营企业经营；除法律法规禁止外的其他行业和商品全部放开；降低老少边穷地区的注册资本标准；允许试办特殊行业和经营项目等
1999	《中共广东省委、广东省人民政府关于大力发展个体私营经济的决定》	从八个方面提出26项具体措施：解放思想，提高认识，明确思路；放宽经营范围和条件；鼓励各类人员从事个体、私营经济活动；营造平等竞争的环境；提供良好服务；促进素质提高，增强活力；依法保护合法权益；加强领导等
2002	转发《国家计委关于印发促进和引导民间投资的若干意见的通知》	结合广东实际提出四点意见：提高对民间投资的认识；完善民间投资项目管理体制；开放基础设施、公用事业领域；营造公平的投资环境
2007	《关于个体工商户升级为企业的登记注册指导意见》	提出各项措施为个体工商户转企登记提供便利
2009	《广东省小额贷款公司管理办法（试行）》	为中小微企业申请小额贷款提供政策支持
2011	《关于进一步鼓励和引导民间投资的若干意见》	从放宽准入范围、提升发展水平、完善配套政策、改善管理服务四个方面提出18项可行措施，约30个部门承担相关任务
2012	《鼓励和引导民间投资健康发展实施细则》	其被称为“广东版36条”，就如何鼓励和引导广东民间投资健康发展提出12人类36项可行措施：拓宽领域和范围；鼓励和引导进入基础产业和基础设施领域、市政公用事业和政策性住房建设领域、社会事业领域、金融服务领域、商贸流通领域、国防科技工业领域；鼓励和引导民间资本重组联合和参与国有企业改革；推动自主创新和转型升级；鼓励参与国际竞争；营造良好环境；加强服务、指导和规范管理等

在国家的倡导之下，广东政府亦出台了一些地方法规（见表7－4），用于鼓励和引导当地民间投资的发展。实践证明，这些政策文件取得了一定效果，为民间资本的形成清除了部分制度障碍，有效拓宽了民间投资的可选择空间。同时，民间资本生存环境和收益预期的改善，吸引了大量外来民间资本的流入，本地的资本—储蓄比率也有所上升，部分闲置资金有松动迹象。然而也存在不足之处，政策文件的内容大多是原则性和理论性的指导，并没有很详细地规定实践中应当如何操作，各相关部门也没有形成有针对性的具体工作方案或准则，因此很难真正约束到相关市场主体尤其是既得利益者的行为，使政策效果大打折扣。此外，政策出台之后的实施效果如何，也没有组织相关机构对其进行评估和反馈。针对上述问题，黎友焕（2013）认为，“对激发民营资本投资，尽管国家、省出台了一些政策文件，但是还须细化到实处。否则只有‘雷声大、雨点小’，年年谈重视民间投资，年年都是空谈……要一步步地在实践中探索，做得多了，经验也就多了”。

3. *存在问题*

（1）总体投资规模较小。

表7－5给出了广东民间投资发展水平与江苏、浙江两省的对比情况。在绝对规模方面，广东与浙江基本持平，但还远远落后于江苏。2011年广东民间投资创历史新高，达到了10 053.3亿元，但只相当于江苏的58.5%，这一比值在2012年是47.8%，在2013年是52.1%。在相对规模方面，广东和江苏、浙江有明显差距，且有不断拉大的趋势。例如，2011年广东民间投资占总投资的比重比江苏低6个百分点，但在2012年、2013年分别低了14.5和12.3个百分点。2011年广东民营经济增加值占全省GDP的比重比江苏低1.2个百分点，但在2012年、2013年分别低了15.3和15.6个百分点。

表7－5　2011—2013年广东、江苏、浙江三个省份的民间投资规模对比

年份	省份	民间投资绝对规模（亿元）	民间投资相对规模（%）	民营经济增加值占全省GDP的比重（%）
2011	广东	10 053.3	59.4	51.8
	江苏	17 198.2	65.4	53
	浙江	8 563	59.9	62
2012	广东	10 177.3	52.7	51.4
	江苏	21 293.5	67.2	66.7
	浙江	10 579	61.9	63.8

（续上表）

年份	省份	民间投资绝对规模（亿元）	民间投资相对规模（%）	民营经济增加值占全省GDP 的比重（%）
2013	广东	12 780.3	55.9	51.6
	江苏	24 525.8	68.2	67.2
	浙江	12 396	61.4	—

数据来源：2012—2013 年广东、江苏、浙江三省的《国民经济和社会发展统计公报》。为了使三省数据具有可比性，广东民间投资采用的是广东统计信息网上的官方统计数据，因此可能与附表 6 有一点出入。“—”代表数据无法获得。

（2）经济效益不高。

广东省中小企业服务中心选择全省 2 200 多家中小企业为样本，分析它们在 2013 年 7 月份的盈利情况。结果得出，在所有抽样企业中，广州企业亏损面达到 31%，中小企业较为集中的佛山、东莞、惠州、珠海分别为 27%、17.67%、31%、34%。据分析，企业经济效益不高，有季节性原因，有洪水等自然灾害的原因，也有经济环境变差的原因（尤其是在粤东、粤西和粤北山区）。作者认为，其中还有一个重要原因，就是多数民营企业的自主创新能力不足，缺乏核心技术，产品附加值较低。

（3）产业结构不合理。

与全国的情况一样，广东的民间投资也大量集中于低端产业，如房地产行业、制造业，而对基础性领域、现代服务业以及高新技术领域涉入较少。以 2012 年为例，根据广东省统计局的数据（图 7－4），有 43.1% 的民间投资涌入房地产行业，其次是制造业占 34.4%；相比之下，教育业的民间投资占 0.97%，科学研究和技术服务业占 0.48%，金融业更是只有 0.07%。如此悬殊的情况，与民间投资受到限制及缺乏引导有关，民间资本往往更偏好那些见效快、周期短且技术含量低、附加值低的行业。

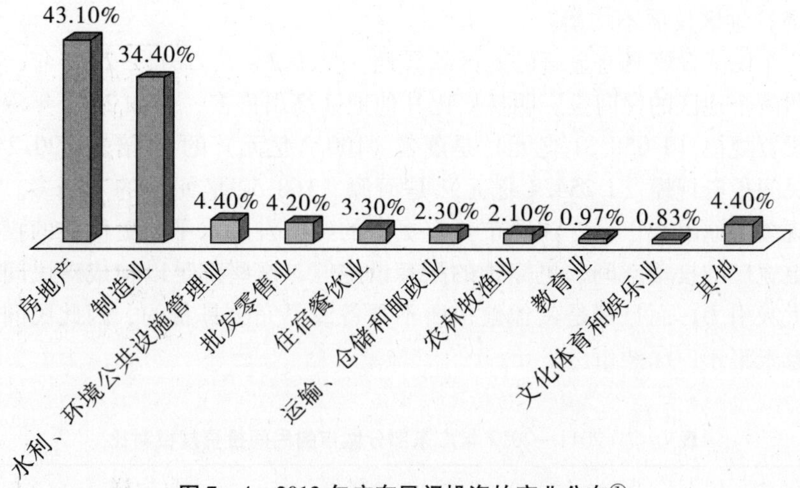

图7－4　2012年广东民间投资的产业分布①

（4）企业规模较小。

如表7－6所示。2011—2013年，广东省的全国500强民营企业数量只有21、23、21家，仅约占全部数量的4%，这与广东的“经济第一大省”身份极不相称。相比之下，江苏和浙江两省的500强民营企业数量要远远多于广东。另据全国工商联统计，2012年广东有155家企业的主营业务收入过百亿，其中民营企业只有42家。这说明了广东民营企业存在规模偏小、竞争力较弱的问题（“多而不强”、“有数量没有质量”）。因此如何尽快实现从“民营大省”向“民营强省”转变，是目前广东省的一大难题。广东民营企业无法做大做强，外因在于政策歧视、融资困难、税费偏重等因素，内因在于家族化管理、缺乏自主创新、缺乏核心竞争力、忽视技术改造、产业升级和品牌建设等因素。

表7－6　2011—2013年广东、江苏、浙江的全国500强民营企业数量对比

年份	省份					
	广东		江苏		浙江	
	数量	占比（%）	数量	占比（%）	数量	占比（%）
2011	21	4.2	118	23.6	144	28.8
2012	23	4.6	107	21.4	142	28.4
2013	21	4.2	93	18.6	139	27.8

数据来源：全国工商联合会公布的2011年、2012年、2013年“中国民营企业500强”名单。

① 数据说明：原始数据来自广东省统计局；“其他”包括租赁和商务服务业、科学研究和技术服务业、信息传输软件和技术服务业、卫生和社会工作、金融业等行业。

(5) 地区发展不均衡。

广东民间投资具有显著的地区差异性。见表 7 - 7，2011—2012 年，深圳和广州两个地区的民间投资明显要比其他地区高出许多，譬如 2011 年深圳的民间投资规模（1 058. 31 亿元）是茂名（100. 3 亿元）的 10 倍多；2012 年深圳的民间投资规模（1 254. 4 亿元）是河源（168. 52 亿元）的 7 倍多。造成这一现象的原因在于，广深两市具有更高的经济发展水平、更优质的投资环境、更宽广的投资空间、更完善的配套设施等，这些都足以构成对民间投资的巨大吸引力，而且都是其他地市所不具备或不完全具备的，因此民间资本更愿意聚集于广深两市。

表 7 - 7　2011—2012 年广东部分城市的民间投资规模对比

地区	年份				
	2011		2012		
	民间投资总额（亿元）	占总投资比重（%）	民间投资总额（亿元）	同比增速（%）	占总投资比重（%）
深圳	1 058. 31	49. 5	1 254. 4	18. 5	54. 2
广州	961. 09	28. 2	1 158. 11	20. 5	30. 8
清远	313. 26	68. 7	297. 6	-5. 0	67. 9
湛江	229. 41	48. 3	316. 13	37. 8	55. 2
河源	157. 94	66. 9	168. 52	6. 7	60. 5
茂名	100. 30	46. 2	264. 7	163. 9	61. 9
珠海	240. 99	37. 8	242. 44	0. 6	30. 8
肇庆	482. 09	67. 9	618. 52	28. 3	72. 5
江门	345. 83	46. 6	434. 59	25. 7	51. 1
揭阳	404. 28	75. 5	561. 14	38. 8	84. 6

数据来源：根据 2011—2012 年各地级市的《国民经济和社会发展统计公报》整理而得。

7. 3. 3　广东政府投资对民间投资的效应分析

我们利用时间序列计量回归的方法，分析广东政府投资对当地民间投资的影响机制。

1. 模型设定

通过改进模型 5 - 3，我们构建模型如下：

$$pi_t = c_t + \beta_1 gi_t + \beta_2 fi_t + \beta_3 tax_t + \beta_4 tr_t + \beta_5 gi_t \cdot tax_t + \beta_6 gi_t \cdot fi_t + \varepsilon_t \qquad (7-23)$$

下标 t 代表 1998—2013 年，c 为常数项，ε 为误差项。其他变量见表 7－8。

表 7－8　模型设定

变量类型	变量名称	变量符号	衡量数据
因变量	民间投资	*pi*	附表 6
自变量	政府投资	*gi*	附表 6
	外商投资	*fi*	附表 6
	民营经济税负	*tax*	如下
	储蓄—投资转化率	*tr*	如下
	交互项 1	*gi* · *tax*	—
	交互项 2	*gi* · *fi*	—

注：①这里进行的是区域研究，故不再考虑国债发行量和货币发行量两个全国性因素；②引入交互项 *gi* · *tax* 和 *gi* · *fi* 作为解释变量，是为了避免可能出现的多重共线性：政府投资的资金有一部分来自民营经济税收收入，因此变量 *gi* 和 *tax* 可能存在正相关关系；政府投资可能挤进或挤出外商投资，因此变量 *gi* 和 *fi* 可能存在相关关系。

2. 相关变量的统计方法与数据来源

（1）民营经济税收负担 *tax* ＝民营经济税收收入、民营经济生产总值。$tax \in (0,1)$，值越大（小）说明民营经济的税负越重（轻）。广东民营经济的税收收入和生产总值相关数据均来自广东统计年鉴、广东统计信息网（历年广东省国民经济和社会发展统计公报）。其中 1999—2001 年的民营经济税收收入和 1998—2001 年的民营经济生产总值无法获得数据，故采用下一年的值减去增加值来近似衡量[①]。统计结果此处不再列出。

（2）储蓄—投资转化率 *tr* ＝总储蓄、总投资。$tr \in [1, +\infty)$，值越大说明储蓄转为投资的比率越低；当 $tr = 1$ 时，表明储蓄全部转成投资。数据来源同上。另外还参考了秦梦（2013）的统计方法，即总储蓄用年末银行业金融机构本外币“各项存款余额”中的“储蓄存款”指标来衡量；总投资用到位的固定资产投资总额来衡量。具体统计结果不再列出。

3. 回归结果与分析

接下来对（7－23）式进行试回归[②]，结果如表 7－9 所示。模型一回归得出，*tax* 系数为正，这与预期不一致；*gi* 和 *tr* 的系数均不显著。模型二（删减

① 在 2002 年之前，对广东民营经济的相关统计还不够完善。

② 为了克服可能出现的异方差和序列自相关，对原始数据进行了必要的处理，如取对数、指数化、同比例变化等。

gi·*fi*）回归得出，*tax* 系数变为负的，但是 *gi* 和 *tr* 的系数仍然不显著。模型三（继续删减 *tr*）回归得出，*tax* 系数为负，*gi* 的系数估计 *p* 值有所下降（0.292 3）；其他系数估计值均至少在10%的显著性水平下显著；调整R平方达到0.952 0，*p* 值近似为0，说明具有较高的拟合优度，估计值具有一定的有效性和精确性。因此，我们选取模型三作为分析对象。

表7-9 模型7-23的回归结果

变量	模型		
	模型一	模型二	模型三
gi	-0.692 2（0.6828）	-1.376 4（1.212 0）	-1.298 4（1.175 3）
fi	-2.534 4*（1.305 8）	3.256 1***（0.995 4）	3.009 1***（0.899 7）
tax	829.731 1*（381.951 5）	-759.507 3*（363.337 4）	-683.612 5*（336.059 4）
tr	-46.695 1（77.816 9）	87.733 7（132.005 5）	—
gi·*tax*	-0.170 5*（0.086 7）	0.197 7**（0.077 6）	0.185 0**（0.073 3）
gi·*fi*	0.001 9***（0.000 4）	—	—
$\overline{R^2}$	0.984 6	0.949 5	0.952 0
F统计值	161.205 4***	57.372 4***	75.433 5***

注：①因变量为 *pi*；②括号内为系数估计标准差；③上标 *、**、*** 分别代表在10%、5%、1%的显著性水平下显著。

在模型三的回归结果中，*gi* 的系数估计值为-1.298 4，这说明了广东政府投资对当地民间投资存在“挤出效应”，即1单位的政府投资会挤出1.298 4单位的民间投资。当然这个挤出效应并不十分显著（29%）。相比民间投资，政府投资具备了政策、资源、规模、信息等各方面的优势，因此在对同一投资项目的竞争中，政府投资总会处于主导地位。广东政府投资挤出了民间投资，这应该与政府投资的结构或方向有关。政府投资过多涉足经营性或竞争性领域，难免会逐出民间资本。政府投资应当以公共性或基础性领域为主，这样方能借助（正）外部性的发挥吸引民间资本的进入。

fi 系数为3.009 1且在1%的显著性水平下显著，表明外商投资对广东民间投资有“挤进效应”。在现实中，中外合资经营、中外合作经营两种外商投资企业①类型对国内民间资本的引致作用最为明显。一直以来，广东对外开放

① 外商投资企业有四种类型：中外合资经营、中外合作经营、外商独资企业、外商投资合伙。其中前三种合称为“三资”企业。

程度在全国处于领先水平，经济发展以外向型为主导。在这一背景下，广东的“三资”企业得到蓬勃发展，工业经济逐步形成了“三资”、国企、民营的三分（三主体）局面。据相关统计①，2002 年广东“三资”企业数量及其占规模以上工业企业的比重分别为（9 808，43.4%），远远高于同期其他发达省份，如浙江（3 145，14.4%）、江苏（4 093，19.1%）、山东（2 385，17.7%）。2002 年“三资”工业企业总产值占全省工业企业总产值的 46.15%，比 1995 年高出 9.24 个百分点。另据《经济普查系列分析报告之二十：广东大型工业企业竞争力比较》的统计②，2004 年广东的大型工业企业中，“三资”大型工业企业有 191 家，占比为 80.3%，完成增加值 1 345.41 亿元，占全部增加值比重的 59.6%。“三资”企业的发展，为民间投资创造了更多的投资机会，吸引民资进入并与外资有机融合。

tax 系数估计值为 −683.612 5，*p* 值为 0.066 8，表明税负对民间投资有显著的负面影响，税负每增加 1 个百分点，民间投资规模会减少 683.612 5 亿元。税负过高会打击民间投资的积极性。据前面统计，2002 年广东民营经济贡献的税收收入为 535.73 亿元，税负为 10.17%；仅 10 年之后的 2012 年，缴纳税收收入为 6 467.82 亿元，税负上升到了 22.06%，提高了近 12 个百分点。因此对于广东来说，要激活民间资本，当务之急是要整顿财税秩序，取消不合理税费，出台和落实一系列具有针对性的税收优惠政策，切实减轻民营企业的税收负担。

7.3.4 结论与建议

本节分析得到的结论：近二十几年来，广东政府投资和民间投资均在不断增加；但在比重方面，两者呈现出“剪刀状”的不同变化趋势，也即“国进民退”现象，这与全国的情况一样。在政府（政策）的鼓励和引导下，广东民间投资实现了快速发展，尽管如此，仍存在不少问题，如总体投资规模较小、经济效益不高、产业结构不合理、企业规模较小、地区发展不均衡等。实证分析得出，广东政府投资“挤出”了民间投资，外商投资“挤进”了民间投资，两者的作用方向相反；民间投资者对税负比较敏感，当前过高的税负严重打击了他们的投资积极性。

为进一步促进民间投资，广东政府在许多方面还大有可为。其一，调整政府投资的结构和方向，加大对基础性、公共性领域的战略投资力度，对民间资本形成合理的吸引力，实现“政府搭台、企业唱戏”的良性互动。其二，

---

① 数据来自《中国统计年鉴》。

② 广东统计信息网。

坚持外向型经济的发展战略，鼓励发展“三资”企业，实现外资与民资的良性互动。其三，深入进行财税制度改革，减轻民营企业的税费负担，帮助民间投资者提高经济效益；通过更大的税收优惠引导民间资本进入现代服务业等高端行业。其四，鼓励民营企业“做大做强”，鼓励“走出去”参与国际竞争。其五，重点支持东西两翼、粤北山区的民营企业，挖掘落后地区民间投资的潜力。

7.4 小 结

本章第7.1节，首先基于总量生产函数进行动态最优化推导，得出各项投资的比重只要与产出弹性相适应，就能实现经济的最大化增长。其次，通过拟合一个经济增长模型，求出全国及不同地区政府投资和民间投资的产出弹性，进而计算出它们各自的最优比重。最后，将最优比重与实际比重进行比较得出，为了更加有效地发展经济，我国应当持续鼓励民间投资，并将政府投资向中、西部适当倾斜。本章第7.2节，笔者构建了一个不包含民间投资变量的总投资模型，用于估计不同领域（行业）中政府投资对民间投资的影响方向和强度。利用1993—2009年的时间序列数据估计得出，在我国农业、研发、教育领域中，政府投资对民间投资具有“挤进效应”，而在制造业、房地产业、公共基础设施领域中，政府投资对民间投资具有“挤出效应”。本章第7.3节，笔者以广东为对象进行区域性研究，实证分析得出广东政府投资会挤出民间投资，但是该“挤出效应”并不十分显著。对于广东来说，要发展民间投资，需要调整政府投资结构，减轻民营企业税负，坚持发展外向型经济。同时，本章内容也为后续其他地区（省份）的类似研究提供了借鉴。

第8章

主要结论与政策建议

政府投资和民间投资的关系问题，不仅是一个事关国民经济稳定的宏观经济问题，而且是一个事关市场经济能否顺利运行的体制改革问题。本书通过理论考察和实证分析较好地诠释了我国政府投资和民间投资的关系，得出了一些系统的结论。然而理论是为实践服务的，要使研究具有更大的现实意义，我们还需要着重回答“应该怎么做”的问题，提出一些切实可行的政策建议。

8.1 主要结论

通过本书的分析大致可得到以下结论：

(1) 新中国成立以来，我国政府投资经过了一个从无到有、从弱到强的发展过程，且具有明显的阶段性特征，对各个时期的国民经济发展做出重要的贡献。就目前而言，我国的政府投资体系已相对完善，在实际工作中积累了丰富的经验，是我国平抑经济波动的一个重要财政政策工具。从数据上看，政府投资占社会总投资的比重不断下降，但其规模有增无减。我们还要看到，当前政府投资存在着一些严重的问题，如投资效益低下、官员腐败、产权不清晰、管理不善、区域失衡、结构不合理、重复投资等。以上结论来自第3.1节。

(2) 我国民间投资的真正发展始于改革开放之后。随着经济体制改革的深入和国家政策条件的放宽，民间投资以惊人的速度不断增长，并在2002年实现了对政府投资的超越，成为我国社会的主导投资，其未来发展前景十分乐观。与此同时，它对我国经济发展的作用也在不断地加强。然而，我国民间投资总体上仍有所欠缺，存在着周期性波动、区域失衡、结构不合理、资金受限等问题，其发展道路上也面临着“铁门”、“玻璃门”、“弹簧门”等种种障碍。以上结论来自第3.2节。

(3) 我国政府投资和民间投资之间存在单向的同期因果关系（民间投资→政府投资）和双向的异期因果关系。也就是说，从政府投资到民间投资的传导机制在长期中更为显著。在此基础上构建计量模型并进行近似回归，得出一个较具稳健性的结论，即我国政府投资对民间投资总体上产生“挤进效应”，政府投资每增加 1 单位，会带来超过 1 单位的额外民间投资（分别是 1.769 和 1.55）。至此，我们得到了关于政府投资和民间投资关系问题的经验性认识。以上结论来自第 5.2 节和第 6.1 节。

（4）区域分析表明，不管是在东部地区，还是在中部、西部地区，政府投资均对民间投资产生显著的“挤进效应”。然而，效应强度存在明显的区域差异性。新增的 1% 政府投资，在东部地区能够“挤进”0.96% 的额外民间投资，而在中部和西部地区只能分别“挤进”0.48% 和 0.21% 的额外民间投资。这一差异与各个地区所具备的自然、社会、经济条件不无关系。以上结论来自第 6.1 节。

（5）政府投资和民间投资的经济增长效应存在显著差异。在经济短期增长中，政府投资扮演了更为积极的角色，民间投资的作用虽然同样为正，但不如政府投资明显。在经济长期增长中，政府投资主要依靠带动民间投资来发挥作用，民间投资的作用不断增强。由此我们认为，政府投资是经济短期刺激的较好选择，但是不可持久（事实上也难以持久，因为政府财力有限，同时这也是市场经济的发展要求）；民间投资影响着经济内生增长，将来应不断鼓励发展。以上结论来自第 6.2 节和第 2.4 节。

（6）基于总量生产函数的动态最优化推导得出，在一国经济中，各项投资的比重只要与其产出弹性相适应就能最大化地促进经济增长。根据这一结论，计算出全国及东、中、西部地区政府投资与民间投资的最优比重分别为（31.25%，61.8%）、（30.84%，65.19%）、（41.04%，58.6%）、（48.48%，40.96%）。通过比较分析得出，民间投资的最优比重可能被“低估”，鼓励民间投资发展、提高民间投资实际比重应是未来努力的方向；中、西部地区政府投资的实际比重明显偏低，未来政府投资应向该地区适当倾斜。以上结论来自第 7.1 节。

（7）利用一个总投资模型，分析我国政府投资和民间投资的结构关系，结果表明，在我国农业、研发、教育领域中，政府投资每增加 1 单位，会分别“挤进”1.015、0.503、0.277 单位的民间投资；而在制造业、房地产业、公共基础设施领域中，政府投资每增加 1 单位，会分别“挤出”0.281、0.705、0.195 单位的民间投资。由此可见，不同行业的政府投资会对民间投资产生不同方向（正/负）、不同程度的效应。总体来说，相同规模的政府投资会由于（行业）结构的不同，而对民间投资产生不同的综合效应。以上结论来自第 7.2 节。

（8）在对民间投资的影响问题上，中央政府投资与地方政府投资有所不同。这是因为，我国中央政府投资和地方政府投资处在相对独立的两个次元里，地方政府在投资问题上有较大的自主权。地方政府投资在大方向上也许会与中央保持一致，但在具体的规模结构、实施政策等各方面会体现出地区特殊性，由此导致了不同级别政府投资对民间投资产生不同的影响。譬如在广东，政府投资虽然也带动了民间投资，但是这一作用是不显著的。以上结论来自第7.3节。

8.2 政策建议

8.2.1 关于我国政府投资的政策建议

（1）划清政府与市场边界，转换政府投资的职能定位，力争使政府由"监管者"转向"服务者"，使政府投资由"经济建设型"转向"公共服务型"。政府与政府投资的职能定位是一个事关全局的大事，关乎我国市场经济的成败。正确看待和处理政府投资和民间投资的关系，实质上就是如何使政府和市场各归其位、各自充分发挥其资源配置职能的问题。其他国家也有政府投资，如美国等，但是它们的投资范围相对狭小，只限于企业因回报低、风险大、外部性强而不愿投资（如环保），或因规模大、周期长而无力投资（如大型的水利工程、交通基础设施），又或主权安全相关（如国防）等领域，在政府投资的企业实行"市场化"和"民营化"，政府不直接参与企业的经营与管理（孟耀，2004；刘兆征，2009）。总体来说，由于市场化程度较高，美国等发达国家的政府投资在经济中只占很小比重（远低于我国），民间投资和外商投资构成了社会投资的绝大部分。对于国外的政府投资经验，我们不应全盘照搬，但是至少值得学习和借鉴。纵观我国社会投资的发展史，其实是政府投资不断相对缩减、民间投资不断相对扩张的过程，这是促进我国市场经济发展、迎合世界经济发展趋势的必然要求。总之，我国政府投资不能只是"以经济建设为主导"，而应转向"以实现基本公共服务均等化为目标"。所谓基本公共服务均等化，是指政府通过投资活动，为社会公众提供基本的、在不同阶段具有不同标准的、水平大致均等的公共产品和公共服务。在基础设施、医疗卫生、文化教育、环境保护、社会保障等领域，政府应尽可能地满足人们的基本需求，使国民同等享受经济发展的成果（周法兴，2007）。政府投资作为政府宏观调控的手段，除了特殊时期（如2008国际金融危机）之外，尽量不要过多地干预经济（"手伸得太长"），而应以提供人们生活、生产公共基础设施等公共产品为政策目标，让市场更加充分地发挥资源配置的基础性作用，以提高经济要素生产率，并且有步骤地向市场放权，以避免政府失灵。相应地，要加快转变政府职能，从"全能政府"向"有限政府”过渡，将政府的工作重心放在经济调节、市场监管、社会管理、公共服务上①，且要做到依法行政，既不失职，也不越权，并接受社会监督。

（2）健全政府投资决策与约束机制，加强对政府投资的管理。①完善相关立法，实行严格的法律约束。目前我国主要依靠环境保护、产业政策、筹资和融资、城市规划、招投标等与投资相关的法律法规来约束政府投资，由于缺乏足够的针对性，它们对政府投资的调控效果并不理想。为此，我国当务之急是要制定一部专门针对政府投资的《国有资产投资法》，同时要加强法律法规的执行力度，做到有法必依、执法必严、违法必究。②改革行政审批制度。借鉴西方国家的做法，凡是能由市场决定的投资项目，投资者掌握最终决策权；凡是可能出现市场失灵的投资项目，必须经由政府有关职能部门的审批来决定取舍（王立国，2000）。而且，政府对投资项目的可行性审批必须以系统而科学的评估体系为依据，并严格实行报务案制度，避免出现“政绩工程”或“形象工程”以及“投资三超”等现象。③健全决策责任制。明确政府投资的责任归属，对于国有企业的投资，实行“谁决策、谁负责”，即由主要决策者承担投资决策失误的法律责任和经济责任，而且对投资责任实行“终生追偿”，决策者不能以退休或离职等原因逃避追究；对于政府部门的财政投资，应当将政府投资的相关因素列入官员政绩考核指标，如投资绩效系数、结构效益和产业政策执行情况等，增强投资部门的责任感，从而建立起完备的政府投资项目决策的利益约束制度和风险约束制度。④完善政府投资的监督管理机制。加强对政府投资项目的管理，严格执行基本建设程序和项目资本金制度，及时跟踪，严密监管，确保政府投资的质量和资金安全，最大化地发挥投资效果。与此同时，要建立有效的社会监督机制（如媒体监督、网络监督等方式），加强民众对政府投资的监督。

（3）适当加大政府投资力度，充分发挥政府投资对民间投资的“挤进效应”，促进我国国民经济的持续、健康、协调发展。在当前的经济情况下，政府加大投资力度无疑是有必要的。根据本章之前的结论，政府投资主要有两个方面的增长效应：在短期内，不仅可以扩大社会总需求，直接拉动经济增长，而且可以弥补民间投资意愿不足所造成总投资落差，稳定社会投资水平，避免宏观经济因此受到较大的冲击；在长期中，通过对民间投资的引导带动，吸引民间资本投向政府鼓励和符合国家产业政策的领域，从而有效地调动各方面资源为社会经济服务。因此，政府投资应当利用它的集中性优势，充分发挥其对民间投资的正外部性。此外，本书的实证结果还告诉我们，我国的

① 在中国共产党十六大和十届人大一次会议上，明确提出我国政府职能应当包含“经济调节、市场监管、社会管理和公共服务”四个方面。

政府投资政策必须体现一定的区域差异性。不同地区在进行政府投资决策之前，必须对自身投资水平和结构有个准确的定位，从自身实际情况出发，制定差异化的政策投资策略，促进政府投资与民间投资紧密配合、互为补充、相得益彰，最终实现资源优化配置和经济发展的目的。对东部地区，政府投资应当尽快退出竞争性领域，让出大部分投资效益好的行业和项目，同时保留对公共产品或服务的投资，注重为民间资本营造良好的投资环境，充分发挥政府投资对当地民间投资的显著“挤进效应”，力争使政府投资在总投资中的比重大幅降低，民间投资的比重相应增加，从而最大化地促进经济增长。在中部地区，政府投资对民间投资的“挤进效应”较小，这意味着吸引等量的民间资本需要政府进行更大规模的投资。所幸的是，中部地区的资本结构与最优结构差距不大，政府投资只需保持稳定的增长速度，由此吸引的民间投资足以确保当地的资本结构接近或处于最优水平。而在西部地区，情况就大不一样，需要政府特别对待。实证分析表明，由于经济基础薄弱、投资环境恶劣、行政效率低下等各种原因，西部地区要在短期内吸引相当规模的民间投资是不现实的。所以，应当继续实施西部大开发战略，采取倾斜的政府投资政策，提高当地政府投资占当地总投资和全国政府投资的比重，用于能源开发、交通设施建设、环境保护、民生工程等领域，这样不仅可以发展当地经济，提高居民生活水平，而且可以为吸引民间投资做长远的准备。

（4）厘清政府投资点，优化政府投资结构。实证分析表明，我国不同领域的政府投资会对民间投资产生不同的影响，进而表现出不同的经济效应。鉴于此，为了实现政府投资结构的最优化，尽可能地放大政府投资对民间投资乃至对经济的扩张效应，我们必须坚持对政府投资进行统筹兼顾，突出重点，在向经济社会发展薄弱环节倾斜的同时，也要抑制部分行业的产能过剩和重复建设。主要要做到以下几点：①将政府投资重点由城市转向农村。无论是促进社会事业发展还是区域协调发展，政府投资都要以农村为第一优先顺序，确保农村基础设施的基本保障性需求，既包括农村金融、农田水利、安全饮水、道路建设、电网改造等基本生产、生活基础设施，也包括农村医疗、村村通广播电视、幼儿园、中小学学校建设等社会事业设施，还包括垃圾收集、污水处理、河塘清淤等村级环境整治工程。②在公共基础设施领域，政府应当有选择地进行投资。首先，集中部分力量，专注于投资一些重要的公共产品和公共服务，特别是那些大型公共基础设施建设（如南水北调、青藏铁路等）和生态环境保护（如退耕还林工程、天然林资源保护工程、防护林工程、污水垃圾产业化、风沙源治理、水污染治理等）等工程，它们往往同时具备或部分具备金额巨大、周期较长、风险较高、利润较低等特点。其次，对于可由市场有效提供的部分公共产品，要大胆引入市场机制和民间资本，这样既可让民间投资者获利，又减轻了政府的财力负担，一举两得。③退出部分经营性领域，以保证市场的充分竞争，促使社会经济既高效又不失公平。如制造业、房地产业，政府投资既当球员又当裁判，很容易“挤出”民间投资，所以应当让市场来自由决定供求状况，政府尽量充当一个旁观者和监督者的角色。政府投资房地产业，只能限于保障房建设，且要适当控制规模。④重点支持研发、教育等事关未来发展且相对落后的领域，这样既可以促进相关产业的发展，也可以吸引民间投资的跟进。其中教育领域的投资对象包括基础科学研究、基础教育、义务教育普及等，研发领域的投资对象包括涉及国民经济发展的重大科研、重大技术攻关项目以及带有方向性、全局性的应用技术研究，例如航天、微电子、生物工程等方面的科学研究和技术攻关。

总体来说，政府要多投资公共领域，少投资竞争性领域；多投资实体经济，不投资虚拟经济；多投资民生建设，少投资经济建设。

8.2.2 关于我国民间投资的政策建议

我国经济的可持续发展，有赖于民间资本的广泛参与。可以预言，民间资本将是我国未来经济发展的主要“助推器”。原因有三：第一，各国的经济实践表明，政府投资具有明显的局限性，政府投资的过度扩张会引起严重的后果，如“驱逐”民间投资、边际乘数效应下降、财政赤字风险和债务风险、金融风险等；不仅如此，政府对经济的直接干预，也与市场取向的改革目标相抵触。第二，本书实证分析也表明了，政府投资只能在短期内促进经济发展；而民间投资对我国经济兼有短期和长期的增长作用，是经济增长的内生动力。第三，相比政府投资，民间投资的效率更高。这一点已经得到学术界的广泛验证。

我国政府也早已意识到民间投资的重要性，并出台了一系列的促（民）资政策。但是，民间投资事关整个宏观经济的发展，牵一发而动全身，仅仅依靠这些政策是远远不够的（刘敏，2010）。事实也表明，逐利的民间资本并没有因为这些政策而显得冲动，目前更多地保持着一种观望态度。很显然，政府的引资政策还不到位。这就要求政府出台更加开明、开放的政策，并切实拿出促进民间投资发展的执行力，要让民间投资者看到投资的利益和价值所在，增强民间投资者的投资信心。具体来说，需要做好以下几个方面：

1. 进一步放宽民间投资进入领域，取消或降低行业准入的制度限制

当前经济生活中广泛存在着政府垄断经营和保护经营，致使民间资本在许多领域遇到不同程度的进入障碍。为此，我们建议，除关系到国家安全和必须由国家垄断的领域外，都应允许民间投资进入；凡是已对外商开放的投

资领域，都要对民间投资开放（陈国红，2003），尤其是基础设施和基础产业领域（如电信、交通、城市基础设施等），民间资本可以通过实行特许招标和投标方式，选择项目法人吸引民营资本直接投资参与基础领域建设与经营；也可以采取BOT等方式，推动民间资本进入自来水、电力、道路、铁路、能源等基础行业。政府需将市场准入管理制度从正面清单（审批制）转为负面清单（“非禁即入”），并在今后逐步缩短负面清单，尽可能让市场来配置资本，打破行政垄断，清除进入壁垒；同时还要建立“违单投诉”机制，以确保负面清单能够真正落实（孙荫环，2014）。

2. 建立、健全民间投资服务体系，加强服务和指导，为民间投资营造良好的服务环境（刘敏，2010）

首先，抓好制度建设，改革民间投资项目行政审批制度，简化审批手续，规范审批程序，缩短审批周期，逐步推行“办证中心”的“一站式”审批方式，以提高工作效率。其次，政府要成立一个民间投资服务中心，构建包括政策、技术、市场在内的综合性投资信息网，筛选和储备投资项目，为全社会提供准确、充分的投资信息，解决民间投资发展中存在的市场信息不灵、进入领域过窄、盲目投资、低水平重复建设等问题，从宏观上进行调控和指导，引导民间投资健康发展（李杉杉，2004）。最后，鼓励建立一些商会、行业协会等自律性组织，发展为民间投资者提供政策、法律、财会、技术、管理、培训、人才和市场信息等服务的中介组织，为民营经济提供各种中介服务（徐芳、王波，2004）。

3. 解决融资瓶颈，为民间投资提供资金保障

建立、健全多层次的资本市场和融资平台，为资金自由流动创造条件，实现资金供求双方成功对接。首先，国有商业银行要消除“所有制歧视”，重视民间投资者的信贷需求，并制定专门的贷款政策和管理办法，为民营企业提供平等、畅通的融资渠道。尤其是要在规范民营企业财务制度的基础上，增加贷款种类和贷款抵押物种类，只要符合信贷条件，银行应接受以财产抵押、上市公司以市值抵押等方法（杨建波，2007）。其次，尝试设立信用担保基金（王海民，2010），为符合一定资质条件的民营企业提供银行贷款担保。具体的资质标准可以从盈利能力、偿债能力、企业规模、是否从事国家鼓励的生产经营等方面进行划定。再次，支持有条件的民营企业特别是民营高科技企业，通过收购兼并、控股、参股、借“壳”上市等方式到证券市场直接融资，或者是直接发行债券和股票并上市流通，而且其条件标准应与国有企业一视同仁（曾毅、宋宇，2011）。最后，适度引导大型的民营企业到国外资本市场去融资，如向国外的商业银行贷款。

4. 解决民间投资地位不平等的问题，确保其享有同等的国民待遇

首先，完善投资相关立法，为民营企业的发展营造公开、公平竞争的法

律环境。立法者要改变观念，将民间资本与其他资本一视同仁，给予民间投资法律上的平等保护，制止各种随意剥夺、侵犯、损害民间投资者合法权益的行为。其次，取消各种不利于民营经济发展、民间投资启动的“枷锁性”文件，为民间资本营造一个公平的政策环境，尽可能消除各种政策歧视，使民间资本享受与国有资本和外资一样的待遇，并与之公平竞争。其中以财税政策最为重要：调整不公平税赋，取消不合理收费；依法保护民间投资者的正当权益，坚决制止各种乱摊派、乱集资、乱罚款现象（刘珂、李世国，2004）；对国有企业和“三资”企业实行的优惠政策，如贴息技改等，应当同样适用于民营企业（陈国红，2003）。

5. 继续加大对中、小民营企业的扶持力度

对国家鼓励发展领域和地区的民间投资项目，通过补助、减免税、贴息贷款等优惠政策加以支持（辜胜阻，2009）；对致力于提高自主创新能力、促进节能减排、提高产品质量、改善安全生产条件等方面的民间投资项目，通过设备投资抵免、亏损抵免、再投资退税、加速折旧、贴息贷款等手段加以支持；对处于初创业阶段的企业（匡绪辉，2010），可在一定期限内实行减税、免税政策，或者采用“先征后返”的办法，或者在一定期限内对新成立企业提供用地、厂房租赁、用电和用水等方面的政策支持（民建中央，2010）；重点支持民营企业参与国家重大科技计划项目和技术攻关，帮助民营企业建立工程技术研究中心、技术开发中心，不断提高企业技术水平和研发能力（刘泉，2010；刘敏，2010）；通过关税减免、出口退税等方式，鼓励民营企业走出国门，做大做强。

6. 鼓励民间分散资本集中化

根据规模经济理论，只有把分散的民间资本集中起来才能发挥其规模优势，才能积聚成产业发展的合力。因此，我国应当建立一些特定的金融渠道或民间集资渠道，或者直接规定某些投资项目须由多方来注资，以便于聚集民间资金。在这一方面，温州的成功经验值得推广。当地民间资本虽然零散，但在进行投资时，投资者不会“单兵作战”，而是通过集资的形式，“抱团出击”。这样有许多好处，对投资者个人来说，既可以弥补个人投资大型项目时的资金不足，也可以分散投资风险；对社会经济来说，可以调动闲置资金，扩大社会投资规模，也可以促使一些民营企业利用资金优势“做大做强”，增强竞争力，还可以优化民间投资的产业结构，使民间有能力投资基础设施、战略性新兴产业等领域。

7. 延长政策周期，建立政策效果评估机制

就目前来看，我国政府的促资政策出台得过于密集，已经出现超短期化的现象。因为市场经济运行中存在各种时滞，如下图，从政策出台到落实存

在操作时滞，从政策落实到经济主体做出行为反应存在市场调解时滞，从经济主体发生行为改变到政府意识到这一点存在认识时滞。如果旧政策还没有落实，或者如果市场还没有来得及对旧政策做出反应，又或者如果政府还没看清市场对旧政策的反应，新政策就又出台了，这样政策短期化就出现了。民间投资者出于谨慎心态和逐利心理，必然倾向于延迟投资，持续观望并等待政府出台更优惠的新政策。这是我国当前民间资本没有及时跟进的一个重要原因。因此笔者建议，促资政策的出台要有长期规划，按部就班，谨慎考量并适当延长政策周期，不能仅凭一时心血来潮，朝令夕改。另外，为使政策更能迎合经济发展的需要，还需建立一套可实时跟踪的效果评估长效机制，实现促资政策的动态考核、适时调整和自我完善（在下图中表现为一个闭环而不是开环），发挥最大的经济效应。

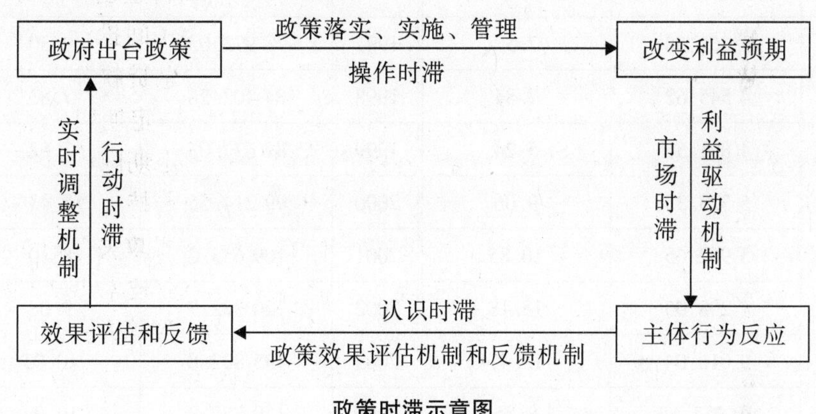

政策时滞示意图

综上所述，在当前经济下行压力不断加大而政府投资后续乏力的背景之下，只有大力发展民间投资，才能实现我国经济的真正复苏。

附　表

附表 1　1990—2013 年我国国内生产总值（GDP）及其增速

年份	GDP（亿元，现价）	GDP 增速（%，不变价）	年份	GDP（亿元，现价）	GDP 增速（%，不变价）
1978	3 645.22	11.67	1996	71 176.59	10.01
1979	4 062.58	7.57	1997	78 973.03	9.30
1980	4 545.62	7.84	1998	84 402.28	7.83
1981	4 891.56	5.24	1999	89 677.05	7.62
1982	5 323.35	9.06	2000	99 214.55	8.43
1983	5 962.65	10.85	2001	109 655.2	8.30
1984	7 208.05	15.18	2002	120 332.7	9.08
1985	9 016.04	13.47	2003	135 822.8	10.03
1986	10 275.18	8.85	2004	159 878.3	10.09
1987	12 058.62	11.58	2005	183 217.4	10.43
1988	15 042.82	11.28	2006	211 923.5	11.60
1989	16 992.32	4.06	2007	257 305.6	13.00
1990	18 667.82	3.84	2008	300 670	9.60
1991	21 781.5	9.18	2009	335 353	9.20
1992	26 923.48	14.24	2010	397 983	10.30
1993	35 333.92	13.96	2011	473 104	9.20
1994	48 197.86	13.08	2012	518 942	7.80
1995	60 793.73	10.92	2013	568 845	7.70

数据来源：国泰安数据库。

附表 2　2012 年全球负债最多的 20 个国家

排名	国家	外债占 GDP 比例（%）	外债数额（亿美元）	人均负债（美元）	排名	国家	外债占 GDP 比例（%）	外债数额（亿美元）	人均负债（美元）
20	美国	101.1	148 250	48 258	10	挪威	251	6 407	137 476
19	匈牙利	120.1	2 252.4	22 739	9	奥地利	261.1	8 671.4	105 616
18	澳大利亚	138.9	12 300	57 641	8	芬兰	271.5	5 050.6	96 197
17	意大利	146.6	26 020	44 760	7	瑞典	282.2	10 030	110 479
16	西班牙	179.4	24 600	60 614	6	丹麦	310.4	6 261	113 826
15	希腊	182.2	5 797	53 984	5	比利时	335.9	13 240	127 197
14	德国	185.1	54 400	51 572	4	荷兰	376.3	25 500	152 380
13	葡萄牙	223.6	5 522.3	51 572	3	瑞士	401.9	13 040	171 528
12	法国	250	53 700	83 781	2	英国	413.3	89 810	146 953
11	香港	250.4	8 156.5	115 612	1	爱尔兰	1 382	23 800	566 756

数据来源：CNBC。

附表 3　1990—2012 年我国东、中、西部地区的政府投资规模（亿元）及其占全国政府投资的比重（%）

年份	全国政府投资（亿元）	东部政府投资（亿元）	东部比重（%）	中部政府投资（亿元）	中部比重（%）	西部政府投资（亿元）	西部比重（%）
1990	2 827.23	1 552.88	54.93	828.87	29.32	445.48	15.76
1991	3 510.20	1 904.83	54.27	1 039.19	29.60	566.18	16.13
1992	5 058.35	2 880.42	56.94	1 398.54	27.65	779.39	15.41
1993	7 529.35	4 447.56	59.07	1 956.68	25.99	1 125.11	14.94
1994	9 286.27	5 594.34	60.24	2 375.17	25.58	1 316.76	14.18
1995	10 253.23	6 037.64	58.89	2 644.25	25.79	1 571.34	15.33
1996	11 350.56	6 534.70	57.57	2 996.20	26.40	1 819.66	16.03
1997	12 327.70	7 065.49	57.31	3 144.71	25.51	2 117.50	17.18
1998	14 402.88	7 985.29	55.44	3 666.18	25.45	2 751.41	19.10
1999	15 065.83	8 419.62	55.89	3 828.25	25.41	2 817.96	18.70
2000	15 578.06	8 564.90	54.98	4 100.64	26.32	2 912.52	18.70
2001	16 576.44	8 732.53	52.68	4 538.56	27.38	3 305.35	19.94
2002	17 628.73	9 013.28	51.13	4 917.13	27.89	3 698.32	20.98
2003	20 963.10	10 974.27	52.35	5 712.06	27.25	4 276.77	20.40

（续上表）

年份	全国政府投资（亿元）	东部政府投资（亿元）	东部比重（%）	中部政府投资（亿元）	中部比重（%）	西部政府投资（亿元）	西部比重（%）
2004	24 040. 33	12 285. 17	51. 10	6 823. 32	28. 38	4 931. 84	20. 51
2005	28 332. 03	14 047. 33	49. 58	8 416. 23	29. 71	5 868. 47	20. 71
2006	31 411. 22	14 678. 72	46. 73	9 869. 83	31. 42	6 862. 67	21. 85
2007	36 564. 68	16 536. 30	45. 22	11 954. 04	32. 69	8 074. 35	22. 08
2008	45 450. 11	20 098. 62	44. 22	14 958. 15	32. 91	10 393. 34	22. 87
2009	63 912. 84	27 257. 62	42. 65	20 903. 36	32. 71	15 751. 86	24. 65
2010	83 316. 50	32 137. 00	38. 57	25 067. 50	30. 09	19 352. 90	23. 23
2011	82 494. 78	31 824. 97	38. 58	24 533. 87	29. 74	20 915. 26	25. 35
2012	96 220. 25	36 009. 99	37. 42	28 983. 72	30. 12	25 120. 17	26. 11

数据来源：根据《中国统计年鉴》整理得到。由于中央和地方对固定资产投资统计口径的差异，以及笔者对部分省市忽略不计（并未全覆盖），2010—2012 年度东、中、西部地区政府投资的比重之和并不等于 100%。下同。

附表 4　1990—2012 年我国东、中、西部地区的民间投资规模（亿元）及其占全国民间投资的比重（%）

年份	全国民间投资（亿元）	东部民间投资（亿元）	东部比重（%）	中部民间投资（亿元）	中部比重（%）	西部民间投资（亿元）	西部比重（%）
1990	1 356. 40	861. 12	63. 49	347. 18	25. 60	148. 10	10. 92
1991	1 683. 16	1 111. 52	66. 04	395. 01	23. 47	176. 63	10. 49
1992	2 449. 14	1 737. 2	70. 93	487. 72	19. 91	224. 22	9. 16
1993	4 419. 19	3 286. 96	74. 38	725. 96	16. 43	406. 27	9. 19
1994	6 481. 97	4 819. 28	74. 35	1 088. 17	16. 79	574. 52	8. 86
1995	6 892. 14	4 898. 57	71. 07	1 275. 19	18. 50	718. 38	10. 42
1996	8 202. 90	5 509. 03	67. 16	1 769. 77	21. 57	924. 10	11. 27
1997	8 950. 94	5 752. 62	64. 27	2 080. 38	23. 24	1 117. 94	12. 49
1998	10 062. 8	6 450. 41	64. 10	2 331. 14	23. 17	1 281. 25	12. 73
1999	11 251. 3	7 266. 49	64. 58	2 450. 87	21. 78	1 533. 94	13. 63
2000	13 712. 37	8 620. 94	62. 87	3 056. 12	22. 29	2 035. 31	14. 84
2001	16 516. 74	10 258. 12	62. 11	3 709. 22	22. 46	2 549. 40	15. 44
2002	20 955. 60	13 090. 62	62. 47	4 709. 33	22. 47	3 155. 65	15. 06
2003	28 732. 45	17 963. 67	62. 52	6 516. 30	22. 68	4 252. 48	14. 80

（续上表）

年份	全国民间投资（亿元）	东部民间投资（亿元）	东部比重（%）	中部民间投资（亿元）	中部比重（%）	西部民间投资（亿元）	西部比重（%）
2004	45 254.58	29 362.83	64.88	10 093.63	22.30	5 798.12	12.81
2005	50 339.30	30 589.41	60.77	12 733.54	25.30	7 016.35	13.94
2006	65 781.12	39 018.4	59.32	17 771.10	27.02	8 991.62	13.67
2007	84 874.58	48 141.14	56.72	24 767.74	29.18	11 965.70	14.10
2008	108 236.36	59 383.76	54.86	33 635.78	31.08	15 216.83	14.06
2009	139 418.54	74 064.59	53.12	45 198.55	32.42	20 155.39	14.46
2010	151 159.77	93 744.2	62.02	58 746.90	38.86	25 106.70	16.61
2011	210 273.45	110 041.2	52.33	68 682.93	32.66	31 118.76	14.80
2012	257 651.48	132 138.1	51.29	85 443.56	33.16	40 069.84	15.55

数据来源：根据《中国统计年鉴》整理得到。

附表5　我国金融机构人民币贷款基准利率单位（年利率%）

调整时间	六个月以内（含六个月）	六个月至一年（含一年）	一至三年（含三年）	三至五年（含五年）	五年以上
1991. 04. 21	8. 10	8. 64	9. 00	9. 54	9. 72
1993. 05. 15	8. 82	9. 36	10. 80	12. 06	12. 24
1993. 07. 11	9. 00	10. 98	12. 24	13. 86	14. 04
1995. 01. 01	9. 00	10. 98	12. 96	14. 5	14. 76
1995. 07. 01	10. 08	12. 06	13. 50	15. 12	15. 30
1996. 05. 01	9. 72	10. 98	13. 14	14. 94	15. 12
1996. 08. 23	9. 18	10. 08	10. 98	11. 70	12. 42
1997. 10. 23	7. 65	8. 64	9. 36	9. 90	10. 53
1998. 03. 25	7. 02	7. 92	9. 00	9. 72	10. 35
1998. 07. 01	6. 57	6. 93	7. 11	7. 65	8. 01
1998. 12. 07	6. 12	6. 39	6. 66	7. 20	7. 56
1999. 06. 10	5. 58	5. 85	5. 94	6. 03	6. 21
2002. 02. 21	5. 04	5. 31	5. 49	5. 58	5. 76
2004. 10. 29	5. 22	5. 58	5. 76	5. 85	6. 12
2006. 04. 28	5. 40	5. 85	6. 03	6. 12	6. 39

（续上表）

调整时间	六个月以内（含六个月）	六个月至一年（含一年）	一至三年（含三年）	三至五年（含五年）	五年以上
2006. 08. 19	5. 58	6. 12	6. 30	6. 48	6. 84
2007. 03. 18	5. 67	6. 39	6. 57	6. 75	7. 11
2007. 05. 19	5. 85	6. 57	6. 75	6. 93	7. 20
2007. 07. 21	6. 03	6. 84	7. 02	7. 20	7. 38
2007. 08. 22	6. 21	7. 02	7. 20	7. 38	7. 56
2007. 09. 15	6. 48	7. 29	7. 47	7. 65	7. 83
2007. 12. 21	6. 57	7. 47	7. 56	7. 74	7. 83
2008. 09. 16	6. 21	7. 20	7. 29	7. 56	7. 74
2008. 10. 09	6. 12	6. 93	7. 02	7. 29	7. 47
2008. 10. 30	6. 03	6. 66	6. 75	7. 02	7. 20
2008. 11. 27	5. 04	5. 58	5. 67	5. 94	6. 12
2008. 12. 23	4. 86	5. 31	5. 40	5. 76	5. 94
2010. 10. 20	5. 10	5. 56	5. 60	5. 96	6. 14
2010. 12. 26	5. 35	5. 81	5. 85	6. 22	6. 40
2011. 02. 09	5. 60	6. 06	6. 10	6. 45	6. 60
2011. 04. 06	5. 85	6. 31	6. 40	6. 65	6. 80
2011. 07. 07	6. 10	6. 56	6. 65	6. 90	7. 05
2012. 06. 08	5. 85	6. 31	6. 40	6. 65	6. 80
2012. 07. 06	5. 60	6. 00	6. 15	6. 40	6. 55
2014. 11. 22		5. 60		6. 00	6. 15

资料来源：中国人民银行网站。2014 年 11 月 22 日，金融机构人民币贷款基准利率期限档次简并为一年以内（含一年）、一至五年（含五年）和五年以上三个档次。

附表6 1990—2013年广东政府投资和民间投资的发展变化情况

年份	总投资（亿元）	政府投资（亿元）	民间投资（亿元）	政府投资增速（%）	民间投资增速（%）	政府投资占比（%）	民间投资占比（%）
1990	381.5	272.2	109.3	–	–	71.4	28.6
1991	478.2	343	135.2	26.0	23.7	71.7	28.3
1992	921.8	603.3	318.5	75.9	135.6	65.5	34.5
1993	1 629.9	895.5	734.4	48.4	130.6	54.9	45.1
1994	2 141.2	907.9	1 233.3	1.4	67.9	42.4	57.6
1995	2 315.8	1 108.8	754.3	22.1	–38.8	47.9	32.6
1996	2 363.2	1 092.5	740.9	–1.5	–1.8	46.2	31.4
1997	2 291.1	1 054.3	727.8	–3.5	–1.8	46.0	31.8
1998	2 644.1	1 152.4	995.8	9.3	36.8	43.6	37.7
1999	2 937	1 226.6	1 095.7	6.4	10.0	41.8	37.3
2000	3 145.1	1 260.8	1 327.2	2.8	21.1	40.1	42.2
2001	3 484.4	1 210.5	1 523.8	–4.0	14.8	34.7	43.7
2002	3 850.8	1 167.1	1 841.1	–3.6	20.8	30.3	47.8
2003	4 813.2	1 422.2	2 254.9	21.9	22.5	29.5	46.8
2004	5 870	1 719.3	3 091.2	20.9	37.1	29.3	52.7
2005	6 977.3	1 957.6	3 343.3	13.9	8.2	28.1	47.9
2006	7 973.4	1 877.1	4 172.3	–4.1	24.8	23.5	52.3
2007	9 294.3	1 974.9	5 059.2	5.2	21.3	21.2	54.4
2008	11 181.4	2 766.3	6 007.8	40.1	18.8	24.7	53.7
2009	13 353.2	4 206.5	6 983.6	52.1	16.2	31.5	52.3
2010	16 113.2	5 150.1	8 625.7	22.4	23.5	32.0	53.5
2011	16 933.1	4 430.1	10 053.3	–14.0	16.6	26.2	59.4
2012	19 307.5	4 712.1	11 659.7	6.4	16.0	24.4	60.4
2013	22 858.5	5 394.2	14 498.3	14.5	24.3	23.6	63.4

数据说明：表中1990—2007年数据来自国泰安数据库；2008—2013年数据来自广东统计信息网（http：//www.gdstats.gov.cn）。为使数据统计保持连续性，对2008—2013年政府投资和民间投资的统计继续沿用之前的口径，即用国有经济固定资产投资衡量政府投资，用港澳台商投资经济和外商投资经济的固定资产投资合计数衡量外商投资，剩余部分全部归入民间投资。由此导致民间投资统计结果与广东统计信息网公布的结果有些出入。

参考文献

中文部分

[1]［美］N. 格里高利·曼昆. 宏观经济学（第六版）. 张帆等译. 北京：中国人民大学出版社，2010.

[2] 刘渝琳，郭嘉志. FDI、政府公共支出、私人投资与经济增长——基于东部、中部和西部省际面板数据差异化分析. 国际贸易问题，2008（6）.

[3] 武如宪. 高铁大跃进　何时真惠民. 凤凰网，http：//finance. ifeng. com/news/industry/ 20101011/2693640. shtml，2010－10－11.

[4] 郭庆旺，赵志耘. 论我国财政赤字的拉动效应. 财贸经济，1999（6）.

[5] 刘溶沧，马拴友. 赤字、国债与经济增长关系的实证分析———兼评积极财政政策是否有挤出效应. 经济研究，2001（1）.

[6] 吴超林. 积极财政政策增长效应的制度条件分析. 世界经济，2001（12）.

[7] 庄子银，邹薇. 公共支出能否促进经济增长中国的经验分析. 管理世界，2003（7）.

[8] 郭庆旺，贾俊雪. 财政投资的经济增长效应：实证分析. 财贸经济，2005（4）.

[9] 吴洪鹏，刘璐. 挤出还是挤入：公共投资对民间投资的影响. 世界经济，2007（2）.

[10] 魏友，燕小青. 政府投资对民间投资挤出效应的实证研究——基于浙江的经验数据. 经营与管理，2011（11）.

[11] 庄龙涛. 实施积极的财政政策应防范财政风险. 财政研究，1999（9）.

[12] 田杰棠. 近年来财政扩张挤出效应的实证分析. 财贸研究，2002（3）.

[13] 贾松明. 积极财政政策的可持续性分析——兼评我国公共部门投资的挤出效应. 江西社会科学，2002（7）.

[14] 曹建海，朱波，赵锦辉. 公共投资、私人投资与经济增长的实证研究——一个向量误差修正模型. 河北经贸大学学报，2005（2）.

[15] 廖楚晖，刘鹏．中国公共资本对私人资本替代关系的实证研究．数量经济技术经济研究，2005（7）．

[16] 贾明琪，李贺男．金融危机下我国政府投资对民间投资的挤出效应——基于 IS－LM 模型．经济管理，2009（10）．

[17] 杨晓华．中国公共投资与经济增长的计量分析——兼论公共投资对私人投资的挤出效应．山东财政学院学报，2006（5）．

[18] 董秀良，薛丰慧，吴仁水．我国财政支出对私人投资影响的实证分析．当代经济研究，2006（5）．

[19] 陈浪南，杨子晖．中国政府支出和融资对私人投资挤出效应的经验研究．世界经济，2007（1）．

[20] 尹贻林，卢晶．我国公共投资对私人投资影响的经验分析．财经问题研究，2008（3）．

[21] 陈工，苑德宇．我国公共投资挤占私人投资了吗？——基于动态面板数据模型的实证分析．财政研究，2009（12）．

[22] 陈时兴．政府投资对民间投资挤入与挤出效应的实证研究——基于1980—2010 年的中国数据．中国软科学，2012（10）．

[23] 马拴友．中国公共资本与私人部门经济增长的实证分析．经济科学，2000（6）．

[24] 戴国晨．积极财政政策与宏观经济调控．北京：人民出版社，2003.

[25] 李生祥，丛树海．中国财政政策理论乘数和实际乘数效应研究．财经研究，2004（1）．

[26] 孙旭，罗季．我国政府投资对民间投资的影响．预测，2004（1）．

[27] 施丽丽．定性分析、定量分析与规范分析、实证分析．经营管理者，2010（16）．

[28] 左道喜．软件企业资本运营与成长策略研究．东南大学硕士学位论文，2003.

[29] 凯恩斯．就业、利息和货币通论．北京：商务印书馆，1936.

[30] ［美］保罗·萨缪尔森．经济学（第 19 版）．北京：商务印书馆，2013.

[31] ［英］约翰·伊特韦尔．新帕尔格雷夫经济大辞典．陈岱孙译．北京：经济科学出版社，1996.

[32] 张颖．我国投资效率与机制研究．首都经济贸易大学硕士学位论文，2005.

[33] 陈节励．政府投资与民间投资的关系及相应对策．江西财税与会

计，2003（6）.

［34］［德］马克思．资本论．中共中央马克思恩格斯列宁斯大林著作编译局译．北京：人民出版社，1975.

［35］辞海编辑委员会．辞海．上海：上海辞书出版社，1979.

［36］上海社会科学院部门经济所．经济大辞典·工业卷．上海：上海辞书出版社，1983.

［37］刘鸿儒．经济大辞典·金融卷．上海：上海辞书出版社，1987.

［38］许毅．经济大辞典·财政卷．上海：上海辞书出版社，1987.

［39］厉以宁．市场经济大辞典．北京：新华出版社，1993.

［40］陈岱孙．市场经济百科全书．北京：中国大百科全书出版社，1998.

［41］任淮秀．投资经济学．北京：中国人民大学出版社，2001.

［42］中国社会科学院经济研究所．现代经济辞典．南京：江苏人民出版社，2004.

［43］张中华．投资学．北京：高等教育出版社，2006.

［44］李斌，张帆．我国政府投资决策中存在的问题与对策．中国工程咨询，2009（5）.

［45］孟耀等．我国政府投资与民间投资的发展演变．财经问题研究，2004（2）.

［46］王敬军．战后日本政府投资研究．吉林大学硕士学位论文，2003.

［47］孙茂颖，胡蓉．政府投资范围再界定．合作经济与科技，2007（3）.

［48］廖家勤，余英，陆超云，唐飞鹏．财政学．广州：暨南大学出版社，2012.

［49］刘立峰．4 万亿投资计划回顾与评价．和讯新闻网，http：//news. hexun. com/2012 – 12 – 04/148686158. html，2012 – 12 – 04.

［50］庞无忌．社科院报告：中国财政非营利化水平连降六年．中国新闻网，http：//finance. chinanews. com/cj/2013/07 – 03/4999482. shtml，2013 – 07 – 03.

［51］荣长海．人与人之间的和谐是基础．人民日报，2005 – 04 – 20.

［52］［美］罗伯特·S. 平狄克，丹尼尔·L. 鲁宾费尔德．微观经济学（第八版）．张军等译．北京：中国人民大学出版社，2012.

［53］胡代光．凯恩斯主义的发展和演变．北京：清华大学出版社，2004.

［54］佚名．马斯格雷夫和罗斯托．豆丁网，http：//www. docin. com/p – 270350462. html，2011 – 10 – 09.

［55］刘洋．中国公共投资问题研究. 华中科技大学博士学位论文，2009.

［56］樊士德．政府投资与民间投资的未来格局前瞻．商业时代，2004（23）．

［57］佚名．关于中美民间投资与经济增长分析的文献综述．道客巴巴，http：//www. doc88. com/p－27035637055. html，2011－06－23.

［58］陈柳钦．进一步发展和完善我国民营经济．特区经济，2004（1）．

［59］本刊编辑部．民间投资发展与特征．中国经济信息，2004（4）．

［60］［美］滋维·博迪，亚历克斯·凯恩，艾伦·J. 马库斯．投资学（第9版）．汪昌云，张永翼等译．北京：机械工业出版社，2012.

［61］黄志典．货币银行学概论（修订3版）．新北：前程文化事业有限公司，2012.

［62］沈恩杰．试论政府投资与民间投资的协调配合．福建金融，2004（5）．

［63］辜胜阻．民间投资接力公共投资是可持续增长关键．新浪财经，2009－10－29.

［64］辜胜阻．民间投资接力公共投资是彻底走出危机的关键．新华网，http：//news. xinhuanet. com/fortune/2009－10/31/content_12365600. htm，2009－10－31.

［65］周景彤．中国经济展望：第二章固定资产投资．中国经济展望，2004（1）．

［66］周法兴．中国政府投资政策转变及其影响研究．北京：中国财政经济出版社，2007.

［67］高福生，朱四倍．决策失误是中国最大的失误．决策与信息，2009（7）．

［68］朱水成等．公共决策失误与体制创新．理论导刊，2004（8）．

［69］范春艳．江苏产业结构趋同及优化研究．扬州大学硕士学位论文，2007.

［70］刘世锦．形势与政策：加强经济回升和持续增长的基础．时事报告，2009（9）．

［71］李克强．在中国工会第十六次全国代表大会上的经济形势报告．工人日报，2013－11－04.

［72］谷安平．金融危机后我国投资乘数影响因素及政府投资传导机制的数量研究．西南财经大学博士学位论文，2010.

［73］李兴山．社会主义市场经济体制的提出．瞭望，2010（9）．

［74］刘敏．唤醒民间投资需要政府的诚意．投资者报，2010－07－12.

［75］王远鸿．十八届三中全会公报要点解读．央视网复兴论坛，http：//bbs. cntv. cn/thread－26710467－1－1. html，2013－11－12.

［76］曹林华．专家称广东东莞6 000亿民间资本缺乏指引　盲目投资败

兴而归．东莞时报，2010－12－13.

[77] 鲁兰桂．扶持实体经济发展的税收政策研究．广东经济，2012（8）.

[78] 虞浩．关于中美民间投资对经济增长对比分析的文献综述．豆丁网，http：//www. docin. com/p－260171505. html，2011－03－08.

[79] 佚名．政府投资与民间投资对经济增长推动作用的演变．中律网，http：//www. 148com. com/html/3469/449887. html，2008－12－12.

[80] 周伯华．去年中国非公有制经济对 GDP 贡献率已达 60%．中国青年网，http：//news. youth. cn/gn/201403/t20140306_4823305. htm，2014－03－06.

[81] 罗长远，赵红军．外国直接投资、国内资本与投资者甄别机制．经济研究，2003（9）.

[82] 白群燕．我国民间投资的问题及对策．商业时代，2004（26）.

[83] 夏芬娟．民间投资，路在何方．浙江日报，2010－07－13.

[84] 孙致陆，肖海峰．外商直接投资对东道国国内投资的“挤入”与“挤出”效应——来自中国数据的经验证据．亚太经济，2011（2）.

[85] 严凯．发改委驳吴敬琏：4 万亿未挤出民间投资．经济观察网，http：//www. eeo. com. cn/2009/1029/154185. shtml，2009－10－29.

[86] 周荣祥．发改委：4 万亿投资不会挤出民间投资．新华网综合，http：//news. xinhuanet. com/fortune/2009－10/28/content_12344084. htm，2009－10－28.

[87] 毛加强，刘璐．基于经济增长模型的地方财政支出结构分析．经济问题，2009（8）.

[88] 许莉，郭定文．我国政府支出对私人投资的影响分析．经济问题探索，2009（4）.

[89] 袁志刚，冯俊．居民储蓄与投资选择：金融资产发展的含义．数量经济技术经济研究，2005（1）.

[90] 程惠芳，张声洲．国际产业流入对中国储蓄与投资转化的影响．世界经济，2003（6）.

[91] ［美］蒋中一，凯尔文·温赖特．数理经济学的基本方法（第 4 版）．刘学，顾佳峰译．北京：北京大学出版社，2006.

[92] 杨子晖．财政政策与货币政策对私人投资的影响研究——基于有向无环图的应用分析．经济研究，2008（5）.

[93] 张军，章元．对中国资本存量 K 的再估计．经济研究，2003（7）.

[94] 王海花，聂巧平．Ng－Perron 单位根检验理论与应——中国宏观经济序列的平稳性分析．统计与信息论坛，2008（2）.

[95] 聂巧平．单位根检验统计量 MGLS 的有限样本性质研究及应用．数

量经济技术经济研究，2007（3）.

［96］朱轶，熊思敏．财政分权、FDI 引资竞争与私人投资挤出——基于中国省际面板数据的经验研究．财贸研究，2009（4）.

［97］汪红驹．中国货币政策有效性分析．北京：中国人民大学出版社，2003.

［98］中国社会科学院经济研究所经济增长前沿课题组．财政政策的供给效应与经济发展．经济研究，2004（9）.

［99］袁东，王晓锐．关于公债挤出效应理论的几点认识．财政研究，2000（6）.

［100］陈工，唐飞鹏．政府财政竞争对企业投资的影响——基于对地方政府效率的考虑．厦门大学学报（哲学社会科学版），2010（5）.

［101］王健生．政府服务效率直接影响投资环境．中国改革报，2006-11-15.

［102］杨雷．腐败及政府效率对投资和经济增长影响的实证研究．复旦大学硕士学位论文，2008.

［103］张军，吴桂英，张吉鹏．中国省际物质资本存量估算：1952—2000. 经济研究，2004（10）.

［104］解垩. 政府效率的空间溢出效应研究. 财经研究，2007（6）.

［105］陈志国．中国公共资本存量和私人资本存量的估计与分析．财政研究，2005（9）.

［106］［美］达摩达尔·N. 古扎拉蒂，唐·C. 波特．计量经济学基础（第 5 版）．费剑平译．北京：中国人民大学出版社，2011.

［107］谭浩俊．政府投资乏力，民间投资何以快速跟进．深圳新闻网，http：//www. sznews. com/news/content/2009 - 06/17/content _ 3850408. htm，2009-06-17.

［108］孙长清，赵桂芝，陈菁泉，于文涛．长期经济增长与中国财政支出结构优化研究．财经问题研究，2004（12）.

［109］曾娟红，赵福军．促进我国经济增长的最优财政支出结构研究．中南财经政法大学学报，2005（4）.

［110］何继善，汪东华．转型期我国财政支出结构与经济增长关系研究．财经理论与实践，2006（6）.

［111］贺菊煌. 我国资产的估算．数量经济与技术经济研究，1992（8）.

［112］王小鲁，樊纲．中国经济增长的可持续性——跨世纪的回顾与展望．北京：经济科学出版社，2000.

［113］杨柳勇，沈国良．外商直接投资对国内投资的挤入挤出效应分析．

统计研究，2002（3）.

［114］蔡笑．外商直接投资对国内投资的挤出效应研究——以江苏为例．世界经济与政治论坛，2008（4）.

［115］李竹宁．外商直接投资与上海经济增长相关性及其挤入挤出效应研究．上海应用技术学院学报（自然科学版），2003（3）.

［116］缪世国．江苏省基础设施投资对社会其他部门投资影响效应研究．南京农业大学学报（社会科学版），2005（5）.

［117］李晓峰，唐丹丹．FDI 对广东内资投资挤出挤入效应分析．浙江工商职业技术学院学报，2010（9）.

［118］孙敏．政府教育投资对私人教育投资的引导效应分析——基于我国政府 1978—2008 年教育财政支出的实证研究．山西财经大学学报（高等教育版），2009（3）.

［119］洪奕宜，林亚茗．细化政策，给民间投资“松绑”．南方日报，2013－01－26.

［120］刘倩等．广东民间投资近半集中房地产．南方都市报，2013－10－08.

［121］叶祥松．激活民间投资促进经济复苏．南方日报，2009－11－11.

［122］秦梦．广东省信贷市场与资本市场对储蓄投资转化率的影响．暨南大学硕士学位论文，2013.

［123］王立国．改革现行投资项目审批制度的思考．财经问题研究，2000（7）.

［124］陈国红．消费稳定理论与中国消费需求政策的调整．北京航空航天大学硕士学位论文，2003.

［125］李杉杉．借鉴国外经验加速发展我国民间投资．财经问题研究，2004（1）.

［126］徐芳，王波．加快民间资金向民营资本转变的思考．经济体制改革，2004（3）.

［127］杨建波．大午集团融资案例与我国中小企业融资的相关问题研究．重庆大学硕士学位论文，2007.

［128］王海民．公共投资对私人投资诱导效应问题研究．东北财经大学博士学位论文，2010.

［129］国家计委政策法规司．加大力度　启动我国民间投资．宏观经济管理，2002（6）.

［130］曾毅，宋宇．后改革时代的民间投资．中华外国经济学说研究会第 19 次年会暨外国经济学说与国内外经济发展新格局（会议文集），2011.

[131] 刘珂，李世国．我国民间投资发展中存在的问题及对策建议．郑州轻工业学院学报（社会科学版），2004（1）．

[132] 苏琳．民建中央：应对金融危机　积极扩大民间投资．新浪财经，http：//finance. sina. com. cn/roll/20100308/14037521221. shtml，2010－03－08.

[133] 陈工，唐飞鹏．公共政策对工业投资的效应分析——基于动态面板数据模型的经验分析．财政研究，2011（5）．

[134] 陈赟．我国政府投资项目成功因素研究：理论分析与计量实证．浙江大学博士学位论文，2008.

[135] 黄建清．经济转型时期中国政府投资与经济增长研究．福建师范大学博士学位论文，2004.

[136] 李树中．试析民间投资环境的改善．长春师范学院学报（人文社会科学版），2005（1）．

[137] 匡绪辉．鼓励和促进民间投资健康发展的政策研究．湖北社会科学，2010（12）．

[138] 李凯．我国公共投资对中小企业发展的影响研究．东华大学硕士学位论文，2010.

[139] 汪伟．公共投资对私人投资的挤出挤进效应分析．中南财经政法大学学报，2009.

[140] 杨俊等．积极财政政策与私人投资关系的区域差异——基于中国东、中、西部面板数据的检验与分析．财经科学，2007（5）．

[141] 周林林．怀化市政府与民间投资协同发展研究．怀化学院学报，2010（7）．

[142] 徐立波．石家庄市固定资产投资效益评价研究．河北科技大学硕士学位论文，2008.

[143] 陆昂．转型时期中国领域的政府投资行为研究：基于公共管理者视角．广州：暨南大学出版社，2008.

[144] 王艳．如何在扩大内需背景下启动民间投资问题探讨．陕西师范大学硕士学位论文，2003.

[145] 马晓君，聂靖．中国政府投资对民间投资影响的统计分析．大连干部学刊，2009（9）．

[146] 郭鹰．发达地区政府投资对民间投资的影响分析——以浙江省为例．兰州商学院学报，2009（6）．

[147] 郭卫东等．政府投资与民间投资的相互影响分析——以山西为例．经济问题，2011（1）．

[148] 董昕．政府投资是否导致“国进民退”——基于中国各地区房地

产行业面板数据的研究．当代财经，2010（10）．

[149] 国务院．关于鼓励和引导民间投资健康发展的若干意见，2010－05－13.

[150] 国务院．鼓励和引导民间投资健康发展重点工作分工的通知，2010－07－26.

[151] 国务院国资委．关于国有企业改制重组中积极引入民间投资的指导意见，2012－05－25.

[152] 十八届三中全会．中共中央关于全面深化改革若干重大问题的决定，2013－11－09.

[153] 国家计委等部门．关于试行加强基本建设管理几个规定的通知，1978－04－22.

[154] 国务院．关于实行“划分收支，分级包干”财政管理体制的暂行规定，1980－02－01.

[155] 国务院．关于扩大国营工业企业经营管理自主权的若干规定，1979－07－13.

[156] 十二届三中全会．中共中央关于经济体制改革的决定，1984－10－20.

[157] 国务院．关于实行基本建设拨款改贷款的报告，1980－11－18.

[158] 国务院．国家基本建设基金管理办法，1988－06－24.

[159] 国务院．关于投资体制改革的决定，2004－07－16.

[160] 十四届三中全会．关于建立社会主义市场经济体制若干问题的决定，1993－11－14.

[161] 国务院．中华人民共和国私营企业暂行条例，1988－06－25.

[162] 国家工商行政管理局．中华人民共和国私营企业暂行条例施行办法，1989－01－16.

[163] 第九届全国人大．中华人民共和国个人独资企业法，1999－08－30.

[164] 国家计委．关于促进和引导民间投资的若干意见，2001－12－11.

[165] 国务院．关于鼓励支持和引导个体私营等非公有制经济发展的若干意见，2005－02－25.

[166] 国资委．关于推进国有资本调整和国有企业重组的指导意见，2006－12－05.

[167] 国务院国资委．关于国有企业改制重组中积极引入民间投资的指导意见，2012－05－25.

[168] 国家工商行政管理局．关于充分发挥工商行政管理职能作用鼓励和引导民间投资健康发展的意见，2012－06－04.

[169] 郭杰．财政支出与全社会固定资产投资：基于中国的实证研究．

管理世界，2010（5）.

［170］王春正．为民间投资创造良好的环境．中国经济快讯周刊，2002（25）.

［171］齐丽红．后国际金融危机时代我国民间投资政策制度环境的优化．理论导刊，2011（1）.

［172］国务院鼓励民间投资．新浪财经，http：//www.sina.com.cn/focus/mjtz/，2010－05－13.

［173］周桂君．如何有效发展政府投资．合作经济与科技，2011（4）.

［174］于谨凯．山东省民间投资增长态势、影响因素实证分析．环渤海经济瞭望，2004（7）.

［175］苏明．市场经济条件下政府投资的职能与作用．宏观经济管理，2001（2）.

［176］刘兴华．德国财政政策与货币政策的走向及其协调．德国研究，2009（4）.

［177］蔡方．我国经济发展中政府投资和民间投资的共同推进．中州学刊，2010（5）.

［178］王吉恒，王微微，宋微．政府投资与民间投资关系分析．当代经济，2011（1）.

［179］王冕．政府投资项目管理模式探索．西安交通大学硕士学位论文，2002.

［180］李然．农业公共投资的理论分析及经济效应的实证研究．上海财经大学硕士学位论文，2008.

［181］陈兆荣．民间投资对我国经济增长影响的实证分析．统计教育，2007（4）.

［182］李志国．转型期我国民间投资机制研究．西南财经大学硕士学位论文，2004.

［183］励晶晶．中国政府投资效率实证研究．厦门大学硕士学位论文，2009.

［184］陈胜涛．政府投资对民间投资影响的因素分析．决策探索，2003（5）.

［185］赵倩，熊伟．关于我国民间投资面临的一些问题的分析．金融经济，2010（14）.

［186］徐敏．上海简化企业投资建设项目行政审批制度．建筑时报，2009－05－22.

［187］曹林华．东莞6000亿民间资本路在何方．东莞时报，2010－12－23.

[188] 徐其瑞．对当前我国政府投资若干问题的思考．宏观经济管理，2009（1）．

[189] 汪志功．对西宁市非公有制经济发展状况的分析．青海统计，2004（6）．

[190] 卓越，杨嵘．我国政府投资的挤出效应分析．湖南财经高等专科学校学报，2009（6）．

[191] 张小平，李军委．我国财政政策对民间投资影响的实证分析．经济师，2011（5）．

[192] 佚名．政府投资乏力，民间投资何以快速跟进？深圳新闻网，http：//www. baidu. com/link？url = pGwGGJqjJ4zBBpC8yDF8xDh8vibiBk，2009 - 06 - 17.

[193] 陈真玲．政府投资和民间投资与经济增长的关系研究．首都经济贸易大学硕士学位论文，2010.

[194] 陈献．温州政府、民间、外商直接投资的效率及关系研究．江西财经大学硕士学位论文，2009.

[195] 李观全．国有企业投资决策的产权问题研究——以中化广东公司为例．中山大学硕士学位论文，2009.

[196] 商如斌，姜波．政府投资项目管理模式探讨．内蒙古农业大学学报（社会科学版），2006（1）．

[197] 林东阳．福建省固定资产投资统计分析研究．厦门大学硕士学位论文，2006.

[198] 刘琼莲．试论基本公共服务均等化及其系统．江汉论坛，2010（8）.

[199] 钱维．政府投资体制改革的方向：市场化．南京社会科学，2007（3）．

[200] 李萍等．启动民间投资进一步扩大国内需求. 财会研究，2005（1）.

[201] 吴浩岭等. 民间投资发展面临的问题及对策．南方金融，2006（3）.

[202] 于爱晶．政府投资效益及其评价研究．中央财经大学硕士学位论文，2004.

[203] 姚建成等．浅析我国民间投资的问题及对策．时代报告（学术版），2010（12）．

[204] 柳光耀等．试析创新中小企业融资渠道．中国集体经济，2012（3）．

[205] 陈工．加快构建财政支出绩效评价体系．中国财政，2008（8）.

[206] 杨国群．我国民间投资现状及发展研究．东北财经大学硕士学位论文，2003.

[207] 梁树广．我国应对国际金融危机的政策与效应分析——基于凯恩斯理论．经济论坛，2010（5）．

[208] 张中华等．西方公共投资效应理论综述．经济学动态，2002（7）．

[209] 刘翔．中国政府公共投资的经济增长效应研究．中央财经大学硕士学位论文，2010.

[210] 唐敏．建国以来我国重复建设问题的历史考察（1949—2008）．福建师范大学硕士学位论文，2009.

[211] 黄秀丽．启动民间投资问题研究．西南大学硕士学位论文，2003.

[212] 赵楠．中国各地区金融发展与固定资产投资关系的实证研究．厦门大学博士学位论文，2006.

[213] 汪伟．公共投资产出效率与经济增长之相关性分析．经济问题探索，2010（3）．

[214] 马光远．"鼓励民间投资"何需出新政．南方都市报，2010-03-25.

[215] 保育钧．新老36条一脉相承　有新发展但无新突破．新浪财经，http//finance. sinq. com. cn/review/20100527/09368010768. shtml，2010-05-27.

[216] 霍跃．中国民间投资国际拓展研究．东北师范大学博士学位论文，2010.

[217] 杨子晖．中国输出了"通货紧缩"或"通货膨胀"?．数量经济技术经济研究，2009（9）．

[218] 刘轶．许勇政府支出、居民消费与私人投资三者关系的实证研究．消费经济，2008（6）．

[219] 柯逊祖．关于中央财政性投资的几个问题．宏观经济研究，2002（4）．

[220] 张一弛．对霍尔和泰勒的宏观经济政策效力分析的修正．北京大学学报（哲学社会科学版），1997（1）．

[221] 黎明．财政、货币政策效力分析及其在我国的应用研究．东北财经大学硕士学位论文，2002.

[222] 杨子晖．经济增长、能源消费与二氧化碳排放的动态关系研究．世界经济，2011（6）．

[223] 张宏霞．中国地方政府投资效应研究．东北财经大学博士学位论文，2010.

[224] 王威．中国公共投资效应研究．辽宁大学硕士学位论文，2007.

[225] 刘忠敏，马树才，陈素琼．我国政府支出和公共投资对私人投资的效应分析．经济问题，2009（3）．

[226] 王立国，丛颖．地方政府投资对私人投资的挤出效应分析——基

于时间序列数据的实证研究．生产力研究，2009（5）.

［227］杨爽．重庆市居民金融投资行为与经济增长研究．重庆大学硕士学位论文，2002.

［228］梅新育．战后美日储蓄——投资模式比较研究．武汉大学博士学位论文，2000.

［229］徐立波．石家庄市固定资产投资效益评价研究．河北科技大学硕士学位论文，2008.

［230］汤正春．我国水利投资及其改革的对策研究．安徽大学硕士学位论文，2006.

［231］李观全．国有企业投资决策的产权问题研究——以中化广东公司为例．中山大学硕士学位论文，2009.

［232］王宏．吉林省实施“投资拉动战略”研究．吉林大学硕士学位论文，2009.

［233］刘佳友．泰山景区旅游开发项目投融资研究．中国海洋大学硕士学位论文，2009.

［234］刘兆征．我国投资结构现存的问题及优化建议．投资研究，2009（1）.

［235］［英］道尔顿. 财政学原理. 周玉津译. 南京：正中书局，1969.

［236］刘泉. 权威解读促进民间投资健康发展新政. 当代陕西，2010（6）.

［237］卢中原. 对消除民间投资制约因素的建议. 金融信息参考，2002（12）.

［238］王科. 我国民间投资成长的制度创新研究. 东北财经大学硕士学位论文，2002.

［239］罗欣蟾. 公共管理视角下的政府投资研究. 上海交通大学硕士学位论文，2010.

［240］生康利. 促进黑龙江省民间投资发展研究. 黑龙江大学硕士学位论文，2011.

［241］孙荫环. 落实负面清单制度 激发民间投资活力. 中华工商时报，2014-03-08.

［242］刘艳，薛声家. 广东省民间固定资产投资的增长趋势与影响因素. 统计与决策，2006（7）.

英文部分

[1] Robert M. , Solow. Technical Change and the Aggregate Production Function. *The review of economics and statistics*, 1957, (3) .

[2] Aschauer, David Alan. Is Government Spending Stimulative? Federal Reserve Bank of Chicago. *Staff Memoranda*, 1987.

[3] Arrow, K. , M. Kurz. *Public Investment*, *The Rate of Return and Optimal Fiscal Policy*. Baltimore , MD: Johns Hopkins University Press, 1970.

[4] Aschauer, D. A.. Does Public Capital Crowd out Private Capital? *Journal of Monetary Economics*, 1989 (24).

[5] ER Berndt, B. Hansson. Measuring the Contribution of Public Infrastructure Capital in Sweden. *The Scandinavian Journal of Economics*, 1992.

[6] Erenburg, S. J. , Wohar, M. E.. Public Investment on Private Investment. *Applied Economics*, 1993 (25).

[7] Vijverberg W P. M, Vijerberg Chu-Ping C, Gamble J L.. Public Cap ital and Private Productivity. *The Review of Economic and Statistics*, 1997 (2).

[8] Fisher Walter H, Turnovshy Stephen J.. Public Investment, Congestion, and Private Capital Accumulation. *The Economics Journal*, 1998 (3).

[9] Easterly, W. , Rebelo, S. . Fiscal Policy and Economic Growth: An Empirical Investigation. *Journal of Monetary Economics*, 1993 (32).

[10] Agenor, P – R. . Infrastructure, Public Education and Growth with Congestion Costs, Working Paper, Centre for Growth and Business Cycle Research. *Bulletin of Economic Research*, 2005 (2) .

[11] Eden, Maya, Kraay, Aart. "Crowding in" and the Returns to Government Investment in Low – Income Countries. *Policy Research Working Papers*, 2014.

[12] Pradhan, I. , Ratha, D. K. , Sarma, A.. Complementary Between Public and Private Investment in India. *Journal of Development Economics*, 1990 (33).

[13] Bairam Erkin , WardBert. The Externality Effect of Government Expenditure on Investment in OECD Countries. *Applied Economics*, 1993 (25).

[14] Evans, Karras. Are Government Activities Productive? Evidence from a Panel of U. S. States. *The Review of Economics and Statistics*, 1994 (76).

[15] Odedokun, M. O. . Relative Effects of Public Versus Private Investment Spending on Economic Efficiency and Growth in Developing Countries. *Applied Economics*, 1997 (29).

[16] Nader N. , Migue. D. R. . Public and Private Investment and Economic Growth in Mexico . *Contemporary Economic Policy*, 1997 (1).

[17] Ghali, K. H. . Public Investment and Private Capital Formation in a Vector Error – Correction Model of Growth. *Applied Economics*, 1998 (30).

[18] Voss, G. M.. Public and Private in the United States and Canada. *Economic Modelling*, 2002 (19).

[19] Selim Basar, Ozgur Polat, Sabiha Oltular. Crowding out Effect of Government Spending on Private Investments in Turkey: A Cointegration Analysis, Sosyal Bilimler Enstitüsü, Dergisi Journal of the Institute of Social Sciences. *Sonbahar Autumn*, 2011 (8).

[20] Glomm G., Ravikumar B.. Productive Government Expenditures and Long - Run Growth. *Journal of Economic Dynamics and Control*, 1997 (21).

[21] Sutherland, A.. Fiscal Crises and Aggregate Demand: Can High Public Debt Reverse the Effects of Fiscal Policy. *Journal of Public Economics*, 1997 (65).

[22] Elder, Erick M.. Investment Effects of Departures from Governmental Present - Value Budget Balance. *Applied Economics*, 1999 (10).

[23] Ahved, H.. Stephen, V. M.. Crowding - out and Crowding - in Effects of the Components of Government Expenditure. *Contemporary Economics Policy*, 2000 (1).

[24] Apergis, N.. Public and Private Investments in Greece: Complementary or Substitute Goods? *Bulletin of Economic Research*, 2000 (52).

[25] Habib Ahmed, Stephen M. Miller. Crowding out and Crowding in Effects of the Components of Government Expenditure. *Contemporary Economic Policy*, 2000 (1).

[26] Rosemary Rossiter. Structural Cointegration Analysis of Public Expenditure. *International Journal of Business and Economics*, 2002 (1).

[27] Xiaoming Xu, Yanyang Yan. Does Government Investment Crowd out Private Investment in China? Publishing Models and Article Dates Explained Published Online, 2014 - 01 - 06.

[28] Barth J., Cordes R. Substitutability, Complementarily and the Impact of Government Activity. *Economic and Business*, 1980 (3).

[29] Munnell Alicia. Why has Productivity Growth Declined? Productivity and Public Investment. *New England Economic Review*, 1990 (2).

[30] Ramirez, M. D.. Public and Private Investment in Mexico: An Empirical Analysis. *Southern Economic Journal*, 1994 (61).

[31] Levine. R., D. Renelt. A Sensitivity Analysis of Cross-country Growth Regression. *American Economic Review*, 1992 (82).

[32] Arthur. H. Goldsmith. Rethinking the Relation Between Government Spending and Economic Growth: A Composition App roach to Fiscal Policy Instruction for Princip les Students. *Journal of Economic Education*, 2008 (5).

[33] Argimon, Isbel, Gonz lex - Pramo, Jos M.. Roldan, Jos M.. Evidence of Public Spending Crowding - out from a Panel of OECD Countries. *Applied Economics*, 1997 (29).

[34] Ng, S., Perron, P.. Lag Length Selection and the Construction of Unit Root Tests with Good Size and Power. *Econometrica*, 2001 (69).

[35] Johansen, S.. A Small Sample Correction for the Test of Cointegrating Rank in the Vector Autoregressive Model. *Econometrica*, 2002 (70).

[36] Spirtes, P., Glymour, C., Scheines, R.. *Causation, Prediction, and Search.* Cambridge: MIT Press, 2000.

[37] Swanson, N. R., Granger, C. W. J.. Impulse Response Functions Based on a Causal Approach to Residual Orthogonalization in Vector Autoregressions. *Journal of The American Statistical Association*, 1997 (92).

[38] Fredrik Carlsen, Bjorg Langset. The Relationship Between Firm Mobility and Tax Level: Empirical Evidence of Fiscal Competition Between Local Governments, 2005.

[39] Kahai, S. K.. Traditional and Non – Traditional Determinants of Foreign Direct Investment in Developing Countries. *Journal of Applied Business Research*, 2004 (20).

[40] Arellano Manuel, Stephen Bond. Some Tests of Specification for Panel Data: Monte Carlo Evidence and an Application to Employment Equations. *Review of Economic Studies*, 1991 (58).

[41] Blundell Richard, Stephen Bond. Initial Conditions and Moment Restrictions in Dynamic Panel Data Models. *Journal of Econometrics*, 1998 (87).

[42] Bond Stephen, Anke Hoeffler, Jonathan Temple. GMM Estimation of Empirical Growth Models. CEPR Discussion Paper No. 3048, 2001.

[43] Arellano Manuel, Olympia Bover. Another Look at the Instrumental Variable Estimation of Error – Component Models. *Journal of Econometrics*, 1995 (68).

[44] Charnes A., Cooper W. W., Rhodes E.. Measuring the Efficiency of Decision Making Units. *European Journal of Operational Research*, 1978 (6).

[45] Barro, Robert J.. Government Spending in a Simple Model of Endogenous Growth. *Journal of Political Economy*, 1990 (98).

[46] Chow, G. C.. Capital Formation and Economic Growth in China. *Q. J. E.*, 1993 (8).

[47] Manuel R. Agosin, Ricardo Mayer. Foreign Investment in Developing Countries, Does it Crowd in Domestic Investment? *UNCTAD Discussion Papers*, 2000 (146).

[48] Alfred, G.. *Fiscal Policy and Economic Growth.* Londen: Ashgate Publishing Limited, 1996.

后 记

本书是在本人博士学位论文的基础上修改、补充、完善而成。受广东省省级重点学科专项资金——暨南大学应用经济学学科建设专项经费（52702030）和2014年广东省教育厅青年创新人才类项目“政府投资对民间投资的效应决定机制研究——基于政府素养的角度”（2014WQNCX014）资助。

2011年4月，我在陈工老师的指导下完成了毕业论文《我国政府投资和民间投资的关系研究》的写作。抱着精益求精的态度，我从2013年11月开始对博士论文进行大量扩充和进一步完善，主要包括以下几个方面：①扩展了关于政府投资和民间投资的理论分析，使全书的理论基础更加充实；②梳理了我国政府投资和民间投资的相关政策文件，系统描述了我国政府投资和民间投资的变革历程；③借鉴国内外学术前沿的最新成果，改进理论模型，创新实证方法，修正变量测度，使其更加精细、科学、合理；④结合近两年来国内外经济形势的新变化，对社会关注的政府投资和民间投资问题进行重新论证，使本书更具现实意义；⑤新增对广东省的区域分析，补充考察地方政府投资对民间投资的影响，使全书研究更富层次感。此外，按照出版专著的标准和要求，仔细调整了论文的结构、逻辑、措辞、标注、格式、排版、标点等。上述内容，有部分来自论文答辩之后陈工老师和中山大学林江教授的点评和完善建议，在此特别表示感谢。

当然，本书至此仍然不是尽善尽美。原本计划之内的很多内容，都因工作量较大以及时间仓促等原因，而没能顺利完成。学术研究总是知易行难。譬如，书中未对我国具体领域或行业的投资结构展开更深层次的分析，文章深度稍显不足；书中仍未涉及外国特别是发达国家社会投资的具体情况，缺乏国际视野，没有反映出我国政府投资与民间投资在世界经济中的特殊性；对于政府投资如何挤进或挤出民间投资，如果能用一些现实案例来说明问题，会显得更加生动、更有说服力；书中大部分实证模型使用的数据只到2009年，并未实时更新，研究时效性有所不足；等等。当然，因本人研究能力有限，书中必然还有其他一些尚未发现的错误和纰漏，恳请各位读者和专家学者不吝批评指正！您的专业意见将是我后续研究的宝贵经验。

本书是我多年来专业学习和教学研究的一个阶段性积累。期间投入了大量的时间和精力，也得到了许多良师益友的无私帮助，在此一并道声感谢，并再次感谢我的导师陈工老师，如果没有他的悉心指导，我不可能如此顺利完成毕业论文写作，更不可能走上今天的工作岗位。陈工老师随和谦逊的处世风格、严谨认真的治学态度至今影响着我，今后我仍将以此为标尺要求自己，做一个既能传授知识又有良好品格的好老师。

感谢相关领域的学术前辈们，如厦门大学的陈工老师、王艺明老师，中山大学的陈浪南老师、杨子晖老师，华中科技大学的周法兴博士，西南交通大学的廖楚晖老师等，他们的研究成果奠定了本书的写作基础。书中有许多地方都引用或借鉴了前辈们的模型、方法、思路、结论等，并在此基础上形成了自己新的理解。书中主要涉及的文献已在参考文献中列出，因数目实在繁多，若有个别遗漏还请见谅。

另外还要感谢暨南大学的於鼎丞教授、陈永良教授、沈肇章教授、高艳荣教授、刘少波教授、刘金山教授、刘德学教授、郑少智教授、冯海波教授、廖家勤教授、杨森平老师、程丹老师、余英老师、魏朗老师、董伟老师、金立老师、易奉菊老师、郝玉芹老师、陈昕老师、陆超云老师等热心的同事，感谢他们在工作和生活上给我莫大的关心和帮助，对此我将铭记于心，感恩于心。

最后感谢我家人的鼓励和支持，他们的期盼永远都是我前进的最大动力！

唐飞鹏

2014 年 5 月于暨南园